영어교과 교재 연구와 지도법

영어교과
교재 연구와 지도법

성기완 · 김혜영 · 맹은경 · 안태연 · 이상민 지음

종이와
나무

contents

1부 영어과 교육과정, 교재 분석 및 평가

1장 2015 개정 영어과 교육과정 및 교재 구성

2장 교안의 이해 및 실습

3장 교재의 분석과 활용

4장 평가의 이해와 적용

2부 언어기능과 영역별 지도론

|서론| 영어과 교재 연구와 지도법의 실제

　　영어교육을 전공하는 예비교사나 현직교사는 대부분 대학에서 '교재 연구와 지도법'이란 교과목을 수강을 하거나 수강하였을 것이다. 이는 수업에서 사용하는 교재가 교수자와 학습자 간에 중요한 매개 역할을 하기 때문이다. 그러나 많은 초·중등 교사 양성 프로그램에서 본 교과목을 가르치는 데 있어 몇 가지 분명하지 않은 부분이 있다. 첫째, 교과목의 성격이 뚜렷하게 제시되지 않아 본 과목 관련 내용이나 활동에 대한 구체적인 구성이 원칙이나 실세적인 안내가 부족한 실정이다. 둘째, 교재 연구를 단순히 학습 내용 구성 및 제시된 활동에 대한 분석과 개발로만 여기거나 특정한 교수법을 중심으로 이루어지는 경우가 있다. 하지만 각 교수자는 본 교과를 통해 영어 교육에 대한 제반 전공 지식은 물론 교수적 지식에 능통하고 이를 바탕으로 교안의 작성, 적절한 교재의 선정, 적절한 교수 학습방법의 적용 및 평가 등 여러 영역에 걸쳐 자신의 전문성을 최대한 발휘하는 높은 교수적 역량을 기르도록 해야 한다. 특히 21세기의 교수자는 이와 같은 전반적인 영어과 교육과정의 제반 요소에 대한 이해를 바탕으로 다양한 멀티미디어 학습자료의 활용은 물론 인공지능artificial intelligence(AI) 및 가상 또는 혼합 현실virtual or mixed reality과 융합된 배움의 공간 등의 활용 등과 같은 미래의 교수·학습 환경 변화에 대한 준비를 해야 한다.

본서에서는 영어과의 '교재 연구와 지도법'이란 교과목의 성격을 국가 교육과정이 제시하는 원칙과 내용에 부합하도록 영어 교수·학습의 매개가 되는 모든 자료, 즉 인쇄된 교과서와 같은 서적뿐만 아니라 이미지, 음성 및 동영상 자료 그리고 인터넷 상에서 활용할 수 있는 다양한 자료 및 과업 등을 활용하여 적절한 교수법을 적용하여 학습자의 필요에 맞게 목표 언어를 가르치는 것으로 규정한다. 따라서 본서는 우리나라 영어과 교육과정과 이를 기반으로 개발된 교과서를 중심으로 한 교수·학습 및 교재를 활용한 수업과 연계할 수 있도록 구성하였다. 이는 교수자가 자신이 가르치는 수업 환경 및 목적에 맞게 자료를 선정하고 교수 방법을 적용하여 학습자의 수준, 요구 그리고 학습 목적에 맞게 선택, 개선, 활용을 하는 데 도움이 될 수 있도록 하기 위함이다.

구체적으로 본서는 크게 두 개의 큰 범주로 구성하였다. 우선 영어교육과정과 교재 구성 및 분석, 그리고 교재 및 평가와 관련된 이론과 실제를 제시하였다. 그리고 다른 한 범주는 언어기능과 영역별 지도법으로, 언어의 4기능(듣기, 말하기, 읽기, 쓰기), 문법과 어휘에 관한 주요 이론과 실제적인 수업을 할 수 있는 구체적인 안내와 예시를 포함하여 구성하였다.

본 교재의 각 장 서두에는 단원 학습 목표를 제시하였고 각 단원의 주제 및 내용과 관련하여 사전 질문을 제시하였다. 그리고 교육과정과 교안의 작성에서는 직접 관련 내용을 실습해 볼 수 있도록 Your Turn을 활동으로 제시하였다. 각 장의 본 내용은 각 단원의 주제와 관련된 핵심 이론 부분과 연계한 교수 활동을 예시와 함께 실제적인 지도 부분으로 나누어 제시하였다. 그리고 각 단원의 마지막 부분에는 토론 및 활동 그리고 참고문헌 및 학습자료를 제시하고 있다. 구체적으로 각 장의 구성 및 내용은 아래와 같다.

서론에서는 각 장의 내용에 대한 간단한 설명을 제시하였다.

1부 영어과 교육과정, 교재 구성과 분석 및 평가는 아래와 같이 4개의 장으로 구성되어 있다.

제1장 2015 개정 영어과 교육과정 및 교재 구성에서는 2015 개정 영어과 교육과정 성격과 목표, 내용 체계 및 성취 기준, 교수·학습 방법 및 평가에 대한 중요한 부분을 인용하면서 상세하게 부연설명을 하였다. 또한 이러한 교육과정을 실재화하기 위해서 구체적인 학습 소재와 관련 내용 및 활동 등을 포함하는 교수요목Syllabus을 구성하는 것이 중요하므로 결과 중심 교수요목과 과정 중심 교수요목에 대해 상술하고 (예비)영어교사가 반드시 알아야 하는 중요한 교수 요목의 유형에 대해 제시하였다.

제2장 교안의 이해 및 실습에서는 교안의 구성요소와 관련하여 학습 목표, 학습 활동, 그리고 학습 평가의 연계 모형을 제시하고 구체적인 구성요소로서 목표, 목적, 내용 체계 및 성취 기준, 수업 절차, 평가, 과제 등에 관한 사항을 기술하였다. 또한 학습과제를 교실 수업의 연장으로 생각하여 온라인·오프라인 환경의 조성, 과업기반 과제 제시, 과제의 범위, 기간, 구체적 평가 기준의 제시 등의 중요성에 대해 기술하였다. 그리고 교수·학습지도안의 실제적 작성과 활용을 위해 교수·학습 샘플 지도안을 제시하고 단원 목표, 단원의 학습계획, 학습자 분석, 지도상 유의점, 차시 수업 계획, 그리고 교수·학습 자료 등과 관련된 예시, 모의 수업 시연을 위한 수업설계 활동, 자기성찰 등에 대한 내용도 포함하였다.

제3장의 교재의 분석과 활용에서는 우리나라 교과서의 검정에 활용되는 기준에 대한 정보를 먼저 제시하였다. 그리고 영어 교수자가 현장에서 실제로 수행해야 하는 교재의 기능별 구성, 내용과 활동의 난이도 분석 및 전개, 과업 수행의 의미있는 전개, 교재의 변형 등을 통하여 자신의 교수적 상황에 맞게 교재를 사용하는 구체적인 방법을 제시하였다. 그리고 실제 현장에서 사용하는 교과서의 내용과 활동을 예시하면서 교재의 구성 및 체제를 이해하고 구체적인 교재 평가 내용과 기준에 따라 분석 연습을 할 수 있도록 하였다.

제4장의 평가의 이해와 적용에서는 학교 현장에서 반드시 필요한 평가에 대

한 기본 개념과 진단, 형성, 총괄 평가의 특징, 대안적 평가로서의 수행 평가의 유형과 평가의 채점 방식인 총체적 채점, 분석적 채점에 대한 설명 및 예시를 제시하였다. 평가의 적용 부분에서는 구체적인 평가의 계획, 평가 도구의 개발, 교과서 단원의 학습 목표와 내용 분석, 성취 기준 및 평가 방법 선정, 평가 기준에 근거한 수준별 문항의 개발에 대한 내용과 예시를 설명하였다. 특히 수행 평가와 관련하여 구체적인 계획과 실행방법 및 실제 프로젝트 평가의 계획과 활동을 예시하였다. 채점에 대한 실제에서는 수행 평가의 공정성과 신뢰성을 제고하는 방안에 대해 기술하였다.

2부 언어기능과 영역별 지도론에서는 영어의 4기능(듣기, 말하기, 읽기, 쓰기)과 어휘 및 문법 지도와 관련한 이론과 실제 지도 방법에 대해 자세하게 다루었다. 각 장의 내용은 다음과 같다.

제1장 듣기 지도론에서는 듣기에 관한 정의, 음성 정보의 단기기억, 장기기억으로의 저장에 대한 원리 및 듣기 유형에 대한 내용을 제시하였다. 또한 듣기와 스키마, 언어지식, 담화 및 화용지식의 연관성과 구어의 속성에 대한 설명과 듣기의 속성, 듣기 기술과 전략, 듣기의 목적에 따른 과업 유형으로 상향식·하향식 과정의 듣기 활동을 분류하여 제시하였다. 듣기에 대한 실제적 지도법으로는 듣기 지도의 원리와 듣기 전, 듣기 중, 듣기 후 단계별 활동 유형, 듣기 자료 선정의 원칙, 추가적 듣기 활동으로서 딕토글로스Dictogloss, 마트에서 물건 찾기, 직소 듣기Jigsaw listening 등의 예시를 제시하여 현장에서 활용할 수 있도록 하였다.

제2장 말하기 지도론에서는 말하기의 정의와 단계 그리고 담화의 유형에 대해 설명하였다. 또한 말하기 능력의 주요 요소인 유창성과 정확성의 관계 및 이 두 요소의 균형적인 계발의 필요성에 대해 설명하였다. 의사소통 능력 개념에 기반을 둔 현 교육과정의 방향에 맞추어 학습자의 언어적 능력, 사회문화적 능력, 담화 능력, 그리고 전략적 능력의 개념과 해설 및 그 중요성에 대해 설명하

였다. 또한 EFL 영어학습자가 겪는 말하기 능력 개발의 어려움 및 수행 변인을 고려한 평가의 방법에 대해 개략적인 기술을 하였다. 구체적인 지도 방법으로는 정확성 및 유창성 기반 활동의 유형을 구분하여 제시하였다. 또한 앞으로 정보과학 기술의 접목이 더욱 강조되는 추세에 따라 멀티미디어 기반 말하기 활동의 예를 포함하였다.

제3장 읽기 지도론에서는 읽기의 정의와 유형 그리고 의미의 이해 과정에 대해 상세히 설명하고 읽기 능숙도와 관련하여 그 과정과 주요 읽기 기능에 대한 내용을 제시하였다. 이와 관련하여 읽기 전략, 읽기 유창성 기술, 단어·문법, 문장구조, 스키마schema와 같은 주요 개념도 소개하였다. 실제적인 지도법으로는 의미초점 입력 투입, 의미초점 출력, 형태 초점 학습, 유창성 개발을 위한 활동의 유형을 제시하고 구체적인 읽기 절차를 읽기 전략과 연계하여 제시하였다. 또한 정독intensive reading과 다독extensive reading의 중요성과 차이점, 특히 읽기에서 매우 중요한 스키마 구축 및 활성화, 마인드 맵, 유창성 기술 및 다독과 관련된 다양한 활동을 예시하였다.

제4장 쓰기 지도론에서는 쓰기의 정의 및 인지적 관점과 사회문화적 관점에서의 이론적 배경을 설명하고 L1과 L2 쓰기의 차이와 전략, 읽기와 쓰기 연계의 중요성 등을 기술하였다. 또한 쓰기 전, 쓰기 중, 쓰기 후 단계와 피드백 제공과 수정의 중요성 등에 대해 설명하였다. 그리고 쓰기 평가와 관련하여 총체적 평가와 분석적 평가, 쓰기 컨퍼런스writing conference, 포트폴리오 등의 활용에 대해 설명하였다. 쓰기의 실제적 지도법으로는 통제작문 활동, 유도작문 활동, 자유작문 활동에 대한 예시, 협동적 쓰기 활동, 테크놀로지를 활용한 쓰기 활동에 대한 설명과 함께 예시를 제시하였다.

제5장 문법 지도론에서는 문법의 정의와 지도 이론 중 접점불가론과 접점가능론, 형태 중심과 의미 중심 형태 초점 지도에 대해 설명하였다. 문법 지도의 유형

과 관련하여 귀납적-연역적, 명시적-묵시적 교수 방법, 문법의 활용 능력, 주목하기 가설 등의 내용을 포함하였다. 문법 지도 단계인 입력, 흡수, 습득, 사용, 출력에 대해 자세히 설명하고 주요 교수전략 단계와 관련해 제시하였다. 문법의 실제적인 지도 방법으로는 의사소통 중심 교수의 맥락 안에서 주요 관점과 지도 원칙을 기술하고 의미 중심 형태 초점, 과업 중심, 피드백 제공에 대한 예시, 언어기능을 통합한 문법 교수를 위한 실제 지도 방안과 다양한 활동을 예시하였다.

제6장 어휘 지도론에서는 어휘의 개념과 정의, 의미의 다양성, 어휘 지도의 유형인 우연적-의도적 학습, 의미 중심 입력 및 출력과 기반 수업, 어휘와 기능 연계 교수 등의 내용을 제시하였다. 또한 인터넷의 발달로 인한 방대한 언어자료에 대한 접근이 용이해짐에 따라 점점 증가하는 코퍼스자료의 개발 및 활용에 대해 기술하고, 일반 및 학문적 어휘 목록 및 언어자료 기반 학습Data-driven Learning에 대한 내용을 포함하였다. 실제 어휘 지도를 위해 학습자의 수준 및 목표에 따라 어휘를 선정하고 각 단계에서 지켜야 할 원칙을 제시하였으며, 특히 입력 상승과 홍수, 의미 중심 수업의 중요성, 단어 및 의미망의 활용, 의미 추측하기, 코퍼스를 활용한 어휘 학습 등에 대한 예시를 포함하였다.

이상과 같은 본서의 구성은 집필자의 전문 영역과 오랜 교수 경험을 바탕으로 한 것으로 교재와 지도관련의 핵심 내용을 반영한 것이다. 마지막으로 그동안 이 책을 집필하는 과정에서 많은 도움을 준 교수님, 교사 그리고 오랜 동안 학습의 현장에서 함께 한 수많은 학생들에게 감사의 마음을 전한다. 또한 보다 더 좋은 책을 만들기 위해 끊임없이 수고해 주신 경인문화사의 모든 분들께 진심으로 감사의 마음을 전한다.

1부

영어과 교육과정,
교재 분석 및 평가

1장

2015 개정 영어과 교육과정 및 교재 구성

단원 학습 목표	**1) Understanding 2015 Revised National Curriculum** − 2015 개정 영어과 교육과정의 성격과 목표를 설명할 수 있다. − 2015 개정 영어과 교육과정의 내용 체계 및 성취 기준을 이해하고 적용할 수 있다. − 2015 개정 영어과 교육과정의 교수ㆍ학습 및 평가 방향을 설명할 수 있다. **2) Understanding Syllabus** − 다양한 영어 교수요목의 특징을 파악하고 활용할 수 있다. − 영어 교수요목 활용 사례를 분석하고 구별할 수 있다.
수업 전 토론	1. 2015 개정 영어과 교육과정은 어떻게 바뀌었을까요? 이전 교육과정과 비교하면서 차이점이 무엇인지 이야기해 보시오. 2. 우리나라 중ㆍ고등학교 영어 교과서는 어떻게 구성되어 있나요? 교과서(교재)를 개발할 때 교수요목을 어떻게 활용하는지 이야기해 보시오.

1

2015 개정 영어과 교육과정

① 2015 개정 영어과 교육과정의 성격과 목표

1) 2015 개정 영어과 교육과정의 성격

21세기 지식기반사회에 접어들면서 정보와 지식이 개인이나 국가 발전의 핵심적인 원동력이 되었다. 학습자들은 이러한 시대에 부응하고 미래 사회에서 선도적인 역할을 수행하기 위해서 의사소통 역량, 지식정보 처리 역량, 공동체 역량, 자기 관리 역량, 창의적 사고 역량 및 심미적 감성 역량 등을 배양할 필요가 있다. 이에 2015 교육과정은 21세기 지식기반사회가 요구하는 창의·융합형 인재를 육성하는 데 기여하는 핵심 역량을 바탕으로 개발되었다.

영어 교과는 핵심 역량 및 학교 급별로 교과의 성격이 구분되어 있다. 영어 교과 교육과정은 핵심 역량을 '영어 의사소통 역량', '자기 관리 역량', '공동체 역량', '지식정보 처리 역량'으로 구분하여 제시함으로써 학습자들이 영어 의사소통 능력뿐만 아니라 인문소양을 함양할 수 있도록 개발되었다. 각 핵심 역량의 의미와 하위 요소는 〈표 1〉과 같다.

〈표 1〉영어 교과 핵심 역량

핵심 역량 요소	의미	하위 요소
영어 의사소통 역량	일상생활 및 다양한 상황에서 영어로 의사소통을 할 수 있는 능력	영어 이해 능력, 영어 표현 능력
자기 관리 역량	영어에 대한 흥미와 관심을 바탕으로 학습자가 주도적으로 영어 학습을 지속할 수 있는 능력	영어에 대한 흥미, 영어 학습 동기, 영어 능력에 대한 자신감 유지, 학습 전략, 자기 관리 및 평가
공동체 역량	지역, 국가, 세계 공동체의 구성원으로서의 가치와 태도를 바탕으로 공동체 문제 해결에 참여할 수 있는 능력	배려와 관용, 대인관계 능력, 문화 정체성, 언어 및 문화적 다양성에 대한 이해 및 포용 능력
지식정보 처리 역량	지식정보화 사회에서 영어로 표현된 정보를 적절하게 활용하는 능력	정보 수집 · 분석 · 활용 능력, 정보 윤리, 다양한 매체 활용 능력

(임찬빈 외 19인, 2015)

초·중·고 학교 급별 성격을 살펴보면 초등학교 영어 교과는 일상생활에서 사용할 수 있는 기초적인 영어를 이해하고 표현하는 능력을 함양함으로써 음성 언어 중심의 의사소통 능력을 기를 수 있도록 교육 내용을 구성하였다. 중학교 영어 교과는 초등학교에서 학습한 내용을 토대로 일상생활에 필요한 영어 교과를 이해하고 표현하는 능력을 함양하고 외국 문화를 이해하여, 고등학교의 선택 교육과정 이수에 필요한 기본적인 영어 능력을 배양하도록 교육 내용을 구성하였다. 고등학교 영어 교과는 학습자가 미래 사회에서 요구되는 역량을 갖춘 글로벌 시민으로서 성장해

〈표 2〉고등학교 과목 체계

	과목명(단위)
공통	영어(8)
일반 선택	영어 I (5), 영어 II (5), 영어 회화(5), 영어 독해와 작문(5)
진로 선택	실용 영어(5), 영어권 문화(5), 진로 영어(5), 영미 문학 읽기(5)
전문 교과 I	심화 영어 회화 I, 심화 영어 회화 II, 심화 영어 I, 심화 영어 II, 심화 영어 독해 I, 심화 영어 독해 II, 심화 영어 작문 I, 심화 영어 작문 II

(교육부, 2015)

나갈 수 있도록 교육 내용을 구성하였다. 이를 위해 공통 과목 및 선택 과목으로 과목 체계가 구성되어 있다(〈표 2〉 참고).

2) 2015 개정 영어과 교육과정의 목표

영어 교과의 목표는 총괄 목표, 세부 목표, 학교 급별 목표로 구성되어 있다. 총괄 목표는 학습자들이 영어 의사소통 능력을 함양하고 타인을 배려하고 돕는 모범적인 시민 의식 및 창의적 사고력을 배양하도록 하는 것이다. 따라서 영어 교과의 세부 목표는 첫째, 영어 듣기·말하기·읽기·쓰기 능력을 습득하여 기초적인 의사소통 능력을 기르는 것이다. 둘째, 영어에 대한 흥미와 동기, 자신감을 유지시켜 지속적으로 영어 학습을 할 수 있도록 하는 것이다. 셋째, 국제 사회의 다양한 문화를 이해하는 능력과 태도를 배양하는 것이다. 넷째, 다양한 정보에 대한 가치 및 진위를 구분하는 판단 능력을 배양하는 것이다.

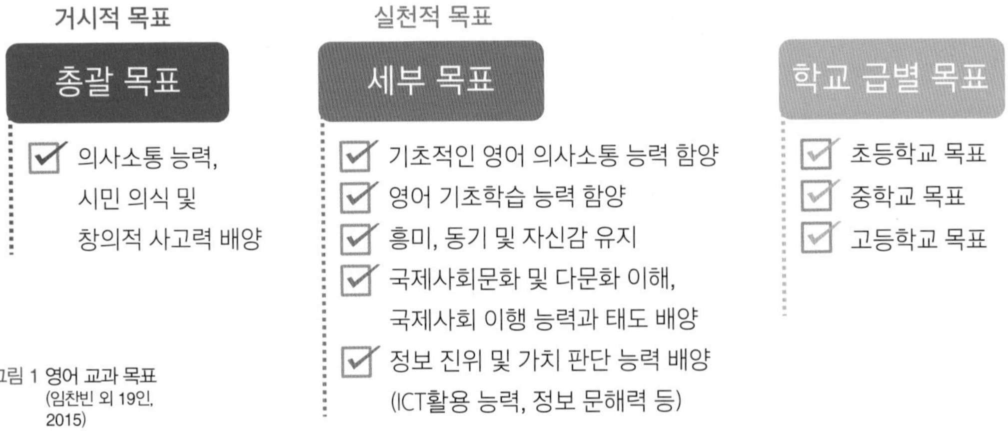

거시적 목표

총괄 목표

☑ 의사소통 능력,
시민 의식 및
창의적 사고력 배양

실천적 목표

세부 목표

☑ 기초적인 영어 의사소통 능력 함양
☑ 영어 기초학습 능력 함양
☑ 흥미, 동기 및 자신감 유지
☑ 국제사회문화 및 다문화 이해,
국제사회 이행 능력과 태도 배양
☑ 정보 진위 및 가치 판단 능력 배양
(ICT활용 능력, 정보 문해력 등)

학교 급별 목표

☑ 초등학교 목표
☑ 중학교 목표
☑ 고등학교 목표

그림 1 영어 교과 목표
(임찬빈 외 19인,
2015)

초등학교 영어 교육은 학습자들이 영어 학습에 흥미와 자신감을 갖고 일상생활에 사용되는 기초적인 영어를 이해하고 표현하는 능력을 기르는 것을 목표로 한다. 중학교는 학습자들이 초등학교에서 배운 영어를 토대로 친숙하고 일반적인 주제에 관한 기본적인 영어를, 고등학교는 학습자들이 중학교에 배운 영어를 바탕으로 일반적인 주제에 관한 영어를 이해하고 표현하는 능력을 심화·발전시키는 것을 목표로 한다.

- · 영어 학습에 대한 흥미와 자신감 배양
- · 기초적인 의사소통 능력 배양
- · 외국의 문화 이해

- · 영어 사용에 대한 자신감 배양
- · 기본적인 영어 의사소통 배양
- · 외국 문화와 정보 이해 및 우리 문화 영어로 간단히 소개

- · 학습 동기 유지 및 영어 사용 능력 신장
- · 목적과 상황에 맞게 영어로 의사소통 배양
- · 다양한 정보 이해 및 진로에 따라 필요한 영어 사용 능력 배양
- · 우리 문화와 외국 문화에 대한 이해를 바탕으로 각 문화의 고유성을 존중하는 태도 배양

그림 2 학교 급별 목표
(교육부, 2015)

② 2015 개정 영어과 교육과정의 내용 체계 및 성취 기준

1) 2015 개정 영어과 교육과정의 내용 체계 및 어휘

영어는 음성이나 문자를 통한 의사소통 능력을 길러주는 기능교과이므로 다른 교과와 달리 핵심 개념·내용으로 내용 체계를 설정하기 어렵다. 2015 개정 교육과정은 2009 교육과정과 달리 영어 교과의 내용 체계를 언어 영역별로 제시하고 이를 다시 학교 급별로 세분화하여 무엇을, 언제 학습해야 할 것인가에 대해 제시하였다. 듣기, 말하기, 읽기, 쓰기 영역별로 핵심 개념을 선정하였으며, 이 핵심 요소별로 성취목표를 일반화된 지식으로 기술하였다. 또한 학교 급별로 학습해야 할 내용 요소를 추출하고 이에 해당되는 의사소통 기능과 연계하여 〈표 3〉과 같이 제시하였다. 예를 들어, 말하기 영역에서는 소리, 어휘 및 문장, 담화를 핵심 개념으로 제시하였고 이를 다시 '소리를 따라 말한다', '낱말이나 문장을 말한다', '의미를 전달/교환한다'로 핵심 개념별 성취목표를 구체적으로 제시하였다. 이어서 성취목표를 달성하기 위해 어떤 내용을 학습해야 하는지를 학교 급별로 제시하였다. 예를 들어 말하기 영역의 소리 개념 중 '소리를 따라 말한다'의 성취 기준을 달성하기 위해서 3~4학년 및 5~6학년에서 알파벳, 낱말, 강세, 리듬, 억양 등을 학습하도록 학습 내용으로 제시하였고 이러한 학습 내용은 모방하기라는 의사소통 기능과 연관되어 있음을 한눈에 파악할 수 있도록 제시하고 있다.

〈표 3〉 내용 체계표

영역	핵심 개념	일반화된 지식	내용 요소 초등학교 3~4학년	내용 요소 초등학교 5~6학년	내용 요소 중학교	내용 요소 고등학교	기능
듣기	소리	소리, 강세, 리듬, 억양을 식별한다.	• 알파벳, 낱말의 소리 • 강세, 리듬, 억양	• 알파벳, 낱말의 소리 • 강세, 리듬, 억양	• 어구나 문장의 연음, 축약		식별하기
	어휘 및 문장	낱말, 어구, 문장을 이해한다.	• 낱말, 어구, 문장	• 낱말, 어구, 문장			파악하기
	세부 정보	말이나 대화의 세부 정보를 이해한다.	• 주변의 사람, 사물	• 주변의 사람, 사물 • 일상생활 관련 주제 • 그림, 도표	• 대상, 주제 • 그림, 사진, 도표	• 대상, 주제 • 그림, 사진, 도표	파악하기
	중심 내용	말이나 대화의 중심 내용을 이해한다.		• 줄거리 • 목적	• 줄거리, 주제, 요지	• 줄거리, 주제, 요지	파악하기 추론하기
	맥락	말이나 대화의 흐름을 이해한다.		• 일의 순서	• 일이나 사건의 순서, 전후 관계 • 일이나 사건의 원인, 결과 • 상황 및 화자 간의 관계 • 화자의 의도, 목적 • 화자의 심정, 태도	• 일이나 사건의 순서, 전후 관계 • 일이나 사건의 원인, 결과 • 상황 및 화자 간의 관계 • 화자의 의도, 목적 • 화자의 심정, 태도	파악하기 추론하기
말하기	소리	소리를 따라 말한다.	• 알파벳, 낱말 • 강세, 리듬, 억양	• 알파벳, 낱말 • 강세, 리듬, 억양			모방하기
	어휘 및 문장	낱말이나 문장을 말한다.	• 낱말, 어구, 문장	• 낱말, 어구, 문장			모방하기 표현하기 적용하기
	담화	의미를 전달한다.	• 자기소개 • 지시, 설명	• 자기소개 • 지시, 설명 • 주변 사람, 사물 • 주변 위치, 장소	• 사람, 사물 • 장소 • 의견, 감정 • 그림, 사진, 도표 • 방법, 절차 • 자기소개	• 사람, 사물 • 장소 • 의견, 감정 • 그림, 사진, 도표 • 방법, 절차 • 자기소개 • 주제, 요지	설명하기 표현하기
	담화	의미를 교환한다.	• 인사 • 일상생활 관련 주제	• 인사 • 일상생활 관련 주제 • 그림, 도표 • 경험, 계획	• 사람, 사물 • 위치, 장소 • 경험, 계획 • 일이나 사건의 순서, 전후 관계 • 일이나 사건의 원인, 결과	• 사람, 사물 • 장소 • 그림, 사진, 도표 • 경험, 계획 • 일이나 사건의 순서, 전후 관계 • 일이나 사건의 원인, 결과 • 의견, 감정	설명하기 표현하기

영역	핵심 개념	일반화된 지식	내용 요소 초등학교 3~4학년	내용 요소 초등학교 5~6학년	중학교	고등학교	기능
읽기	철자	소리와 철자 관계를 이해한다.	• 알파벳 대소문자 • 낱말의 소리, 철자	• 알파벳 대소문자 • 낱말의 소리, 철자 • 강세, 리듬, 억양			식별하기 적용하기
	어휘 및 문장	낱말이나 문장을 이해한다.	• 낱말, 어구, 문장	• 낱말, 어구, 문장	• 어구, 문장		파악하기
	세부 정보	글의 세부 정보를 이해한다.		• 그림, 도표 • 일상생활 관련 주제	• 그림, 사진, 도표 • 대상, 주제	• 그림, 사진, 도표 • 대상, 주제	파악하기
	중심 내용	글의 중심 내용을 이해한다.		• 줄거리, 목적	• 줄거리, 주제, 요지	• 줄거리, 주제, 요지	파악하기 추론하기
	맥락	글의 논리적 관계를 이해한다.			• 일이나 사건의 순서, 전후 관계 • 일이나 사건의 원인, 결과 • 필자의 의도, 목적 • 필자의 심정, 태도	• 일이나 사건의 순서, 전후 관계 • 일이나 사건의 원인, 결과 • 필자의 의도, 목적 • 필자의 심정, 태도	파악하기 추론하기
	함축적 의미	글의 행간의 의미를 이해한다.			• 문맥 속 낱말, 어구, 문장의 의미	• 문맥 속 낱말, 어구, 문장의 의미 • 글의 숨겨진 의미	추론하기
쓰기	철자	알파벳을 쓴다.	• 알파벳 대소문자	• 알파벳 대소문자			구별하기 적용하기
	어휘 및 어구	낱말이나 어구를 쓴다.	• 구두로 익힌 낱말, 어구 • 실물, 그림	• 구두로 익힌 낱말, 어구 • 실물, 그림			모방하기 적용하기
	문장	문장을 쓴다.		• 문장부호 • 구두로 익힌 문장	• 대상, 상황 • 의견, 감정 • 그림, 사진, 도표 • 경험, 계획	• 대상, 상황 • 의견, 감정 • 그림, 사진, 도표 • 경험, 계획 • 주제, 요지	표현하기 적용하기
	작문	상황과 목적에 맞는 글을 쓴다.		• 초대, 감사, 축하 글	• 초대, 감사 • 축하, 위로 글 • 일기, 편지 • 자신, 주변 사람, 일상생활	• 대상, 상황 • 그림, 도표 • 서식, 이메일, 메모	표현하기 설명하기

(교육부, 2015, pp.6~9)

2009 영어과 교육과정에서는 낱말 유형type, 사전 등재형lemma, 단어군 word family과 같은 다양한 기준에 의거하여 기본 어휘를 선별하여 제시하였기 때문에 정확한 어휘 양을 파악하는 데 한계가 있었다. 이에 2015 개정 영어과 교육과정에서는 굴절과 파생 변화형을 모두 포함하는 기본형을 기준으로 하는 단어군을 기본 어휘 단위로 활용하여 3,000개의 공통 교육과정 기본 어휘를 선정하였다. 이는 교육과정의 〈별표 3〉에 제시하였다.

교과서 개발 시 이러한 기본 어휘를 초등학교, 중학교, 고등학교 일반선택 교과까지는 90% 이상 반영하도록 하고 있으며, 그 외 고등학교 진로선택과 전문교과 I의 경우는 80%를 반영하도록 하고 있다. 그리고 학년급과 학교군, 교과목별로 사용 가능한 어휘 수를 제한하고 있다. 초등학교에서 사용 가능한 어휘 수는 총 500단어(3~4학년군 240단어, 5~6학년군 260단어)이며, 중학교에는 750단어를 사용할 수 있다. 누적되는 어휘 수를 살펴보면, 초등학교부터 중학교까지는 총 1,250단어를, 고등학교 영어(공통과목)까지는 총 1,800단어를 사용할 수 있도록 제한하고 있다. 또한 초등학교에서 사용가능한 어휘 목록 800개(교육과정 〈별표 3〉 어휘 뒤에 * 표시를 한 단어)와 고등학교 진로선택과 전문교과 I에서만 사용할 수 있는 어휘 목록 500개(교육과정 〈별표 3〉 어휘 뒤에 ** 표시를 한 단어)를 따로 표시하여 제시하고 있다.

〈표 4〉 학교급/학교군별 어휘 수

학교급	학교군	어휘 수
초등학교	3~4학년군	240 낱말 내외
	5~6학년군	260 낱말 내외
중학교	1~3학년군	750 낱말 내외
고등학교 영어	공통과목	550 낱말 내외

2) 2015 개정 영어과 교육과정의 영어과 성취 기준

2015 개정 영어과 교육과정의 성취 기준은 내용 체계표(〈표 3〉 참고)에 제시된 핵심 개념과 이에 따른 일반화된 지식과 내용 요소를 기능과 결합하여 구성하였다. 성취 기준의 수가 많아 문제가 되었던 이전의 교육과정과 달리 2015 개정 영어과 교육과정에서는 학교 급별로 제시된 학습 목표가 현실적으로 실현될 수 있도록 학습량을 적정화하기 위해 성취 기준의 수를 축소하였다. 초등학교와 중학교에서는 실생활에서의 의사소통 능력을 강화하기 위해 말하기 및 듣기 영역의 성취 기준을 보완하고, 고등학교 단계에서는 읽기와 쓰기 성취 기준을 강화하였다. 또한 다양한 내용과 교수·학습 방법을 적용할 수 있도록 영역별로 성취 기준을 작성하였으며 반복 학습을 통하여 점진적으로 성취 기준에 도달할 수 있도록 구성하였다.

구체적으로 중학교 1~3학년군 성취 기준을 중심으로 2015 개정 영어과 교육과정 성취 기준을 살펴보고 그 적용 사례를 살펴보자. 중학교 듣기 영역 성취 기준은 일상생활에 친숙한 일반적 주제에 관한 말/대화를 듣고 그 흐름을 이해하고 중심/세부 내용을 파악하는 능력을 기르는 것과 관련된다.

〈표 5〉 듣기 영역 성취 기준

[9영01-01] 어구나 문장을 듣고 연음, 축약된 소리를 식별할 수 있다.
[9영01-02] 일상생활 관련 대상이나 친숙한 일반적 주제에 관한 말이나 대화를 듣고 세부 정보를 파악할 수 있다.
[9영01-03] 일상생활이나 친숙한 일반적 주제에 관한 그림, 사진, 또는 도표에 관한 말이나 대화를 듣고 세부 정보를 파악할 수 있다.
[9영01-04] 일상생활이나 친숙한 일반적 주제에 관한 말이나 대화를 듣고 줄거리, 주제, 요지를 파악할 수 있다.
[9영01-05] 일상생활이나 친숙한 일반적 주제에 관한 말이나 대화를 듣고 화자의 심정이나 태도를 추론할 수 있다.

[9영01-06] 일상생활이나 친숙한 일반적 주제에 관한 말이나 대화를 듣고 화자의 의도나 목적을 추론할 수 있다.
[9영01-07] 일상생활이나 친숙한 일반적 주제에 관한 말이나 대화를 듣고 일이나 사건의 순서, 전후 관계를 추론할 수 있다.
[9영01-08] 일상생활이나 친숙한 일반적 주제에 관한 말이나 대화를 듣고 일이나 사건의 원인과 결과를 추론할 수 있다.
[9영01-09] 일상생활이나 친숙한 일반적 주제에 관한 말이나 대화를 듣고 상황 및 화자 간의 관계를 추론할 수 있다.

중학교 말하기 영역 성취 기준은 일상생활에 친숙한 일반적 주제에 관해 자신의 생각이나 감정을 표현하고, 정보를 교환하고 전달할 수 있는 능력을 기르는 것과 관련된다.

〈표 6〉 말하기 영역 성취 기준

[9영02-01] 주변의 사람, 사물, 또는 장소를 묘사할 수 있다.
[9영02-02] 일상생활에 관한 자신의 의견이나 감정을 표현할 수 있다.
[9영02-03] 일상생활에 관한 그림, 사진, 또는 도표에 대해 설명할 수 있다.
[9영02-04] 일상생활에 관한 방법과 절차에 대해 설명할 수 있다.
[9영02-05] 자신을 소개하는 말을 할 수 있다.
[9영02-06] 주변의 사람, 사물에 대해 묻거나 답할 수 있다.
[9영02-07] 주변의 위치나 장소에 대해 묻거나 답할 수 있다.
[9영02-08] 개인 생활에 관한 경험이나 계획에 대해 묻거나 답할 수 있다.
[9영02-09] 일상생활에 관한 일이나 사건의 순서, 전후 관계에 대해 묻거나 답할 수 있다.
[9영02-10] 일상생활에 관한 일이나 사건의 원인과 결과에 대해 묻거나 답할 수 있다.

중학교 읽기 영역 성취 기준은 일상생활에 친숙한 일반적 주제에 관한 글을 읽고 글의 논리적인 흐름과 행간의 의미를 이해하고 중심/세부 내용을 파악하는 능력을 기르는 것과 관련된다.

<표 7> 읽기 영역 성취 기준

[9영03-01] 문장을 의미 단위로 끊어 읽으면서 의미를 파악할 수 있다.
[9영03-02] 일상생활이나 친숙한 일반적 대상이나 주제에 관한 글을 읽고 세부 정보를 파악할 수 있다.
[9영03-03] 일상생활이나 친숙한 일반적 주제의 그림, 사진, 또는 도표에 관한 글을 읽고 세부 정보를 파악할 수 있다.
[9영03-04] 일상생활이나 친숙한 일반적 주제의 글을 읽고 줄거리, 주제, 요지를 파악할 수 있다.
[9영03-05] 일상생활이나 친숙한 일반적 주제의 글을 읽고 필자의 심정이나 태도를 추론할 수 있다.
[9영03-06] 일상생활이나 친숙한 일반적 주제의 글을 읽고 필자의 의도나 목적을 추론할 수 있다.
[9영03-07] 일상생활이나 친숙한 일반적 주제의 글을 읽고 일이나 사건의 순서, 전후 관계를 추론할 수 있다.
[9영03-08] 일상생활이나 친숙한 일반적 주제의 글을 읽고 일이나 사건의 원인과 결과를 추론할 수 있다.
[9영03-09] 일상생활이나 친숙한 일반적 주제의 글을 읽고 문맥을 통해 낱말, 어구 또는 문장의 함축적 의미를 추론할 수 있다.

중학교 쓰기 영역 성취 기준은 일상생활에 친숙한 일반적 주제에 관해 상황 및 목적에 맞게 문장/문단 단위로 글을 쓸 수 있는 능력을 기르는 것과 관련된다.

<표 8> 쓰기 영역 성취 기준

[9영04-01] 일상생활에 관한 주변의 대상이나 상황을 묘사하는 문장을 쓸 수 있다.
[9영04-02] 일상생활에 관한 자신의 의견이나 감정을 표현하는 문장을 쓸 수 있다.
[9영04-03] 일상생활에 관한 그림, 사진, 또는 도표 등을 설명하는 문장을 쓸 수 있다.
[9영04-04] 개인 생활의 경험이나 계획에 대해 문장을 쓸 수 있다.
[9영04-05] 자신이나 주변 사람, 일상생활에 관해 짧고 간단한 글을 쓸 수 있다.
[9영04-06] 간단한 초대, 감사, 축하, 위로, 일기, 편지 등의 글을 쓸 수 있다.

중학교 1~3학년군 성취 기준을 학년별로 적용할 경우 내용 요소를 학년 수준에 맞게 재구성하여 적용한다. 〈표 3〉에서 볼 수 있듯이 [9영01-01]에 해당되는 성취 기준에 도달하기 위해서 핵심적으로 학습해야 할 요소는 '어구나 문장의 연음 및 축약'이다. 이러한 요소를 중학교 1학년에서는 단순하거나 기본적인 짧은 문장을 듣고, 연음과 축약을 식별하도록 하고, 중학교 2학년에서는 이보다 약간 난이도가 높은 일상적인 대화나 짧은 글에 나타난 어구나 문장을 듣고 연음과 축약을 식별하도록 구성할 수 있다. 즉, 고학년으로 갈수록 어휘 수를 늘리고 내용의 난이도를 높임으로써 학년별 학습 내용을 위계적으로 적용할 수 있다. 이와 같은 원리를 적용하여 〈표 9〉와 같이 학년군별 성취 기준을 학년별로 적용해 볼 수 있다.

〈표 9〉 학년별 성취 기준 적용 내용 예시(듣기)

성취 기준	[9영01-01] 어구나 문장을 듣고 연음, 축약된 소리를 식별할 수 있다.
학습요소	어구나 문장의 연음 및 축약
중1	단순하거나 기본적인 짧은 어구나 문장을 듣고, 연음과 축약을 식별하는 학습 내용을 포함한다.
중2	일상적인 대화나 짧은 글에 나타난 어구나 문장을 듣고, 연음과 축약을 식별하는 학습 내용을 포함한다.
중3	다양한 주제의 비교적 긴 대화나 글에 나타난 어구나 문장을 듣고, 연음과 축약을 식별하는 학습 내용을 포함한다.

(임찬빈 외 19인, 2015, p.26)

학년군별 성취 기준을 해당 학년에서 집중적으로 다루어야 할 중점 성취 기준과 이전 학년에서 학습한 성취 기준으로 이미 도달되었다고 생각되는 기본 성취 기준으로 재분류하고, 중점으로 다루어야 할 성취 기준은 아니지만 내용상 필요하다고 판단되는 성취 기준을 선택 성취 기준으로 분류하면 〈표 10〉과 같이 재구성할 수 있다.

〈표 10〉 중학교 학년별 중점/기본/선택 성취 기준 예시(듣기)

성취 기준	1학년	2학년	3학년
[9영01-01] 어구나 문장을 듣고 연음, 축약된 소리를 식별할 수 있다.	중점 성취 기준	기본 성취 기준	기본 성취 기준
[9영01-02] 일상생활 관련 대상이나 친숙한 일반적 주제에 관한 말이나 대화를 듣고 세부 정보를 파악할 수 있다.			
[9영01-03] 일상생활이나 친숙한 일반적 주제에 관한 그림, 사진, 또는 도표에 관한 말이나 대화를 듣고 세부 정보를 파악할 수 있다.		중점 성취 기준	
[9영01-04] 일상생활이나 친숙한 일반적 주제에 관한 말이나 대화를 듣고 줄거리, 주제, 요지를 파악할 수 있다.			
[9영01-05] 일상생활이나 친숙한 일반적 주제에 관한 말이나 대화를 듣고 화자의 심정이나 태도를 추론할 수 있다.	선택 성취 기준		중점 성취 기준
[9영01-06] 일상생활이나 친숙한 일반적 주제에 관한 말이나 대화를 듣고 화자의 의도나 목적을 추론할 수 있다.			
[9영01-07] 일상생활이나 친숙한 일반적 주제에 관한 말이나 대화를 듣고 일이나 사건의 순서, 전후 관계를 추론할 수 있다.			
[9영01-08] 일상생활이나 친숙한 일반적 주제에 관한 말이나 대화를 듣고 일이나 사건의 원인과 결과를 추론할 수 있다.		선택 성취 기준	
[9영01-09] 일상생활이나 친숙한 일반적 주제에 관한 말이나 대화를 듣고 상황 및 화자 간의 관계를 추론할 수 있다.			

(임찬빈 외 19인, 2015, p.27)

Your Turn!

▶ "그림이나 사진에 관한 말이나 대화를 들으면서 미완성된 자료를 완성하고 화자의 의도나 목적이 무엇인지 알아보게 한다"라는 교수·학습 내용으로 수업 및 평가를 실시하려 한다. 이에 해당되는 성취 기준이 무엇인지 논의하여 보시오.

③ 2015 개정 영어과 교육과정의 교수 · 학습 방법 및 평가

2015 개정 교육과정은 학교 현장에서 학생 중심 수업 및 참여 협력 수업이 가능한 다양한 교수·학습 및 평가 방법을 추구한다. 따라서 영어과 교수·학습 방법은 첫째, 실생활과 연관된 체험활동 중심으로 지식 습득만을 위한 수업이 아니라 습득된 지식을 실질적으로 활용할 수 있는 수업으로 구현되어야 한다. 둘째, 의사소통이 활발하게 일어날 수 있도록 언어기능을 통합하는 교수·학습 활동 중심의 수업, 다양한 상호작용 중심의 학생 주도적인 수업, 배움의 즐거움을 발견하는 수업으로 구현되어야 한다. 셋째, 인성교육을 강화시킬 수 있는 교수·학습이 이루어져야 하며 경쟁보다는 협력을 통해 서로를 배려하고 포용하는 공동체 역량을 함양시키는 수업으로 구현되어야 한다. 이러한 내용을 구현하기 위해서는 과업 중심 학습Task-based Learning, 프로젝트기반 학습Project-based Learning, 문제 중심 학습Problem-based Learning, 협동 학습Cooperative Learning, 역량기반 학습Competency-based Teaching, 거꾸로 학습Flipped Learning, 스토리텔링 기법Storytelling Approach 등의 다양한 교수·학습 방법을 활용할 필요가 있다.

영어과 평가 방향은 교수·학습과 연계된 과정 중심의 평가를 지향한다. 이를 위해서 첫째, 듣기·말하기·읽기·쓰기 능력을 통합하여 학습자의 의사소통 능력을 실제적으로 평가할 수 있는 다양한 평가 방법이 실시되어야 한다. 둘째, 창의성 및 인성을 함양할 수 있는 다양한 평가 방법을 고안하여 학습자의 수업 참여도, 학습 의욕, 대인관계 능력과 같은 정의적인 요인도 평가에 포함되어야 한다. 즉, 학생들의 영어 학습 과정 및 성장에 피드백을 줄 수 있는 평가가 되어야 한다. 따라서 평가의 내용과 수준은 성취 기준 및 수업 시간에 활용되는 교수·학습 활동을 근거로 선정하며 성취 기준 도달 여부로 평가한다.

그림 3 평가 방향
(교육부자료,
45쪽 슬라이드)

2015 개정 교육과정을 반영한 다양한 과정 중심 평가를 실시하기 위해서는 진단 평가, 총괄 평가, 형성 평가 및 다양한 수행 평가 도구를 활용하는 것이 필요하다. 수행 평가는 학습자들의 학습 활동 수행 과정을 평가하는 것으로서 학습자의 성취 기준 달성 여부와 정도를 평가할 수 있다. 서술형 평가, 논술형 평가, 실기 평가, 찬반토론 평가, 보고서 평가, 면접 평가, 관찰 평가, 포토폴리오 평가, 자기 평가, 동료 평가 등과 같은 방법으로 수행 평가를 실시할 수 있다. 평가의 목적에 따라 평가 방법이 달라질 수 있으며 이와 관련된 구체적인 내용 및 예시는 4장 '평가의 이해와 적용'에서 자세히 살펴보기로 한다.

2

영어 교재 구성

우리나라 영어 교과서는 교육과정을 기반으로 하여 개발된다. 교육과정curriculum은 다양한 형태로 정의할 수 있다. 우리나라 교육과정은 교육부 주관으로 개발되는 국가교육과정National Curriculum으로 최신의 교육 이론을 바탕으로 영어를 효율적으로 가르칠 수 있도록 내용, 방법, 평가에 대한 거시적인 지침을 제공한다. 2015 개정 영어과 교육과정은 의사소통 언어 교수 접근 방법Communicative Language Teaching Approach에 입각하여 학교 급별로 가르칠 성취 기준, 교수·학습 및 평가 방법을 거시적으로 제시하고 이를 근거로 학교 급별 영어 교과서가 개발된다. 교육과정에 제시된 학습 목표 성취 기준에 도달하기 위해서는 학습 내용what을 어떤 순서sequence로 어떻게how 가르칠 것인가를 상세히 계획하여 가르칠 필요가 있다. 즉, 교수요목syllabus이란 학습할 내용을 실질적으로 가르칠 수 있는 세부 내용으로 요목화하고, 이를 효율적으로 교수·학습할 수 있도록 순서화시키는 틀framework이다(Richards, 2017). 따라서 시대의 흐름이 반영된 교육 이론적 접근 방법에 따라 핵심 학습 내용이 달라지며 이에 따라 핵심 내용을 요목화하는 방법도 달라진다.

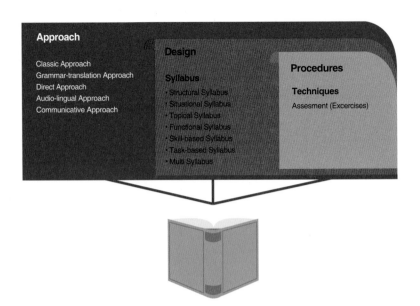

그림 4 교재의 기본
구성요소

　　교재는 시대의 흐름을 반영한 교육 이론적 접근 방법과 교수요목에 따라 학습 활동과 평가 방법이 변한다. 특히 교수요목에 따라 적합한 학습 활동과 평가 방법을 선별하여 제시해야 하기 때문에 교재의 구성요소 중 교수요목을 핵심요소라 할 수 있다. 교수요목을 구성하는 단위는 글, 과업, 문법, 내용, 의사소통 기능language function, 언어기능language skills이다. 이 중 어떤 단위를 교수요목의 핵심 단위로 사용하여 학습 내용을 체계화하느냐에 따라 교수요목이 다양하게 제시될 수 있다. 이에 다양한 교수요목을 결과 중심 교수요목product-based syllabus과 과정 중심 교수요목process-oriented syllabus으로 나누어 각각에 해당되는 교수요목의 유형과 이들의 특징 및 적용 사례를 구체적으로 살펴보기로 하자.

① 결과 중심 교수요목(Product – based Syllabus)

결과 중심의 교수요목은 학습자들이 학습의 결과로 성취해야 할 언어지식knowledge과 언어기능skills에 초점을 두고(Nunan, 2004) 학습할 내용을 요목화하여 체계적으로 제시한다. 결과 중심의 교수요목에는 문법 중심/구조주의 교수요목, 상황 중심 교수요목, 기능 중심 교수요목, 언어기능 중심 교수요목 등이 있다. 이들 교수요목의 특징을 구체적으로 살펴보자.

1) 문법 중심/구조주의 교수요목(Grammatical/Structural Syllabus)

문법 중심/구조주의 교수요목은 문법 요소를 중심으로 학습할 내용을 목록화하여 제시하는 교수요목이다. 이 교수요목은 심리언어학적 이론에 기반한 것으로, 언어를 구성하는 중요한 학습 단위가 문법이기 때문에 문법체계를 항목별로 분리하여 쉬운 것부터 체계적으로 학습하는 것이 외국어를 효율적으로 학습하는 방법이라는 것이다. 의사소통 접근법이 등장하기 이전에는 문법을 언어학습의 핵심 요인으로 간주하고 언어학습 과정을 주로 문법 요소 중심으로 구성하였다. 따라서 구조주의 교수요목에서 언어 학습은 곧 문법을 학습하는 것으로 간주하고 문법 항목 학습 및 활용 중심으로 언어를 가르칠 수 있도록 교재 및 과정을 구성한다(McCarthy, 2001). 이 교수요목은 **청화식 교수법**Audiolingual Method, **상황 중심 교수법**Situational Language Teaching을 외국어 학습의 중요한 방법으로 간주하던 1960~1970년대에 등장한 영어교재에서 자주 볼 수 있다. 당시에는 성공적인 외국어 학습에서 문법적으로 올바른 문장을 발화하도록 연습하는 것이 중시되었다. 따라서 문법 중심/구조주의 교수요목으로 구성된 교재

Contents

Teachers' Notes

Introduction
Lesson by Lesson Notes

Section 1 Sequencing Activities

Lesson 1 **Linking Phrases 1**
1.1 Narrative - Joe's Trip to York
1.2 Narrative - Anna's Trip to London
1.3 Follow-up

Lesson 2 **Linking Phrases 2**
2.1 Essay - A Good Book v. Television
2.2 Essay - A Holiday Abroad or at Home?
2.3 Follow-up

Lesson 3 **Important Expressions**
3.1 Informal Letter 1
3.2 Informal Letter 2
3.3 Follow-up

Lesson 4 **Adding Grammar 1**
4.1 Dear Julia
4.2 Follow-up

Lesson 5 **Adding Grammar 2**
5.1 Dear Sally
5.2 Follow-up

Lesson 6 **Adding Grammar 3**
6.1 Dear Robin and Sarah
6.2 Follow-up

Lesson 7 **Adding Grammar 4**
7.1 Dear Mrs Harlock
7.2 Follow-up

Section 2 Matching Activities

Lesson 8 **Adjective + Preposition**
8.1 Sentence Cards 1
8.2 Sentence Cards 2
8.3 Follow-up

Lesson 9 **Verb + Preposition**
9.1 Sentence Cards 1
9.2 Sentence Cards 2
9.3 Follow-up

Lesson 10 **Noun + Preposition**
10.1 Sentence Cards 1
10.2 Sentence Cards 2
10.3 Follow-up

Lesson 11 **Noun Collocations 1**
11.1 Sentence Cards 1
11.2 Sentence Cards 2
11.3 Follow-up

그림 5 문법 중심/구조주의 교수요목 예시
Instant Grammar Lessons (Battersby, 2008)

에는 다음과 같은 활동이 주로 제시된다.

- 특정 문법 항목에 초점을 두고 이를 활용한 문장 제시
- 목표 문법 구조를 활용하여 문장 만들기
- 목표 문법 구조 반복 학습하기
- 목표 문법 활용의 정확성에 초점을 둔 연습문제
- 목표 문법을 정확히 활용하였는가에 대한 피드백

문법 중심/구조주의 교수요목은 비교적 초보 학습자들을 위한 외국어 학습 과정에 많이 사용되는 교수요목으로서, 기초 의사소통 능력을 향상시킬 수 있는 일상적인 의사소통 상황에서 자주 사용하는 문법 항목을 선별하여 제시한다.

문법 중심/구조주의 교수요목은 다음과 같은 문제점을 가지고 있다(Richard, 2017).

- 문법 능력 향상만으로는 학습자의 의사소통 능력을 향상시킬 수 없다.
- 담화 구조에 대한 지식을 제공하지 못한다. 문장 내에서의 문법만을 학습 내용으로 선별하여 구성하기 때문에 담화discourse, 텍스트text, 대화conversation에서처럼 맥락을 고려한 문법 지식은 포함하지 못한다.

- 제시된 문법 항목의 순서는 코퍼스 연구결과라기보다는 전통적으로 제시된 순서를 그대로 사용하거나 경험에 근거하여 제시하고 있다.

이러한 문제점을 고려하여 최근에는 문법 중심/구조주의 교수요목이 다중/통합적 교수요목multi-syllabus/integrated syllabus의 하위 교수요목으로 제시되는 경우가 많다. 그 외에도 문법 중심/구조주의 교수요목은 텍스트 중심 교수요목text-based syllabus, 과업 중심 교수요목task-based syllabus, 내용 중심 교수요목content-based syllabus, 기능 중심 교수요목skill-based syllabus과 함께 활용되는 경우가 많다.

2) 상황 중심 교수요목(Situational Syllabus)

상황 중심 교수요목은 상황에 따라 필요한 언어를 중심으로 학습할 내용을 목록화하여 제시하는 교수요목이다. 상황이란 '공항', '레스토랑' 등과 같이 특정한 의사소통communicative act이 이루어지는 상황setting을 말한다. 따라서 의사소통이 일어나는 장소, 참여자, 목적, 활동, 활동의 방법, 사용되는 언어 및 정보에 따라 상황은 바뀐다.

상황 중심 교수요목은 외국어 교재에서 오랫동안 널리 사용된 교수요목으로(Kelly, 1969), *Passport*(Burkinghan & Whitney, 1995)와 같은 여행 관련 책에서 주로 사용되는 교수요목이다. 또한 직업이나 사회적 생존을 위한 과목occupational and social survival courses에서 사용되며 우리나라의 경우 회화 및 말하기 교재에서 많이 사용되는 교수요목이다. 따라서 상황 중심 교수요목을 바탕으로 한 교재는 해당 과목에 필요한 상황을 선별하고 그 상황에 필요한 언어를 선별하여 학습 내용을 구성한다. 또한 ESP(English for Special

Purposes), 역량 중심, 텍스트 중심으로 교재를 구성하는 데 필요한 교수요목이기도 하다.

〈표 11〉 상황 중심 교수요목 예시

1. On an airplane	10. In a restaurant
2. At an immigration counter	11. In a cafe
3. At a bank	12. In a bar
4. On the telephone	13. On a bus
5. On the street	14. In a store
6. In the city	15. At the post office
7. At home	16. At the cinema
8. At the doctor's	17. In a hotel
9. In an office	18. At the airport

(Richard, 2001, p.156)

상황 중심 교수요목은 다음과 같은 문제점이 있다(Richard, 2017).

- 화자 간의 복잡한 상호작용에 따라 필요한 언어가 다양하게 변화하는데 이러한 다양성을 교수요목에 적용하기 어렵다. 상황별로 미리 언어를 선별하기 때문에 화자 간의 복잡한 상호작용과 무관하게 이미 선별된 고정화된 언어를 가르친다.
- 상황별로 미리 학습할 언어를 선별하기 때문에 한 상황에서 학습한 언어가 다른 상황에서 활용되기 어렵다. 즉 학습자는 학습한 특정 상황에서만 해당되는 언어를 사용할 수 있는 제한적인 능력을 갖게 된다.
- 고정된 표현fixed expressions이나 관용어구idioms만 학습하게 된다.
- 문법 지식을 체계적으로 학습할 수 없다
- 다양한 상황을 모두 학습 내용으로 다루기 어렵다.

3) 기능 중심 교수요목(Functional Syllabus)

기능 중심 교수요목은 1970년대 의사소통 언어 교수 접근 방법Communicative Language Teaching Approach이 등장하면서 처음 제안된 교수요목으로서, 의사소통 능력을 향상시킬 수 있도록 의사소통 기능 중심으로 학습할 내용을 구성한다. 학습자들이 의사소통 능력을 향상시킬 수 있도록 의사소통에 필요한 기능language function을 구분하고 이 기능을 중심으로 학습 내용 및 활동을 구성한다. 기능적 교수요목은 1980년대부터 다양한 교재에서 활발하게 사용되었다.

특정한 의사소통 기능을 수행하기 위해서는 특정한 표현이 필요하므로 의사소통 기능별로 필요한 대표적인 표현을 선별하여 가르치도록 구성한다. 2015 개정 영어과 교육과정에도 초·중·고등학교에서 가르쳐야 할 의사소통 기능과 이에 해당되는 대표적인 표현(예시문)을 제시하고 있다.

〈표 12〉 의사소통 기능과 대표적인 표현 예시

의사소통 기능	예시문
제안 · 권유하기	Let's … What/How about ….? Would you like (me) to …? Why don't we/you …? (I think) you should/ought to …
의견 묻기	What do you think (of/about…)? How do you feel about …? What is your view/opinion?
안부 묻기	How's it going? How are you doing? What's up?

(2015 개정 교육과정 〈별표 2〉 의사소통 기능과 예시문 참조)

Contents

2 Asking for information: question techniques, answering techniques, getting more information

2.1   Conversation

Sue: Hi, Anne!
Anne: Oh hi, Sue!
Sue: Uh listen, I was wondering if you could help me. Do you happen to know where there's a good place to buy art supplies?
Anne: I'm not really sure. Hey, let me think for a minute. Oh yeah, there's that new place, Mixed Media – you know, it's down on Main Street?
Sue: Mm, I don't know that store – exactly where on Main Street?
Anne: Well, you know where the new vegetarian restaurant is – it's right up a block.
Sue: Oh yes, I know where you mean now.
Anne: Hey, I hope you don't mind my asking, but are you taking up painting?
Sue: [laughs] Are you kidding? I can't paint! I'm just asking for my sister's son. He's really into it.
Anne: Ah . . . oh, I see. Hey, are you still doing your photography? You're really good at that.

Sue: Yeah, that's the one thing I really enjoy.
Anne: Hey listen. This may sound like a dumb question, but can you get any good pictures on an automatic?
Sue: No, no, no, now that's a very interesting question. Automatics are OK, except for special effects, or stop action.
Anne: Oh, and it . . . listen, there's something else I was wondering about – like, should you do all your own developing?
Sue: Oh no! You don't have to develop your own. You can get good prints if you send them out.
Anne: No kidding! Could you tell me something more about it – like, if I was going to set up a darkroom, what would I really be using it for – what kind of equipment would I need?
Sue: Oh well, you'd need your enlarger, and . . . and chemicals, but actually developing is only cheaper when you're doing a lot of enlargements.
Anne: Oh, I see. Can I ask if you're making any money at it?
Sue: [laughs] Well, I'm making enough, and . . . well, it's tax time, so that's something I'd rather not talk about.
Anne: [laughs] I really understand. Well, I got to be getting along now, so, so long!
Sue: Bye!

2.2   Presentation: question techniques

A conversation often depends on questions to keep it going in the direction you want it to go. The one who asks the questions in a conversation usually controls the conversation. Various techniques may be necessary to get different kinds of information from different people. Most people are very polite when they ask a stranger about something – if you are more direct, you may appear to be rude. Anyway, personal questions have to be expressed very politely. Here are some useful opening expressions you can use to lead up to questions:

I was wondering if you could help me. I'd like to know . . .
I wonder if you could tell me . . .
This may sound like a dumb question, but I'd like to know . . .
Excuse me, do you know . . . ?
I hope you don't mind my asking, but I'd like to know . . .
Something else I'd like to know is . . .

Decide with your teacher when such expressions might be appropriate. They are also useful as "hesitation devices" to give you time to prepare your thoughts!

2.3   Exercise

Make notes for yourself about five pieces of general information and five pieces of personal information you would like from your teacher. Take turns asking your teacher questions. Be careful to be very polite when asking personal questions. When you have finished, ask a friend similar questions.

그림 6 기능 중심 교수요목 예시 Functions of American English: Communication Activities for the Classroom. (C. von Baeyer, 1983, pp.10~11).

기능 중심 교수요목은 다음과 같은 특징이 있다.

- 의사소통 기능이 학습 내용의 핵심 요소이다.
- 다른 교수요목과 연계하여 활용할 수 있다. 문법, 주제, 어휘와 같은 언어요소와 결합하여 통합적 교수요목integrated syllabus을 구성한다.
- 듣기/말하기 능력을 향상시키는 데 적합한 교수요목이다.

따라서 기능적 교수요목은 의사소통 기능 중심으로 학습 내용이 구성되기 때문에 주로 회화교재가 이 교수요목으로 구성되어 있다.

기능 중심 교수요목은 다음과 같은 문제점이 있다(Richard, 2017).

- 의미 협상negotiation/interaction 과정에서는 의사소통 기능function이 바뀌기 때문에 상황에 따라 표현이 달라져야 하나 이 교수요목의 경우 특정 의사소통 능력과 특정 표현을 고정화하여 제시함으로써 실질적인 의사소통 능력을 향상시키는 데 한계가 있다.
- 의사소통 기능을 학습하기 쉬운 기능에서 학습하기 어려운 기능으로 혹은 중요도에 따라 순차적으로 제시하기 어렵다.
- 학습해야 할 중요한 문법 사항이 배제될 수 있다.

4) 언어기능 중심 교수요목(Skill – based Syllabus)

언어기능 중심 교수요목은 듣기·말하기·읽기·쓰기 능력을 향상시키는 것을 목적으로 하는 교육과정에 적합한 교수요목이다. 예를 들어, 영어로 강의를 들을 수 있는 듣기 능력을 향상시키기 위해서는 중심내용 듣기, 순서 이해하기, 세부내용 듣기, 추론하기, 비교하기, 예측하기와 같은 듣기의 세부기능sub-skills을 먼저 향상시켜야 한다는 것이다.

따라서 각각의 언어기능language skill별로 그 세부 기능이 향상될 수 있도록 학습 내용을 구성하는 것이 언어기능 중심 교수요목이다.

〈표 13〉 언어기능별 세부기능 예시

언어기능	세부기능
듣기	핵심 정보 파악하기(recognizing key information) 담화 표지를 활용하여 내용흐름 파악하기(using discourse markers to identify the flow of discourse) 빠른 담화 이해하기(following rapid speech)
읽기	개요 파악하기(reading for gist) 단어 의미 유추하기(guessing words from context) 추론하기(reading and making inferences)
말하기	백채널링 사용하기(using back channeling) 화자전환 단서 파악하기(recognizing turn-taking signals) 의사소통 전략 사용하여 주제 제시하기 (introducing a topic, using communication strategies)
쓰기	주제문 작성하기(creating a topic sentence) 글의 요지와 근거 문장 구분하기(distinguishing between main ideas and supporting sentences) 수정하기(self-editing)

(Richard, 2017, p.202)

언어기능 중심 교수요목은 다음과 같은 특징이 있다.

- 실질적으로 사용할 수 있는 세부 언어기능으로 분리하여 학습 내용을 제시한다.
- 가르칠 수 있고 학습 가능한 단위로 구분하여 언어를 사용하는 실제적인 상황에서 이러한 세부 언어기능을 연습할 수 있도록 틀을 제공한다.

언어기능 중심 교수요목은 다음과 같은 문제점이 있다.

- 언어기능별 세부 기능의 분류가 체계적이지 못하다. 대부분 직감이나 인지 과정에 의존하여 제시된다.
- 언어에 대한 총체적인 시각을 제시하지 못한다. 학습 내용이 언어능력language proficiency을 세부능력sub-skills별로 분리하여 가르치도록 구성되어 있으므로 의사소통 능력을 향상시키지 못한다. 실제적인 의사소통 상황에서는 네 기능이 분리되어 사용되지 않고 통합적으로 사용되기 때문이다.

❷ 과정 중심 교수요목

과정 중심의 교수요목은 학습결과보다는 학습경험learning experiences 그 자체에 더 초점을 두고(Nunan, 2004) 학습 내용을 요목화하는 방법이다. 과정 중심의 교수요목에 해당되는 대표적인 교수요목인 과업 중심 교수요목의 특징을 구체적으로 살펴보자.

과업 중심 교수요목(Task-based Syllabus)

과업 중심 교수요목은 실제 사회에서 수행되는 과업 중심으로 학습 내용을 구성하는 교수요목으로서, 해당 과업을 수행하기 위해 필요한 언어 내용을 선별하여 제시한다. 성공적인 언어 학습은 다양한 과업을 수행함으로써 이루어진다는 전제 하에 과업에 필요한 언어 내용을 선별한다.

다양한 과업을 완수함으로써 언어 학습이 촉진되기 때문에 과업을 구성할 때 다음과 같은 사항을 고려해야 한다.

- 학습자가 수행할 수 있는 과업이어야 한다.

- 언어 학습과 관련된 결과물을 산출할 수 있는 과업이어야 한다.

- 의미에 초점을 두는 과업이어야 한다.

- 의사소통 전략과 상호작용 기능을 요구하는 과업이어야 한다.

과업task은 **실생활 과업**real-world task과 **교실 과업**pedagogical task으로 구분할 수 있다. 전자는 학습자가 실질적으로 생활에서 수행하는 과업이며 후자는 학습자가 교실 밖에서 수행할 가능성은 적으나 언어 학습을 촉진하기 위해 교실에서 수행하는 활동이다. 따라서 학습자는 우선적으로 교실 과업을 통하여 언어 학습에 임할 필요가 있다.

〈표 14〉 유형별 과업 예시

실생활 과업	교실 과업
공공서비스 기관 담당자와 대화하기 취업 면접하기 가게에서 물건사기 의사에게 아픈 곳 설명하기 운전면허시험 응시원서 작성하기 등	직소 활동(jigsaw) 정보차 활동(information-gap) 문제 해결 활동(problem-solving) 의사결정 활동(decision-making) 의견교환 활동(opinion exchanging) 등

과업 중심 교수요목은 다음과 같은 문제점이 있다.

- 과업의 정의가 명확하지 않고 너무 광범위하여 학습자가 수행하는 모든 활동을 포함하므로 명확히 과업을 규명하기 어렵다.

CONTENTS

Module		Target Task	Task 1 (online)
1 Getting to know each other pages 1 – 16	Lesson 1	Introducing myself to new friends	How do I introduce myself to a college class?
	Lesson 2	Exchanging personal information	What are your likes and dislikes?
2 How well do you know me? pages 17 – 33	Lesson 1	Describing personalities	Find out your personality from the Chinese Zodiac.
	Lesson 2	Describing someone's appearance	Describe their appearance.
3 What do you do after this class? pages 35 – 50	Lesson 1	Talking about their daily school life	Find out what Mike's school days are like.
	Lesson 2	Explaining how to use the campus library	Finding out how to use a campus library
4 My future goals pages 63 – 80	Lesson 1	Discovering my talents and talking about my future goals	Understanding your multiple intelligence
	Lesson 2	Making specific monthly (weekly) plans for a future career	What is your plan for the future ?
5 Cooking and dining pages 81 – 98	Lesson 1	Talking about the food I like or dislike: tastes and recipes	Are you interested in slow food?
	Lesson 2	Ordering at a restaurant: a customer and a server	Leaning expressions about a restaurant
6 Enjoy your free time pages 99 – 115	Lesson 1	Introducing my leisure activities	Various leisure activities
	Lesson 2	Introducing your favorite entertainment	TV programs

그림 7 과업 중심 교수요목 예시
English I (English Education Research Center, 2009)

- 과업을 선정하고 설계하는 절차가 명확하지 않다.

- 지나치게 의사소통 중심의 과업을 사용할 경우 학습자의 언어 유창성
  은 향상시킬 수 있으나 언어 정확성은 소홀해지기 쉽다.

- 교사가 다양한 교수 자료를 사용하여 학생들이 과업을 수행하도록 해야 하기 때문에 교사에게 수업 준비에 대한 부담을 준다.

③ 기타 교수요목

결과 중심 교수요목과 과정 중심 교수요목 연속체 선상의 중간 지점에 위치한다고 볼 수 있는 교수요목으로는 주제/내용 중심 교수요목이 있다. 어디에 중점을 두고 보느냐에 따라 결과 중심의 교수요목 유형으로 또는 과정 중심 교수요목 유형으로 분리될 수 있는 문제점이 있다. 학습자들이 학습해야 할 언어지식knowledge이나 언어기능skills보다는 내용학습에 초점을 두고 학습을 할 때 더 자연스럽고 효과적으로 언어지식이나 언어기능을 학습할 수 있으므로 해당 교수요목을 과정 중심 교수요목으로 분리하는 것이 더 적합하다고 언급하는(Nunan, 1988) 경우도 있는 반면, 주제나 내용을 이해하기 위해서는 이와 관련된 언어지식knowledge과 언어기능skills을 학습해야 하므로 주제나 내용은 이를 가르치기 위한 매개체로 작용한다는 입장에서는 주제/내용 중심의 교수요목을 과정 중심 교수요목으로 보는 것이 더 타당하다고 언급되는 경우도 있다(White, 1988). 어느 견해에 따르든지 주제/내용 중심의 교수요목은 의사소통 능력을 향상시키는 데 유용한 교수요목이므로 기타 교수요목 유형으로 분류하고 이에 해당되는 특징을 구체적으로 살펴보자.

주제/내용 중심 교수요목(Theme-/Content-based Syllabus)

주제/내용 중심 교수요목은 주제에 관련된 내용을 가르치는 데 필요한 어휘, 문법, 언어기능 및 의사소통 기능을 선별하여 학습 내용을 조직하는 교수요목이다. 주제나 내용은 주로 사회, 과학, 역사 등의 일반 교과 내용이다. 어휘, 문법, 언어기능 및 의사소통 기능을 가르치기 위해 이러한 내용을 활용한다. 따라서 이 교수요목의 시작 단계는 주제와 내용을 선별하는 것이다. 이는 다음과 같은 점에서 의사소통 능력을 향상시키는 데 유용한 교수요목으로 간주된다.

- 정보를 얻는 수단으로 언어를 사용할 때 목표 언어를 더 잘 학습한다.
- 주제/내용을 활용하여 언어를 가르칠 경우 학습자의 욕구needs를 더 잘 반영하며 실제적인 언어 사용 환경을 제공한다.
- 주제/내용은 모든 언어기능을 의미 있게 활용할 수 있는 장을 마련한다.

주제/내용 중심 교수요목은 몰입교육, 특수 목적을 위한 영어 교육(ESP)에서 찾아볼 수 있다. 주제/내용 중심 교수요목은 실생활의 언어 사용 맥락에서 언어를 학습하도록 학습 내용을 주제 중심으로 제시하기 때문에 학습자의 통합적인 언어사용 능력을 향상시킬 뿐만 아니라 교과 내용에 대한 이해 및 학습 동기를 높여준다.

Contents

Environmental Studies

ABOUT THIS CHAPTER

Topic:	City planning
Listening Texts:	Lecture about city planning; interview about planning public parks
Listening Skill Focus:	Activating background knowledge
Speaking Skill Focus:	Reflecting on speaking
Vocabulary:	Compound nouns
Pronunciation:	Sentence stress

1 INTRODUCING THE TOPIC

1. Complete the survey. Then compare your answers as a class. What are your top three necessities?

What's important in choosing a place to live?

Check the box that best describes your opinion.

	Not at all Important	Not very Important	Somewhat Important	Very Important
1. A large house with a spacious yard				
2. A sense of being "away from it all"				
3. A commute of 45 minutes or less				
4. Being close to a highway				
5. Walking distance to public transportation				
6. Sidewalks and places to take walks				
7. A community with a mix of older and younger people				
8. A community with a mix of people from different backgrounds				

그림 8 주제/내용 중심
　　　교수요목 예시
Open Forum Academic
Listening and Speaking
2 (Blackwell & Naber, 2006,
p.1)

주제/내용 중심 교수요목은 다음과 같은 문제점이 있다.

- 내용을 이해하는 데 초점을 둘 경우 어휘 및 의사소통 전략을 중심으로 학습이 진행되어 문법을 정확하게 학습하기 어렵다.
- 주제/내용에 따라 활용된 언어의 수준이 달라지므로 가르칠 언어 내용을 체계적으로 선별하기 어렵다.
- 교사는 언어와 주제/내용에 대한 지식이 있어야 하므로 두 영역을 모두 가르칠 수 있도록 훈련을 받아야 한다.
- 주제/내용을 중심으로 언어학습이 이루어지기 때문에 내용에 대한 평가를 배제하기 어렵다.

Your Turn!

▶ 그룹별로 자신이 자주 사용하는 영어 교재 한 권씩을 가져오도록 한다. 위에서 제시된 교수요목의 특징 및 예시를 참고하여 그룹 구성원들이 가져온 교재가 어떤 교수요목으로 구성되어 있는지 분류하여 봅시다.

3

토론 및 활동

1. 2015 개정 영어과 교육과정이 2009 영어과 교육과정과 어떻게 다르며 이러한 차이가 교육 현장에 어떤 변화를 가져올지 논의하시오.

2. 다음 제시된 교수요목의 특징을 설명하고 각각의 장단점을 논의하시오. 제시된 교수요목을 혼합하여 사용한 예를 조사하고 공유하시오.

   a. 문법 중심 교수요목(grammatical syllabus)

   b. 상황 중심 교수요목(situational syllabus)

   c. 기능 중심 교수요목(functional syllabus)

   d. 언어기능 중심 교수요목(skill-based syllabus)

   e. 주제 중심 교수요목(theme-based syllabus)

3. 우리나라 중·고등학교 영어 교과서는 어떤 교수요목으로 구성되어 있습니까? 이 단원에서 살펴본 교수요목 중 어떤 교수요목이 활용되었는지 논의하시오.

4. 우리나라 중·고등학교 영어 교과서 내용이 어떻게 구성되어 있는지 한 단원을 선택하여 주어진 틀을 활용하여 분석하여 보시오.

학년/ 단원제목	단원 구성	주제	소재	주요 학습 활동 유형		의사소통 기능과 예시문			어휘	성취 기준/ 주요 학습 목표	언어 형식
				듣기/ 말하기	읽기/ 쓰기	대범주	중범주	소범주 (예시문)			

참고문헌

교육부. (2015). 영어과 교육과정 2015. 서울: 교육부.

임찬빈 외 19인. (2015). 2015 개정 교과교육과정 시안 개발 연구 II (연구보고서 CRC 2015-25-12). 서울: 한국교육과정평가원.

Battersby, A. (2008). Instant grammar lessons. London: Heinel Cengage Learning.

Blackwell, A., & Naber, T. (2006). Open forum academic listening and speaking 2. New York: Oxford University Press.

Burkinghan, A., & Whitney, N. (1995). Passport. New York: Oxford University Press.

English Education Research Center. (2009). English I. Seoul: Chung-Ang University.

Kelly, L. (1969). 25 centuries of language teaching. Rowley, MA: Newbury House.

Leo, J., & von Baeyer, C. (1983). Functions of American English: Communication activities for the classroom. Cambridge: Cambridge University Press.

McCarthy, M. (2001). Issues in applied linguistics. Cambridge: Cambridge University Press.

McDonough, J., & Shaw, C. (2003). Materials and methods in ELT (2nd ed.). Oxford: Blackwell Publishing.

Nunan, D. (2004). Syllabus design. Oxford: Oxford University Press.

Richards, J. C. (2001). Curriculum development in language teaching. Cambridge: Cambridge University Press.

Richards, J. C. (2017). Curriculum development in language teaching (2nd ed). Cambridge: Cambridge University Press.

Wiggins, G., & McTighe, J. (2005). Understanding by design: A framework for effecting curricular development and assessment (2nd ed.). Alexandria. VA: Association for Supervision and Curriculum Development.

White, R. V. (1988). The ELT curriculum. London: Blackwell.

발표슬라이드

교육부, 모두가 함께하는 행복교육, 창의인재양성 2015 개정교육과정 고등학교 English.

교육과정 사이트

http://ncic.kice.re.kr/nation.dwn.ogf.inventoryList.do

2장

교안의 이해 및 실습

수업 전 토론

1. 교수 · 학습 지도안에는 어떤 요소가 포함되어야 합니까?

2. 교수 · 학습 지도안 작성 시 예상되는 어려운 점이 무엇인지 서로 이야기하여(토론하여) 보시오.

1

교수·학습 지도안의 구성요소 및 작성 방법

1 교수 · 학습 지도안의 구성요소

교수·학습 지도안은 다양한 교수·학습 방법, 교수·학습 활동, 평가 방법, 교수 철학 등 교수·학습에 관련된 모든 내용과 학습 대상인 학생에 대한 모든 특징 및 요인들을 고려하여 해당 수업이 어떻게 전개될 것인가에 대한 로드맵을 제시하는 것이다(Purgason, 2014). 교수·학습 지도안에서 가장 중요한 핵심요소는 학습 목표이다. 학습 목표는 명확하고 타당하게 설정되어야 하며 이에 적합하게 학습 활동이 구성되어야 한다. 학습 평가는 학습 활동을 통하여 학습자가 학습 목표에 도달하였는지를 평가하도록 구성하여야 한다. 따라서 학습 목표, 학습 활동, 학습 평가는 모두 연계선상에서 일치되도록 구성되어야 한다.

교수·학습 모델에서 제시된 학습 목표, 학습 활동, 학습 평가가 효과적으로 연계되도록 구성하기 위해서는 교수·학습 지도안의 구성요인을 체계적으로 살펴볼 필요가 있다. 교수·학습 지도안을 구성하는 요인은 학자

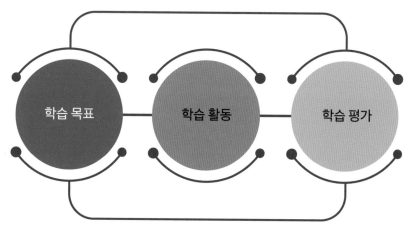

그림 1 교수 · 학습 지도안 구성 모델

마다 다소 차이는 있으나 공통적으로 Brown(2015)이 언급한 학습 목적, 학습 목표, 학습 자료, 학습 활동 절차, 학습 평가, 학습 과제로 이루어져 있다.

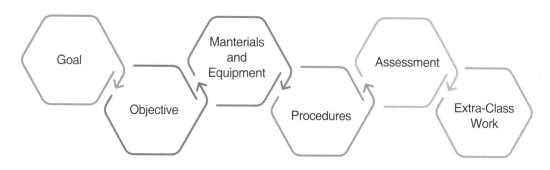

그림 2 교수 · 학습 지도안 구성 요인

1) 학습 목적(Goal)

학습 목적Goal은 주로 교육과정이나 교육 프로그램을 이수한 후에 학습자가 성취해야 할 궁극적인 목표이다. 주로 교육의 방향을 제시하는 역할을 한다. 우리나라의 경우 영어 교과서는 교육과정에서 제시된 교수·학

습 내용을 근거로 편찬된다. 따라서 이 틀 안에서 살펴볼 때 넓게는 교육
과정에 제시된 학교 급별 목표가 교수·학습 지도안을 작성할 때 학습 목
적의 기반이 될 수 있다. 좁게는 교과서 단원별로 제시된 학습 목표를 지
도안의 학습 목적으로 볼 수도 있다.

<표 1> 교수·학습 목적 예시

중학교 영어(교육과정, 2015, p.5)	Central American Program(Brown, 2015, p.187)
학습자들이 초등학교에서 배운 영어를 토대로 친숙하고 일반적인 주제에 관한 기본적인 영어를 이해하고 표현하는 능력을 갖추게 한다.	By the end of the course, students will be able to
1. 영어 학습에 대한 흥미와 관심을 가지고 일상적인 영어 사용에 자신감을 가진다.	1. Participate in social conversation in English
2. 친숙한 일상생활 주제에 관하여 영어로 기본적인 의사소통을 할 수 있다.	2. Speak with few hesitations and with only minor (local) errors.
3. 외국의 문화 정보를 이해하고 우리 문화를 영어로 간단히 소개할 수 있다.	3. Successfully apply some form-focused instruction to their speech.

2) 학습 목표(Objective)

학습 목표는 종종 학습 목적Goal과 혼용되어 사용되는 경우도 있으나
주로 학습 목적보다 좁은 의미로, 좀 더 구체적으로 학습자가 도달해야 할
학습 결과가 무엇인지를 나타낸다. 주로 한 차시 수업에서 학습자가 학
습해야 할 구체적인 지식, 행동, 언어 세부능력에 대한 목표를 제시한다.
즉, 교사가 수업 시간에 학생들이 학습할 내용을 구체적으로 서술해야 한
다. 따라서 우리나라의 경우 중등 영어 교과서에 제시된 한 단원을 대략
9~11차시로 나누어 수업을 실시할 때 단원의 한 차시 분량에 해당되는

학습 내용과 관련하여 학습자가 성취해야 할 구체적인 내용을 제시하는 것이 학습 목표가 된다.

학습 목표는 학습자에게 유의미한 학습이 될 수 있는 내용으로 구성해야 한다(Richards & Bohlke, 2011). 따라서 학습 목표는 학습자가 수업을 마치는 시점에 정확하게 무엇을 습득해야 하는지를 명확하게 알 수 있도록 제시해야 한다. 이를 위하여 구체적인 수행동사action verb를 활용하여 학습 목표를 제시하는 것이 효과적이다(Richards & Renandya, 2002).

학습 목표를 좀 더 명확하게 제시하기 위해서는 학습 목표를 최종 학습 목표terminal objectives와 중간 학습 목표enabling objectives로 구분하여 제시하는 것이 유용하다(Brown, 2015). 최종 목표는 학습자가 수업 후 최종적으로 산출해야 할 학습 결과물이 되어야 하며, 이는 또한 학습자들의 학습 목표

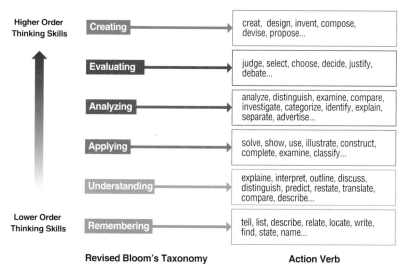

http://www.teachthought.com/wp-content/uploads/2013/07/Blooms_Digital_Taxonomy.jpg 그림 3 수행동사 유형

도달 여부를 판단하는 평가의 대상이 되어야 한다. 중간 학습 목표는 학습 결과물을 산출하기 위한 징검다리 형식의 중간 단계에서 제시되는 목표이다. 〈표 2〉에 제시된 예처럼 중간 목표는 학습자들이 궁극적으로 최종 학습 목표에 도달할 수 있도록 학습 목표를 단계별로 세분화하여 제시해야 한다.

〈표 2〉 최종 학습 목표와 중간 학습 목표 예시

Terminal Objectives
Students will be able to:
· Give instructions and commands using imperatives
· Use imperatives in a socially appropriate manner

Enabling Objectives
Students will be able to:
· Practice imperatives through an information gap activity
· Categorize giving imperative commands in terms of appropriateness
· Practice giving appropriate commands using imperatives through a situational activity

(Brown, 2015, p.199)

3) 학습 자료(Materials & Equipment)

학습자들은 학습 목표를 달성하기 위해 수업 시간에 다양한 학습 활동을 하게 된다. 학습 활동을 효율적으로 실시하기 위해서는 학습자의 수준, 학습 동기, 학습 성향 등과 같이 학습자 요인을 고려한 학습 자료가 필요하다. 또한 이러한 학습 자료를 활용할 때 필요한 학습 기자재도 미리 준비하여야 한다. 이에 학습 자료란 학습 활동지worksheet뿐만 아니라, 발표 슬라이드, 동영상, 비디오, 인테넷 웹자료, 오디오 파일, 모바일 애플리케이션 등과 같은 멀티미디어 자료와 이를 활용하는 데 필요한 다양한 컴퓨터, 프로젝터, 녹음기, 스크린, 태블릿 PC, 모바일 디바이스 등과 같은 학습 기자재를 모두 포함한다.

4) 학습 활동 절차(Procedures)

학습 활동 절차는 학습 목표, 학습자 요인(나이, 학습 수준, 학습 동기, 태도 등)과 교사 요인(교수 철학, 신념, 영어 능숙도, 교수 경험 등)에 따라 다양하게 제시될 수 있다. 그러나 학습 활동을 효율적으로 실시하기 위해서는 PPP 모형(Presentation, Practice, Production)과 같은 일반적으로 활용되는 공통적인 절차에 따라 활동을 전개할 필요가 있다. 오랫동안 영어 교육에서는 PPP 모형이 교수·학습 지도안을 작성할 때 학습 활동 절차로 활용되어 왔다(Richards & Farrell, 2011; Richards & Rogers, 1986). 즉 이 모형에서는 활동 목적에 적합한 학습 내용을 먼저 제시하고, 제시된 학습 내용을 연습한 후, 이를 실질적으로 활용할 수 있도록 학습 활동이 전개되어야 한다. 이와 같은 학습 활동 절차를 좀 더 세분화하면 활동 상황 제시anticipatory set, 학습 목표 제시objective, 입력 제공input, 모델링modeling, 이해도 점검checking for

그림 4 7단계 학습 활동 절차 (Wolfe, 1987)

understanding, 유도 연습guided practice, 확장 연습independent practice의 7단계 학습 활동seven-step lesson plan 절차로 제시할 수 있다(Wolfe, 1987).

1단계에서는 학습자들에게 활동에 대한 배경지식을 활성화시키고 학습 동기 및 학습 욕구를 높일 수 있는 환경을 제공한다. 2단계에서는 학습 활동의 목적이 무엇인지 설명한다. 이 활동을 통하여 어떤 학습 결과물을 학습자가 산출해야 하는지 구체적으로 알 수 있도록 다양하고 흥미로운 자료를 활용하여 학습 목적을 제시한다. 3단계에서는 학습할 내용에 대한 입력 정보input를 다양한 방법으로 제시한다. 4단계에서는 학습한 정보를 어떻게 활용할지에 대한 구체적인 모델링을 제시한다. 5단계에서는 학습자가 학습 내용을 얼마나 잘 이해하였는지를 확인한다. 6단계에서는 학습한 입력 정보에 초점을 두고 유도 연습guided practice을 하도록 한다. 7단계에서는 학습한 입력 정보를 실질적으로 활용할 수 있도록 확장 연습independent practice을 하도록 한다. 초보 교사일수록 7단계 활동 절차에 맞게 학습 활동을 계획하고 적용하는 연습이 필요하다.

이외에도 교수·학습 방법에 따라 학습 활동을 다양하게 전개시킬 수 있다. 읽기 학습 활동의 경우는 3단계 활동인 읽기 전pre-reading, 읽기 중while-reading, 읽기 후post-reading 단계로 나누어 학습 활동을 전개할 수 있으며, 과업 중심의 교수 활동에서는 일반적으로 사전 과업 활동pre-task activities, 과업 활동task cycle, 언어구조 학습 활동the language focus, 추수 과업 활동follow-up task 단계로 학습 활동을 전개한다(Richards & Farrell, 2011). 이러한 기본적인 과업 중심의 활동 전개 단계를 〈그림 5〉에서처럼 6단계로 세분화하여 배경지식 구축/활성화schema building, 통제 연습controlled practice, 실제 듣기 연습authentic listening practice, 언어구조 학습 활동focus on linguistic elements, 자유 의사소통 연습freer practice, 교실 과업 제시pedagogical task 단계로 학습 활동 절차를 제시할 수도 있다.

1단계에서는 학습자들이 과업을 수행할 수 있도록 이와 관련된 배경지식을 구축/활성화시키는 활동을 실시한다. 예를 들어 주제 소개하기, 의사소통 상황 제시하기, 과업과 관련된 핵심 어휘 및 표현 소개하기 등의 활동을 할 수 있다. 2단계에서는 목표 학습 어휘, 구문, 의사소통 기능을 대화 모델conversation model 등을 활용하여 연습시킨다. 3단계에서는 집중 듣기intensive listening 연습을 실시한다. 집중 듣기에는 원어민 화자들 간의 실제적인 대화나 2단계에서 활용한 대화 모델보다 확장된 시뮬레이션 대화simulated conversation를 듣는 연습을 실시한다. 4단계에서는 언어 요소에 초점을 두고 듣기 활동을 실시한다. 예를 들어 집중 듣기에서 활용한 대화를 다시 듣고 목표 문법·어휘·억양·발음·구문 등과 같은 언어 요소에 초점을 둔 학습 활동을 실시한다. 5단계에서는 학습자들이 자신의 수준에 맞게 자신이 알고 있는 언어 지식을 활용하여 자신의 언어로 과업을 수행하거나 앞에서 제시된 대화 모델을 활용하여 학습자가 자율적으로 과업을 완성하

그림 5 6단계 학습 활동
절차 (Nunan, 2004)

게 한다. 예를 들어 정보차information gap, 짝 활동role-play 등의 활동을 실시할 수 있다. 6단계에서는 교실 과업을 소개하고 실시하도록 한다. 마지막 단계에서는 주로 확장된 그룹 활동, 예를 들어 그룹 토론이나 의사결정 활동을 통해 주어진 과업을 완성하도록 한다. 경력 교사일수록 다양한 절차를 자신의 교수 내용에 적합하게 활용하여 학습 활동을 계획할 수 있어야 하며 이를 통해 자신의 전문성과 자율성을 동시에 유지할 수 있도록 해야 한다.

5) 학습 평가(Assessment)

학습 평가는 학습자들이 학습 활동을 통해 학습 목표를 얼마나 성취하였는지를 측정하는 것이다. 2015 개정 교육과정에서는 교수·학습과 연계된 과정 중심의 평가를 지향한다. 이를 위해서 가능하면 영어의 네 기능이 통합된 의사소통 능력을 평가해야 하며, 학습 참여도, 학습 의욕, 대인관계 능력과 같은 정의적인 요인도 평가하도록 권장하고 있다. 따라서 활동의 특성에 맞게 통합된 의사소통 능력과 학습자의 정의적인 요인들을 개별적으로 혹은 통합하여 평가하는 방향으로 학습 평가를 제시하는 것이 좋다. 학습 평가는 다양한 형태로 제시하여야 한다. 예를 들어 총괄 평가, 형성 평가 및 다양한 수행 평가 도구를 활용하여 학습자의 학습 활동 수행 과정 및 결과에 대한 평가를 계획하고 실시하여야 한다.

6) 학습 과제(Extra - Class Work)

학습 과제는 수업 시간 외에 실시되는 확장된 형태의 활동으로서 주로 수업 시간에 학습한 내용을 실질적인 상황에 적용할 수 있는 활동을 과제 형태로 제시한다. 예를 들어 인터넷, 소셜미디어, 영화, 뉴스 등 모바일 도구를 활용하여 학습한 내용을 활용할 수 있는 과제를 제시할 수 있다. 과제를 제시할 때에는 학습자에게 구체적으로 제출할 과제(과제 양, 형식, 내용, 제출일 등)에 대한 정보를 명확하게 전달하고 이해시켜야 한다.

② 교수 · 학습 지도안 작성 방법

앞에서 살펴본 교수·학습 지도안 구성요소에 대한 이해를 바탕으로 1차시 분량의 학습 지도안을 단계별로 작성하는 요령에 대해 살펴보고 단계별로 교수·학습 지도안을 작성해 보자.

1) 교수 · 학습 내용 선정 및 목적 작성

교수 · 학습 지도안 작성의 첫 번째 단계는 가르칠 내용을 선정하는 것이다. 일반적으로 학교 현장에서는 영어 교과서에 제시된 내용을 가르치기 때문에 특별히 가르칠 내용을 선정하기보다는 학년별로 제시된 교과서의 단원 중 가르쳐야 할 단원들을 면밀히 살펴보는 것이 중요하다. 가르칠 단원을 선정하고 선정한 단원에 알맞는 학습 목표를 작성해 본다.

작성 요령

1. 교재 전체의 단원 구성을 살펴본다.
2. 가르칠 단원을 선정하고 해당 단원의 학습 목표를 작성한다. 이때 해당 단원의 학습 목표에 기반이 되는 성취 기준(2015 개정 영어과 교육과정)과 연결하여 학습 목표를 작성한다.
3. 가르칠 단원의 내용을 차시별로 배분하여 계획을 세운다.

〈표 3〉 단원 목표 예시

교과서(Textbook)	Middle School English 1 (동아출판사 윤정미 외)
단원(Lesson)	1. Heart to Heart
주제(Theme)	Students will get to know each other better by talking about their likes.
단원목표(Goal)	Students will be able to: (1) listen to dialogs and answer questions; (2) ask and answer questions about what people like; (3) greet each other and introduce themselves; (4) read a text about Hajun's heart map and answer related questions; (5) write about their favorite people and things.
성취 기준	**듣기/말하기 영역** [9영01-01] 어구나 문장을 듣고 연음, 축약된 소리를 식별할 수 있다. [9영01-02] 일상생활 관련 대상이나 친숙한 일반적 주제에 관한 말이나 대화를 듣고 세부 정보를 파악할 수 있다. [9영01-09] 일상생활 관련 대상이나 친숙한 일반적 주제에 관한 말이나 대화를 듣고 상황 및 화자 간의 관계를 추론할 수 있다. [9영02-02] 일상생활에 관한 자신의 의견이나 감정을 표현할 수 있다. [9영02-05] 자신을 소개하는 말을 할 수 있다. **읽기/쓰기 영역** [9영03-02] 일상생활이나 친숙한 일반적 대상이나 주제에 관한 글을 읽고 세부 정보를 파악할 수 있다. [9영03-04] 일상생활이나 친숙한 일반적 대상이나 주제에 관한 글을 읽고 줄거리, 주제, 요지를 파악할 수 있다. [9영03-09] 일상생활이나 친숙한 일반적 대상이나 주제에 관한 글을 읽고 문맥을 통해 낱말, 어구 또는 문장의 함축적 의미를 추론할 수 있다. [9영04-01] 일상생활에 관한 주변의 대상이나 상황을 묘사하는 문장을 쓸 수 있다. [9영04-05] 자신이나 주변 사람, 일상생활에 관해 짧고 간단한 글을 쓸 수 있다.

(윤정미 외, 2018, p.41)

〈표 4〉 차시별 학습 내용 정리 예시

차시(Period)	영역(Section)		학습 내용(Contents)
1	Before You Begin	pp. 10~11	– 그림 속 인물 소개하기 – 처음 만나 인사하고 좋아하는 것을 묻고 답하는 대화를 듣고 내용 이해하기 – 좋아하는 것 묻고 말하기
	Listen and Talk A, B	p. 12	
2–3	Listen and Talk C, D	p. 13	– 처음 만나 인사하고 좋아하는 것을 묻고 말하는 긴 대화를 듣고 내용 이해하기 – 자신의 명함을 완성하고 자신을 친구들에게 소개하기
	Talk and Play	p. 14	
4–5	Before You Read	p. 15	– 주제와 관련된 어휘 학습하기 – 본문을 훑어 읽고 내용 추측하기 – 하준이가 좋아하는 것에 대한 글을 읽고 내용 이해하기 – 본문 내용에 대한 이해 확인하기
	My Heart Map	pp. 16~17	
	After You Read A, B, C	p. 18	
6	After You Read D	p. 19	– 모둠별로 본문 내용을 재구성하여 큐브로 표현하기 – 각 나라의 인사말 알아보기
	Around the World		
7	Language in Use A	p. 20	– be 동사의 형태 및 쓰임 이해하기
8	Language in Use B	p. 21	– 일반 동사의 형태 및 쓰임 이해하기
9	Think and Write	p. 22	– 각자의 heart map을 그리고 자기 소개 글쓰기
10	Team Project	p. 23	– 모둠별로 좋아하는 것을 표현하는 노래 만들기 – 영역별 문제를 풀어 학습 목표 점검하기
	Review	pp. 24~25	

(윤정미 외, 2018, p.41)

Your Turn!

▶ 가르칠 단원을 선정하여 위에서 제시된 예시처럼 단원 목표와 차시별 학습 내용을 작성하여 보시오.

▶ 단원 목표가 적합하게 작성되었는지 논의하여 보시오.

2) 교수 · 학습 목표 작성

차시별로 작성한 학습 내용을 살펴보고 교수·학습 지도안을 작성할 차시를 선별한다. 선정한 차시의 내용을 살펴보고 해당 차시의 학습 목표를 최종 학습 목표terminal objectives와 중간 학습 목표enabling objectives로 구분하여 작성한다. 최종 학습 목표는 학습자의 최종 결과물과 일치해야 하며 학습자가 최종 결과물을 산출할 수 있도록 중간 학습 목표를 단계적으로 제시하여 결과물을 단계별로 산출할 수 있도록 체계적이고 연계적으로 구성해야 한다.

작성 요령

> 1. 차시별로 학습 내용을 정리한 표를 참고하여 교수 · 학습 지도안을 작성할 차시를 선정한다.
> 2. 단원 전체의 학습 목표를 기억하고, 교수·학습 지도안을 작성할 차시에 해당되는 최종 학습 목표를 작성한다.
> 3. 최종 학습 목표를 달성하기 위한 징검다리 역할을 할 중간 학습 목표를 작성한다.

학습 목표를 작성할 때에는 학습자들의 구체적인 행동을 나타내는 수행동사를 사용해야 한다. 수행 능력을 나타내는 동사 분류인 〈그림 3〉을 참고하여 학습 목표를 작성하도록 한다. 이때 "Students will learn about the passive voice; Students will practice some listening exercises; Students will discuss the homework assignment.(Brown, 2015, p.198)"처럼 추상적이거나 모호한 표현으로 학습 목표를 작성하지 않도록 유념하여야 한다.

<표5> 차시별 학습 목표 예시

단원(Lesson)	1. Heart to Heart
차시(Period)	1/10
Terminal Objectives	1. Students will be able to introduce a person
Enabling Objectives	Students will be able to: — ask and answer what classmates like — introduce what their friends like — introduce themselves by telling their names and their favorite things

Middle School English 1 (윤정미 외, 2018)

Your Turn!

▶ 차시(가르칠 내용)를 선정하여 위에서 제시된 예시처럼 해당 차시의 학습 목표를 작성하여 보시오.

▶ 학습 목표가 적합하게 작성되었는지 논의하여 보시오.

3) 교수 · 학습 활동 절차 작성

교수·학습 활동 절차는 중간 학습 목표를 달성할 수 있는 활동으로 구성되어야 한다. 또한 학습자가 중간 학습 목표를 달성할 수 있도록 활동 간의 연계성을 고려하여 활동 순서를 제시하도록 한다. 따라서 중간 학습 목표에 적합하게 교과서에 제시된 활동과 연습 문제 중 그대로 사용할 것, 변경하여 사용할 것, 삭제할 것과 추가할 것을 결정해야 한다. 중간 학습 목표마다 최소 하나 이상의 활동이 제시되도록 구성한다. 어려운 학습 내용에 해당되는 중간 학습 목표일수록 하나 이상의 다양한 활동으로 해당 목표를 달성할 수 있도록 활동을 구성해야 한다. 이때 학습자의 학습 동기를 높일 수 있도록 학습자의 수준을 고려한 활동을 제시해야 하며 활동 간의 연계성을 고려하여 구성하여야 한다.

작성 요령

1. 중간 학습 목표에 해당되는 활동이나 연습 문제를 교과서에서 선정한다.
2. 선정한 활동을 어떻게 사용할 것인지 결정한다.
3. 추가할 활동을 작성한다.
4. 활동이 연계되도록 구성하며 단순한 활동에서 복잡한 활동, 쉬운 활동에서 어려운 활동 순서로 제시한다.
5. PPP 모형이나 7단계/6단계 활동 절차(그림 4, 5 참조)에 적합하게 활동을 전개할 수 있 도록 작성하고 학습 자료를 제작한다.
6. 학습 자료 제작 시 활동에 적합한 다양한 형식 및 기자재를 활용하도록 한다.

〈표 6〉 학습 활동 절차 예시

Steps		Procedure Activities of Teaching and Learning	Materials	Time
Introduction		• Have students greet each other • Introduce the big idea of the lesson to students • Introduce what students will learn in the lesson • Check what students already know about the big idea and the study points of the lesson • Have students set up their own learning goals for the lesson		10
Development	Before You Begin	• Have students look at the people in the picture and think about who they are and what they each like • Have students choose appropriate stickers for each person and put it in each blank • Have students introduce each person in the picture	CD ROM	5
	Get Ready	• Have students look at the picture and guess what the people in the picture are talking about and what they like • Have students watch the animated clip and learn the expressions		5
	Listen and Talk A	• Have students read the question first • Have students listen to the dialogue and find the speakers of each dialog in the picture • Have students check the answers	CD ROM	10
	Listen and Talk B	• Have students make groups • Have students read the example dialog, greet each other and explain how to ask and answer questions about what they like • Have students present their dialogs to the class		10
Consolidation		• Ask students if they have any questions • Review today's lesson • Introduce the next class briefly		5

(윤정미 외, 2018, p.29)

Your Turn!

▶ 선정된 차시의 학습 목표에 적합하게 학습 활동 절차를 작성하여 보시오

▶ 학습 활동 절차가 적합하게 작성되었는지 논의하여 보시오

교수 · 학습 지도안 작성 및 실습

교수 · 학습 샘플 지도안

다음에 제시된 교수·학습 지도안은 중학교 3학년 영어 교과서 9단원의 4차시에 해당되는 내용을 가상의 중학교 3학년 학생을 대상으로 김예비교사가 모의수업을 실시하기 위해 작성한 교수·학습 지도안이다. 교수·학습 지도안은 가르치려는 학생들의 요인을 올바로 파악하고 이에 적합하게 작성되어야 한다. 이 샘플 지도안은 임의적으로 학생들의 특징을 설정하고 이에 적합하게 교수·학습 지도안을 작성한 예시이다.

1) 단원 목표

교재		Middle School English 3, YBM(신) 9단원 A Warm Heart for Tonj 9 차시 중 4차시
단원 소재		마을에서의 교육 봉사
단원 목표		이태석 신부의 일화를 읽고 봉사의 참 의미를 생각할 수 있다.
기능	듣기/말하기	가능성 정도를 묻고 표현하는 말과 바람 · 소원 · 소망을 표현하는 말을 듣고 말할 수 있다.
	읽기/쓰기	이태석 신부의 아프리카 봉사 활동에 관한 글을 읽고 주요 내용을 이해하고 자신이 존경하는 인물에 관해 쓸 수 있다.

의사소통 기능	1. 가능성 정도 묻기: Is it possible to help children in need? 2. 가능성 정도 표현하기: Maybe we can schedule you on Saturdays. 3. 바람 · 소원 · 소망 표현하기: I wish I had no homework.
문법내용	1. I came back to Sudan in 2001 as I had promised.(과거완료) 2. I taught them how to play the musical instruments.(의문사+to부정사)

2) 단원의 학습 계획

차시	주제	학습 내용	페이지
1	Get Ready Listen & Speak 1, 2	• 하고 싶은 봉사 분야 말하기 • 가능성 정도를 묻고 표현하는 대화를 듣고 말하기 • 바람 · 소원 · 소망을 표현하는 대화를 듣고 말하기	224~225
2	Into the Conversation Talk in Action	• 가능성 정도를 묻고 표현하는 말과 바람, 소원, 소망을 표현하는 말이 사용된 대화를 듣고 말하기 • 친구들의 바람이나 일의 가능성을 알아보는 카드 게임 하기	226~228
3	Before You Read Reading 1	• 봉사 활동을 한 인물들에 관해 알아보고 주요 표현 익히기 • 이태석 신부의 아프리카 봉사 활동에 관한 글 읽기	229~231
4	Reading 2	• 이태석 신부의 아프리카 봉사 활동에 관한 글 읽기 • 이태석 신부의 아프리카 봉사 활동에 관한 글의 일부를 인터뷰로 재구성하기	232
5	Reading 3 After You Read	• 이태석 신부의 아프리카 봉사 활동에 관한 글 읽기 • 이태석 신부의 아프리카 봉사 활동에 관한 내용을 정리하고 본문 내용을 활용한 대화문 연습하기	233~235
6	Language in Use	• 본문의 주요 어휘와 표현을 익히고 과거완료와 '의문사+to부정사' 구문 익히기	236~237
7	Writing Connection	• 자신이 존경하는 인물에 관해 글쓰기	238~239
8	Work Together	• 봉사단체 포스터와 소개 글을 만들고 함께 일할 친구 인터뷰하기	240~241
9	Check up Meet the World Word Puzzle	• 단원의 학습 내용 정리하기 • 다양한 봉사 단체 알아보기 • 단어 띠를 통해 단원의 어휘 정리하기	242~245

3) 학습자 분석

- 대체적으로 영어 학습 능력과 흥미도가 다양한 학생들로 구성되어 있으며, 평균적으로 영어로 진행되는 교사의 수업과 지시를 이해할 수 있다.
- 학습자 수준을 고려하여 4명씩 조 편성이 이루어졌으며, 활동 중심의 영어 수업에 익숙하다.
- 학생들은 대체로 발표에 적극적으로 참여하는 편이다.

4) 차시 수업 계획

Lesson Plan				
Unit	Lesson 9. A Warm Heart for Tonj (Middle School English 3, YBM)		Period	4 out of 9
No. of Students	27(13 girls, 14 boys)		Class	3-1
Terminal Objective	By the end of this class, students will be able to describe Tae-Seok Lee's life as a teacher in Tonj.			
Enabling Objectives	▶ Reading Skill Read for the main idea and details - To be able to read for the main idea of the given text - To be able to read for the details of the given text ▶ Writing Skill - To be able to reconstruct the given text into an interview			
Teaching Aids	Blackboard, Textbook, PPT, Worksheet, Small Boxes, Small Pieces of Paper			
Model of Teaching & Learning Process	<table><tr><th>Steps</th><th>Procedures</th><th>Activities</th></tr><tr><td rowspan="4">Introduction</td><td>Greeting</td><td>Greeting</td></tr><tr><td>Review</td><td>Read the summary of the previous lesson and fill in the blanks</td></tr><tr><td>Stating Objective</td><td>Introduce lesson Objectives</td></tr><tr><td>Pre Reading 1</td><td>Brainstorming</td></tr><tr><td rowspan="5">Development</td><td>Pre Reading 2</td><td>Vocabulary learning</td></tr><tr><td>While Reading</td><td>Skimming and scanning</td></tr><tr><td>After Reading 1</td><td>Learning structures</td></tr><tr><td>After Reading 2</td><td>Reconstructing the text and role-play</td></tr><tr><td>Summary</td><td>Summarizing the main idea</td></tr><tr><td rowspan="3">Consolidation</td><td>Summary</td><td>Summarizing the main idea</td></tr><tr><td>Assignment</td><td>Write interview questions and answers</td></tr><tr><td>Closing</td><td>Saying goodbye</td></tr></table>			

	Steps	Procedure Activities of Teaching and Learning	Specific Aims	Materials	Time (min)
I n t r o d u c t i o n	Greeting	▶ Exchange greetings and have a small talk	▷ To check preparation for the class		1
	Review	▶ Review last class − Read the summary of the previous lesson and fill in the blanks	▷ To remind Ss of the previous class	PPT slide 2	2
	Stating Objectives	▶ Objectives Ss will be able to − read for the main idea and details reconstruct the text into an interview	▷ To introduce the objectives for today	PPT slide 3	2
D e v e l o p m e n t	Pre-Reading1	▶ Brainstorming - T lets Ss brainstorm volunteering work - T asks Ss to share volunteering experience	▷ To activate Ss' background knowledge	Blackboard & PPT slide 4	5
	Pre-Reading2	▶ Vocabulary Learning - T presents target words with their definitions and explains their meanings ◈Target Vocabulary necessary, joy, eager to, instead of - T makes Ss do a quick review of the words through vocabulary quiz	▷ To help Ss to understand the text better	PPT slide 5 & 6	5
	While-Reading1	▶ Skimming and Scanning - T distributes Worksheet - T asks Ss to skim through the text and talk about the main idea - T asks Ss to scan the text and fill in the blanks on the worksheet - T asks Ss to check the answers on the worksheet with their partners - T displays the answers on the screen and lets Ss read aloud	▷ To practice using reading strategies : skimming and scanning	Textbook Worksheet PPT slide 7-9	8
	After-Reading1	▶ Learning Structure - T explains confusing expressions ◈Target structure as well as, as soon as, as (adjective) as - T asks Ss to make their own example sentences	▷ To help Ss to understand the target structures	PPT slide 10	5

Steps		Procedure Activities of Teaching and Learning	Specific Aims	Materials	Time (min)
D e v e l o p m e n t	After-Reading2	▶ Writing - T shows Ss an example set of an interview question and an answer based on the reading text. - T asks Ss to write two interview questions based on the reading text ▶ Role–Play Interview – T makes groups of four students – T asks Ss to put their question paper into a box on the desk – T asks Ss to role–play interviews in group	▷ To help Ss to reconstruct the given text into an interview	Small pieces of paper Work sheet	12
	After-Reading2	◈How to role–play interview : Ss take turns being an interviewee. The rest of the group members are reporters. Each reporter takes a question out of a box and conducts an interview. While conducting an interview, every group member writes down the interview questions and answers. – T asks one of the groups to give a presentation to the class	▷ To practice speaking	Box PPT slide 11-14	12
C o n s o l i d a t i o n	Summary	▶ Briefly go over the main points of the lesson	▷ To summarize today's lesson	PPT slide 15-16	3
	Assignment	▶ Assigning homework to Ss - Write your own creative interview question and Mr. Lee's imaginary answer	▷ To review the lesson		1
	Closing	▶ T briefly introduces the next lesson and wraps up the class	▷ To introduce next class		1

5) 지도상 유의점

- 학생들은 지난 시간까지 이태석 신부의 의사로서의 봉사 활동에 관한 글을 읽었으므로 도입 부분에서 요약문을 읽음으로써 본 차시와 연계될 수 있도록 한다.
- 다소 복잡한 활동과 관련하여 교사가 먼저 구체적인 모델링을 함으로써 학생들의 과제 수행을 돕는다.
- 학생들이 개별 및 조별 활동을 진행할 때 구체적 정보를 물어봄으로써 학생들의 이해도를 확인하며, 활동 관찰을 통해 적절한 피드백을 제공한다.

S1

Unit 9. A Warm Heart for Tonj

S2

In the last class..

Tae-Seok Lee in Tonj
Tae-Seok Lee, called " Schweitzer of Sudan " devoted his heart to Tonj. Sudan for nine years until he died in 2010. Stories that he wrote himself tell us a lot about his life as a doctor , as a teacher , and as a musician for Tonj.

S3

What we are going to do?

Main Goal
- Describe Tae-Seok Lee's life as a teacher in Tonj

Target Language Skills
- Read for the main idea and details
- Reconstruct the text into an interview

S4

Let's talk about volunteering

S5

New Vocabulary

S6

Vocabulary Quiz

S7

Reading for the main idea

1. What did Tae-Seok Lee do as a teacher in Tonj?

2. How did the children in Tonj like the school he built?

S8

Reading for the details

1. Tae-Seok Lee saw many children in Tonj wasting their time in the street.

2. He realized that having a school was as necessary as having a hospital.

그림 6 슬라이드(1~8) 예시

Reading for the details

3. When he saw children sitting in a newly-built school, he ☐cried with joy.☐

4. He taught ☐math and music☐ to the children at school.

5. They shout "give me ☐a pen☐ instead of "give me a candy" or "give me money."

Focus on Structures

• I am a school teacher **as well as** a doctor.

• **As soon as** I arrived in Tonj, I realized that having a school is **as necessary as** having a hospital.

Restructuring the Text into Interview

Interviewer : ☐What did he teach to children in Tonj?☐

Tae-Seok Lee : I taught math and music to them.

Interviewer : ☐Why did the children study under the full moon?☐

Tae-Seok Lee: They didn't have lamps.

Writing Interview Questions

• **Two** questions per person

• Based on the **textbook**

Role-Play Interview

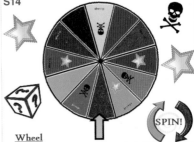

Wheel

Wrap-up

Tae-Seok Lee's Life as a Teacher in Tonj

Tae-Seok Lee thought having a school is as ☐necessary☐ as having a hospital. When he saw children sitting in his newly-built school, he cried with ☐joy☐. Children in Tonj were ☐eager to☐ learn. They shouted "give me a pen," ☐instead of☐ "give me a candy" or "give me money."

Homework

• Write your own creative interview question for Tae-Seok Lee and his imaginary answer

그림 7 슬라이드(9~16) 예시

학습 활동지

Unit 9. A Warm Heart for Tonj   Class: / Name:

■ Reading

Main Idea	1. What did Tae-Seok Lee do as a teacher in Tonj? 2. What did the children in Tonj think about learning?
Details	1. Tae-Seok Lee saw many children in Tonj _____ in the street. 2. He realized that having _____ was as necessary as having a hospital. 3. When he saw children sitting in a newly-built school, he _____. 4. He taught _____ to the children at school. 5. They shout "give me _____" instead of "give me a candy" or "give me money."

■ Role-Play Interview

Tae-Seok Lee	Questions and Answers	
Member1 :	Your Question?	
	Answer	
Member2 :	Your Question?	
	Answer	
Member3 :	Your Question?	
	Answer	

Your Turn!

▶ 샘플 지도안의 내용이 2장 1절에서 제시한 교수·학습 지도안 작성 방법에 따라 적합하게 작성되었는지 논의하여 보시오. 논의한 내용을 바탕으로 샘플 지도안을 수정·보완하여 보시오.

▶ 학생들에게 가르칠 교과서 및 단원을 선정하여 1차시 분량의 교수·학습 지도안을 작성하여 보시오.

3

모의수업 시연 및 수업 성찰

작성한 교수·학습 지도안을 사용하여 **모의수업**micro-teaching을 실시하고 녹화하도록 한다. 녹화한 수업을 보면서 제시된 점검표를 활용하여 자신의 수업을 점검하고 성찰해 본다. 성찰한 자료를 바탕으로 교수·학습 지도안을 수정하여 보완한다.

① 수업 설계

수업 내용 선정, 조직 및 학습 목표 설정이 타당하게 이루어졌는지 아래 제시된 기준을 참고하여 점검하고 수정하도록 한다.

- 교육과정 및 교과서를 바탕으로 학습 내용을 선정, 조직하였는가?
- 학습 내용을 바탕으로 학습 목표가 명확히 구성되었는가? 최종 학습 목표와 중간 학습 목표로 구분하여 명확하게 구성되었는가?
- 수업 내용이 학생들의 수준, 학습 상황을 고려하여 구성되었는가?

학습 목표, 수업 단계 및 학생 수준을 고려하여 학습 내용 및 활동이 서로 연계되도록 수업이 설계되었는지 아래 제시된 기준을 참고하여 점검하고 수정하도록 한다. 또한 학습자의 학습 과정을 평가할 수 있도록 평가 방법, 내용, 기준이 제시되었는지 점검하고 수정하도록 한다.

- 학습 목표 달성을 위해 학습 내용이 유기적으로 연결되도록 학습 활동이 구성되었는가?
- 수업 단계 및 학생 수준을 고려하여 교수방법/교수기법을 선정하였는가?
- 교수·학습 활동을 효율적으로 수행하기 위해 수업 내용에 적합한 학습 자료 및 기자재를 활용하였는가?
- 학생들의 성취 정도를 점검하기 위해 학습 목표를 바탕으로 평가 내용, 평가 방법 및 기준이 제시되었는가?

② 수업 실행

녹화된 자신의 모의 수업을 보고 학생들의 흥미와 학습 수준을 고려한 다양한 활동 및 기자재를 활용한 수업을 실시하였는지 아래 제시된 기준을 참고하여 점검하고 학습 활동 및 활동 순서 등을 수정하도록 한다.

- 교사·학습자/학습자·학습자의 상호작용이 활발하게 일어났는가?
- 수업 내용, 방법, 특성에 따라 학생 집단을 적절하게 구성하였는가?
- 새로운 학습과 관련된 학생들의 선행지식이 활성화되었는가?

- 학생들의 생활 경험과 흥미를 학습 목표와 관련지으며 학습 동기를 유발하였는가?
- 학생들이 능동적으로 지식을 구성하고 이해와 사고를 확장할 수 있도록, 다양한 학습 활동과 과제 수행에 적극적으로 참여하도록 하였는가?
- 수업 내용과 형태에 맞는 다양하고 효과적인 발문을 통해 학생들의 의사소통 활동을 촉진하였는가?
- 수업 진행에 필요한 영어를 학생들의 수준에 맞추어 적절하게 구사하였는가?
- 학생들의 학습 의욕 및 학습 효과를 높이기 위해 적절한 방법으로 피드백을 제공하였는가?
- 평가 계획에 따라 학생들의 학습을 향상시키고, 수업 방법을 개선하기 위하여 다양한 평가를 적절히 활용하였는가?

토론 및 활동

1. 교수·학습 지도안 구성요인의 특징을 요약하여 보시오.

2. 아래 제시된 학습 목표의 문제점이 무엇인지 논의하고 적합하게 수정하시오.

   a. Students will learn about the present perfect tense.

   b. Students will make some simple sentences.

   c. Students will have a deeper appreciation of literature in general.

3. 교수·학습 지도안 작성 방법 및 샘플 지도안을 참고하여 그룹/개인별로 교수·학습 지도안을 작성하고 발표하시오.

4. 모의수업 분석 기준을 참고하여 다음 사이트(http://www.classroom.re.kr/cnts/detail/list.do?cntsID=48&m=060102&s=classroom)에 제시된 현장수업 동영상을 보고 해당 수업을 검토하고 장점과 수정할 사항을 논의하여 발표하시오.

부록

1. 수업 설계 점검표

분석 기준
1. 교육과정 및 교과서를 바탕으로 학습 내용을 선정, 조직하였는가?
2. 학습 내용을 바탕으로 학습 목표가 명확히 구성되었는가? 최종 학습 목표(Terminal Objectives)와 중간 학습 목표(Enabling Objectives)로 구분하여 명확하게 구성되었는가?
3. 수업 내용이 학생들의 수준, 학습 상황을 고려하여 구성되었는가?
4. 학습 목표 달성을 위해 학습 내용이 유기적으로 연결되도록 학습 활동이 구성되었는가?
5. 수업 단계 및 학생 수준을 고려하여 교수방법/교수기법을 선정하였는가?
6. 교수 · 학습 활동을 효율적으로 수행하기 위해 수업 내용에 적합한 학습 자료 및 기자재를 활용하였는가?
7. 학생들의 성취 정도를 점검하기 위해 학습 목표를 바탕으로 평가 내용, 평가 방법 및 기준이 제시되었는가?

2. 수업 실행 점검표

분석 기준	모의 수업
1. 교사 · 학습자/학습자 · 학습자의 상호작용이 활발하게 일어났는가?	
2. 수업 내용, 방법, 특성에 따라 학생 집단을 적절하게 구성하였는가?	
3. 새로운 학습과 관련된 학생들의 선행지식이 활성화되었는가?	
4. 학생들의 생활 경험과 흥미를 학습 목표와 관련지으며 학습 동기를 유발하였는가?	
5. 학생들이 능동적으로 지식을 구성하고 이해와 사고를 확장할 수 있도록, 다양한 학습 활동과 과제 수행에 적극적으로 참여하도록 하였는가?	
6. 수업 내용과 형태에 맞는 다양하고 효과적인 발문을 통해 학생들의 의사소통 활동을 촉진하였는가?	
7. 수업 진행에 필요한 영어를 학생들의 수준에 맞추어 적절하게 구사하였는가?	
8. 학생들의 학습 의욕 및 학습 효과를 높이기 위해 적절한 방법으로 피드백을 제공하였는가?	
9. 평가 계획에 따라 학생들의 학습을 향상시키고, 수업 방법을 개선하기 위하여 다양한 평가를 적절히 활용하였는가?	

참고문헌

교육부 (2015), 영어과 교육과정 2015, 서울: 교육부.

신정현 외 (2015), Middle school English 3, 서울: YBM.

윤정미 외 (2018), Middle school English 1, 서울: 동아출판.

윤정미 외 (2018), Middle school English 1: Teachers's guide. 서울: 동아출판.

Brown, H. D., & Lee, H. (2015). Teaching by principles: An interactive approach to language pedagogy (4th ed.). NY: Pearson Education.

Nunan, D. (2004). Task-based language teaching. Cambridge: Cambridge University Press.

Richards, J. C., & Bohlke, D. (2011). Creating effective language lessons. Cambridge, UK: Cambridge University Press.

Richards, J. C., & Farrell, T. S. C. (2011). Practice teaching: A reflective approach. Cambridge, NY: Cambridge University Press.

Richards, J. C., & Rogers, T. (1986). Approaches and methods in language teaching. Cambridge, NY: Cambridge University Press.

Richards, J. C., & Renandya, W. A. (2002). Methodology in language teaching: An anthology of current practice. Cambridge: Cambridge University Press.

Purgason, K. (2014). Lesson planning in second/foreign language teaching. In M. Celce-Murcia, D. Brinton, & M. A. Snow (Eds.). Teaching English as a second or foreign language (4th ed., pp.363–369). Boston, MA: National Geographic Learning.

Shrum, J. L., & Glisan, E. (1994). Teacher's handbook: Contextualized language instruction. Boston, MA: Heinle & Heinle.

참고 웹사이트

http://www.teachthought.com/wp-content/uploads/2013/07/Blooms_Digital_Taxonomy.jpg

3장

교재의 분석과 활용

단원 학습 목표

1) Understanding and Analyzing Materials

– 교재 분석의 필요성과 방법에 대해 이해하고 여러 방법들의 장단점을 비교할 수 있다.

– 교재 분석 시 고려해야 할 항목을 이해하고 분석에 적용할 수 있다.

2) Using Materials

– 우리나라 중·고등학교 영어 교과서의 구성과 체제를 파악하고 활용할 수 있다.

– 우리나라 중·고등학교 영어 교과서의 장단점을 분석하고 학생들에게 맞게 재구성할 수 있다.

수업 전 토론

1. 교사의 측면과 학습자의 측면에서 각각 교과서의 역할이 무엇인지 비교해보고 그 이유에 대해 설명해 보시오.

2. 중·고등학교에서 공부할 때를 떠올려보고 자신이 사용했던 영어 교과서에 대한 느낌을 말해보시오.

3. 좋은 교과서의 요건은 무엇일지 생각해 보고 토론해 보시오.

1 교재 분석의 이론

① 교재 분석의 필요성

영어 수업을 준비하는 데 있어서 교사가 가장 먼저 하는 일 중 하나가 바로 교재 분석과 선정일 것이다. 중·고등학교 영어 교과서를 비롯하여 수능 교재, 부교재, 다양한 EFL/ESL 교재, 그리고 무수히 많은 영어 자료까지 고려한다면 무엇을 어떻게 사용해야 할지 결정하는 것은 결코 쉬운 일이 아니다. 영어 교재를 선정하기에 앞서 교과서나 교재를 사용할 것인지부터 생각을 해봐야 하는데, 우리나라 초·중·고등학교에서는 지정된 교과서에서 선정하여 사용하게 되어 있으므로 이 문제는 일단 고려 대상이 아니다. 그러나 우리나라에서는 10~25종에 이르는 다양한 영어 교과서가 출판되어 있기 때문에 이 중에서 가장 좋은 교과서를 선정하는 것도 쉬운 일이 아니다. 교과서는 한 번 선정하면 몇 년간 바꾸기 어렵기 때문에 신중하게 선택하여 사용자인 학생과 교사가 모두 만족할만한 결정을 하여야 한다.

② 교재 분석의 방법

　우리나라는 2015년 개정 영어과 교육과정의 적용과 더불어 이에 맞는 초·중·고 영어 교과서를 정해진 검정기준에 따라 심사하여 일선 학교에 공급하고 있다. 따라서 그 분량과 질적인 면에서 일정한 수준을 유지하는 도서만이 선정되는 것으로 볼 수 있다. 하지만 앞에서 언급한 것처럼 많은 종류의 교과서 중에서 자신이 가르쳐야 할 학습 환경과 학습자의 수준 및 필요에 맞는 도서를 선정하기 위해서는 담당 교수자가 직접 교재에 대한 철저한 분석과 평가를 하는 것이 바람직하다. 이를 위해 각 교수자는 이미 공개되어 있는 교과서 검정에서 사용하는 기준에 대해 숙지하고 이를 적용 또는 변형하여 활용할 수 있다. 구체적으로, 영어 교과서의 검정은 교과서, 지도서, 그리고 전자저작물을 대상으로 2개의 단계를 거쳐 이루어진다. 첫 단계는 공통 검정 기준에 따라 해당 교과서가 우리나라의 헌법 정신과의 일치, 교육의 중립성 유지, 지식 재산권의 존중이라는 테두리에서 만들어졌는지를 분석 및 평가한다. 그리고 다음 단계는 보다 세부적인 항목에 대한 검토를 하는 것으로 아래와 같이 교육과정의 준수, 내용의 선정 및 조직, 내용의 정확성 및 공정성, 교수·학습 방법 및 평가의 네 개 영역에 걸쳐 세부적인 사항을 분석 및 평가하도록 되어 있다.

<表1> 고등학교 영어 교과서 검정 기준

심사영역	심사항목	
Ⅰ. 교육과정의 준수	1. 영어과 교육과정의 '성격'을 충실히 반영하였는가?	20
	2. 영어과 교육과정의 '목적'을 충실히 반영하였는가?	
	3. 영어과 교육과정의 '내용 체계 및 성취 기준'을 충실히 반영하였는가?	
	4. 영어과 교육과정의 '교수·학습 및 평가의 방향'을 충실히 반영하였는가?	
Ⅱ. 내용의 선정 및 조직	5. 내용의 수준과 범위 및 학습량은 해당 학년군 특성에 적합하고, 불필요한 중복이나 비약이 없도록 구성하였는가?	30
	6. 교육과정 [별표 3]에서 제시하고 있는 학년군별 사용 권장 어휘 수는 충실히 고려되었으며, 단원별로 균형 있게 배분하였는가?	
	7. 의사소통 기능과 언어 형식은 단원간 및 단원내 연계성을 고려하여 체계적으로 반복학습이 이루어지도록 구성하였는가?	
	8. 바른 인성과 창의융합적 사고력 함양에 도움이 되고 흥미와 동기를 유발할 수 있는 내용으로 선정하였는가?	
	9. 단원의 전개 및 구성 체제가 학습에 효과적이며, 학생의 자기주도적 학습을 지원하는가?	
Ⅲ. 내용의 정확성 및 공정성	10. 영어 어휘, 표현, 언어 형식상의 오류가 포함되어 있지는 않은가?	25
	11. 영어 상용국 화자의 관점에 비추어 부자연스럽거나 어색한 표현이 포함되어 있지는 않은가?	
	12. 제시한 사실, 개념, 용어, 이론 등이 객관적이고 정확하며, 정답의 오류는 없는가?	
	13. 사진, 삽화, 통계, 도표 및 각종 인용자료 등은 내용과 조화를 이루고 정확하며, 출처를 분명히 제시하였는가?	
	14. 특정 지역 및 국가, 인종, 기관, 단체, 종교, 성, 인물, 상품 등을 비방·왜곡 또는 옹호하지 않았으며, 편견 없이 공정하게 기술하였는가?	
	15. 한글, 한자, 인명, 지명, 용어, 통계, 도표, 지도, 국기, 계량단위 등의 표기는 정확한가?	
	16. 한글 사용에 있어서 문법 오류, 부적절한 어휘 등 표현상의 오류가 없고 정확한가?	
Ⅳ. 교수·학습 방법 및 평가	17. 영어 의사소통 능력을 신장하는 다양한 교수·학습 방법 및 평가를 제시하였는가?	25
	18. 바른 인성 교육이 구현될 수 있도록 학생 참여와 협력 학습이 강화된 다양한 교수·학습 방법 및 평가를 제시하였는가?	
	19. 학생들이 스스로 학습하고 과제를 해결할 수 있는 다양한 교수·학습 방법 및 평가를 제시하였는가?	
	20. 교사와 학생, 학생과 학생 간의 상호작용이 가능한 다양한 교수·학습 방법 및 평가를 제시하였는가?	
합계		100

(교육부, 한국교육과정평가원, 2016, p.13)

실제 학교 현장에서 주기적으로 교재를 채택해야 하는 경우, 앞의 〈표 1〉에서 제시한 모든 기준을 일일이 다 반영하기는 매우 어렵다. 그러나 보다 좋은 교재를 선정하기 위해서는 위에서 제시한 분석 영역이나 내용을 바탕으로 하여 일정한 분석 기준과 정해진 절차에 따라 교재 선정을 해야 하는 것은 당연하다. 예를 들어, 교재 분석이나 선정에 있어서 가장 우선이 되어야 하는 것은 학습자에 대한 이해이다. 교재를 사용할 학습자가 누구인지를 파악하고 학습자의 언어능력 수준, 목표, 흥미, 관심 등에 대하여 조사하고 이해를 하는 것이 선행되어야 한다. 학습자뿐 아니라 교사에 대한 이해도 필요하다. 교사 경력, 교사의 L1이 무엇인지, 교사의 교육철학은 어떠한지 등에 따라 교재의 선정이 달라져야 할 것이다. 교재가 쓰이는 환경에 대한 이해도 필요한데, 교실 상황, 기자재의 활용, 수업 시간 및 기간 등도 고려해야 한다. 이러한 측면에서의 이해가 선행되어야 제대로 된 교재 선정이 가능하다. 교육 현장에서 교재를 선정할 때는 다음과 같이 다양한 방법을 사용한다.

- 출판사나 저자의 명성을 보고 결정
- 이미 사용해 본 교사들의 후기를 듣고 결정
- 여러 교재를 가볍게 훑어보고 결정
- 체크리스트를 작성하여 교사가 각각의 교재를 평가
- 개별 교재를 깊이 있게 분석하여 평가

이와 같은 교재 선정 방법은 시간과 노력 등에 있어서 각각 장단점을 가지고 있다. 예를 들어, 해당 교재를 사용해 본 사람으로부터 간략하게 후기를 듣거나 가볍게 훑어보는 방식은 시간과 노력이 많이 들지 않으나 해당 교재를 깊이 있게 분석하지 못하여 내용을 제대로 파악하지 못하는 단점이 있다. 이와 반대로 개별 교과서를 하나씩 깊이 있게 분석을 하여 평가하는 방식은 각 교재의 장단점을 정확하게 판단할 수 있다는 장점이 있는 반면, 각 교재를 평가하는 데 시간과 노력이 너무 많이 든다는 단점이 있다. 체크리스트 방식은 이런 방법들 사이에서 절충안이 될 수 있는데, 시간과 노력을 줄이면서 각 교재에 대해서 비교적 다양한 부분에 대해 판단과 비교를 할 수 있다는 장점이 있어서 자주 쓰이는 방법이다.

교재를 평가할 때는 여러 측면에서 다음과 같은 사항을 염두에 두고 평가하여야 한다.

〈표 2〉 교재 분석 시 고려할 요소(예시)

평가 영역	평가 내용
학습자 측면	학습자의 연령, 언어능력, 인지적 수준에 적합한가? 학습자의 흥미와 동기를 유발할 수 있는가? 학습자가 이 교재를 통하여 자신감을 가질 수 있는가?
교사 측면	교수 자료를 충분히 제공하고 있는가?
내용 및 활동	주제 및 내용이 적절한가? 주제 및 내용이 유용한가? 주제 및 내용이 최신 정보인가? 내용의 신뢰성이 확보되어 있는가? 정확한 언어가 사용되었는가? 언어 입력이 충분히 제공되고 있는가? 활동이 실제적이고 흥미로운가? 상호작용을 할 수 있는 활동인가? 의미 중심의 활동인가? 언어에 초점을 맞추는 활동이 포함되어 있는가? 다양한 평가가 포함되어 있는가?
시각적 측면	디자인과 레이아웃이 시각적으로 편안한가? 사용된 이미지와 시각 자료가 적절한가?
기타	가격이 적절한가? 학교 상황에서 사용가능한 기자재를 포함하고 있는가?

③ 교재의 구성

교재에 제시되어 있는 내용과 활동은 교육 효과를 극대화하고자 하는 교육적 원리에 근거하여 제시되어 있어야 한다. 특히, 내용을 제시하는 순서와 활동의 종류, 문법이나 단어를 가르치고는 방식 등은 모두 언어 교육의 원리에 근거하고 있는지를 살펴보아야 한다. 특히 영어의 어떤 한 기능이나 영역에만 초점을 맞추는 교재가 아니고 4기능을 모두 가르치고자 하는 교재에서는 4기능을 제시하는 순서가 중요하다. 교재에 따라 이 순서는 차이가 있는데, 특히 ESL/EFL 교재를 살펴보면 각 교재별로 많은 차이가 있는 것을 알 수 있다. 우리나라 영어 교과서는 고등학교를 제외한 초등과 중학교 영어에서 영어의 모든 기능과 영역을 통합하여 가르치고 있는데, 중학교 영어 교과서에는 4기능을 '듣기 – 말하기 – 읽기 – 쓰기' 순으로 제시하고 있다. 즉, 음성언어spoken language가 문자언어written language보다 먼저, 그리고 이해능력이 표현능력에 앞서 나온다. 이 순서는 대체로 L1 습득 순서에 바탕을 둔 것인데, L1 습득 순서를 보면 음성언어를 문자언어보다 먼저 습득한다는 것을 알 수 있다. 이해능력이 표현능력보다 항상 먼저 발달하는지에 대해서는 논란이 있으나 L2 학습자에게는 이해능력을 먼저 배우는 것이 더 쉽고, 이해능력은 표현능력에 대한 언어 입력을 제공하며 불안감을 낮출 수도 있기 때문에 우리나라 영어 교과서에서는 대부분 이해능력을 먼저 가르치고 있다.

내용과 활동에 있어서는 난이도difficulty level에 따라 쉬운 것부터 어려운 것으로의 순서(simple → complex)로 제시된다. 난이도는 주제의 난이도와 언어 난이도가 있다. 주제의 난이도는 내용이 갖고 있는 난이도로서, 예를 들어 중학생에게 대학생 수준의 어려운 과학 내용을 읽도록 하는 것은 난이도가 지나치게 높은 것이어서 적절치 않다. 언어 난이도는 어휘, 문장 구조 및 문장 길이 등과 같이 언어 자체에서 발생하는 난이도이다. 또한 텍스트와 대화의 길이도 언어 난이도에 영향을 미친다. 난이도는 내용 그 자체의 수준으로 결정이 되는 절대적 난이도 개념과 학습자의 수준에 따른 상대적 난이도 개념을 모두 포함한다. 즉, 같은 난이도의 지문이 어떤 학습자에게는 쉽게 이해가 되는 반면, 어떤 학습자에게는 훨씬 더 어려울 수 있다. 예를 들어, 주제에 대한 배경지식이 없는 학습자는 배경지식이 많은 학습자에 비해서 텍스트에 대한 이해가 더 어려울 것이다.

영어 교재의 대화나 듣기에서는 주로 길이가 짧은 것에서 긴 것으로의 순서로 제시가 되는데, 이는 교재에 따라서 다를 수 있다. 예를 들어, 우리나라 초등영어 교과서에는 긴 대화를 먼저 제시한 후 다음에 계속되는 활동에서 이를 분절한 짧은 대화를 연습하도록 제시하는 경우가 빈번하다. 그 이유는 학생들이 긴 대화를 먼저 들음으로써 대화의 맥락에 대한 이해를 할 수 있도록 하며, 대화에 재미있는 내용을 담기 위하여 긴 대화를 먼저 제시하고 있다. 반면, 중학교 영어 교과서에는 의사소통 기능이 포함된 짧은 대화 두 개를 먼저 들은 후 긴 대화를 듣는 순서로 제시된다. 이 순서의 장점은 학생들이 쉽고 짧은 대화부터 시작하기 때문에 듣기에 대한 불안감과 학습 부담을 줄일 수 있으며 목표 의사소통 기능에 집중할 수 있다는 것이다. 그러나 1.5~2턴(3~4줄)짜리의 짧은 대화는 실제성이 떨어지며, 대화에 대한 맥락도 모호하다는 단점이 있다.

교재에 따라서 내용에 대한 이해와 학습을 돕고자 각 기능별로 사전 활동pre-task, 본 활동main task, 사후 활동post-task으로 제시하기도 한다. 예를 들어 읽기 활동의 경우 읽기 전 활동 – 읽기 활동 – 읽기 후 활동으로 제시하는 것이다. 특히, 어려운 내용이나 활동일수록 과정 중심으로 제시를 하면 학생들이 학습을 하기에 용이하다. 문법이나 어휘 학습은 대표적인 언어 중심의 학습인데, 교재에 따라 읽기 전 활동 또는 읽기 후 활동으로 배치되어 있다. 어휘의 경우에는 미리 의도적인 학습을 한 후 읽기 활동을 하는 것이 좋은지 그렇지 않으면 읽기 활동 중에 어휘를 자연스럽게 추측해 보는 것이 더 효과적인지에 대한 교육적 관점에 따라 읽기 활동의 전 또는 후에 배치되는 것이다. 마찬가지로 문법도 연역적과 귀납적 접근 중 어느 것이 더 효과적인지에 대한 관점에 따라 읽기 전 또는 후에 배치되는데, 우리나라 중등 교재의 경우에는 대부분 귀납적 접근을 따르고 있다.

교재의 각 단원에는 다양한 활동이 제시되어 있는데, 단원의 내용을 배우고 작은 활동을 모두 수행한 후 단원의 마지막에 가장 큰 목표 활동target task을 수행하는 순서로 짜여져 있다. 아래의 예시 〈그림 1〉을 보면 task 1은 목표 활동과 관련한 주제를 제시하거나 학생들의 스키마와 동기를 불러일으키는 제시 활동이다. task 2에서는 듣기나 읽기와 같은 언어 입력을 제공하고 task 3에서는 학습자들이 배운 것을 활용하여 실제 발화를 해보고 언어를 사용하는 기회를 제공한다. 마지막 task 4는 목표 활동인데, 앞서 task 1, 2, 3에서 배운 모든 것들을 활용하여 활동을 수행하게 된다. 이런 활동 순서 안에서 앞의 활동 세 개는 마지막 목표 활동 수행을 돕는 활동facilitating task이다.

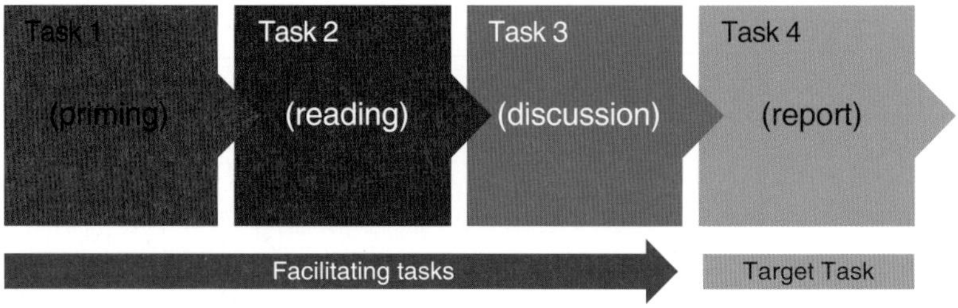

그림 1 제시, 읽기, 토론
활동과 최종 목표
활동의 순서(예시)

교재의 구성에 있어서 또 다른 중요한 개념은 나선형 반복 제시recycling이다. 각 단원에서 제시되는 목표 어휘, 문법, 의사소통 기능 등은 한 번 제시가 된 이후에 뒷 단원에서 반복적으로 계속 제시가 되어야 학생들이 배운 것을 여러 번 연습할 수 있는 기회가 되고, 이를 통해 잊어버리지 않게 된다. 특히 우리나라와 같은 EFL 상황에서는 영어를 실생활에서 사용할 수 있는 기회가 없기 때문에 배운 것을 쉽게 잊어버리게 된다. 따라서 영어 교과서에서 배운 항목에 대해 반복적으로 언어 입력과 연습을 할 수 있는 기회를 제공하는 것이 중요하다.

④ 교재의 활용

일단 교재를 선정하게 되면 대부분의 수업을 그 교재에 의존하여 가르치게 된다. 그런데 교재를 선정하였다고 하더라도 수업을 막상 진행하다 보면 교재의 어떤 부분에 대해서는 아쉬움이 있을 수 있다. 교재가 모든 학생들에게 맞춤형으로 제작되는 것이 아니기 때문에 이는 당연한 일이다. 이처럼 사용하는 교재가 완전히 만족스럽지 않은 이유는 다양하다. 주제가 일부 학생들에게 덜 흥미로울 수도 있고 언어 수준이나 활동이 너무 어렵거나 쉬울 수도 있다. 이런 경우에는 목적에 따라 내용의 순서를 바꾸거나 내용을 첨가addition, 삭제deletion 또는 수정modification 할 수 있다. 예를 들어, 내용이나 활동의 순서를 바꾸는 가장 흔한 경우는 읽기에 앞서 새로운 어휘나 목표 문법을 미리 가르치는 것이다. 앞서 설명한 바와 같이 대부분의 우리나라 영어 교과서는 문법을 귀납적 방식으로 제시하므로 읽기 후에 문법 학습이 나오는데, 이런 순서를 학생들의 수준과 요구에 맞추어서 문법을 먼저 가르치는 연역적 방식으로 바꿀 수도 있다. 실제로 많은 중·고등학교 수업 현장에서는 단원의 새로운 어휘를 먼저 가르치고 읽기 활동을 하는 경우가 빈번하다.

교재의 수준에 있어서도 학생들의 수준에 맞추어 첨가나 삭제를 할 수 있다. 교재가 어렵거나 쉽다고 느끼는 학생들에게는 특정 활동을 삭제하고, 대신 수준에 맞는 같은 종류의 활동이나 내용을 제공한다. 예를 들어, 읽기 후 활동이 너무 쉬운 경우에는 더 심도 있는 추론 문제나 토론 활동을 제시한다. 언어능력이 낮은 학생들을 위해서는 어휘나 문법 등에 대한 부수적인 설명이나 연습문제를 제시해주면서 비계scaffolding를 형성해 준다. 이와 같이 주제, 순서, 내용, 활동 등에 있어서 교과서가 학생들의 수준과 요구, 흥미 등과 부합하지 않는 부분이 있는 경우에는 그대로 사용하는 것보다는 다양한 방법으로 교과서를 수정하여 활용하는 것이 학습의 효과를 증대시킬 수 있는 길이다.

또한, 주제가 일부 학생들에게 덜 흥미로운 경우에는 흥미를 가질만한 자료나 활동을 추가할 수 있다. 남학생들에게 재미있는 주제가 여학생들에게는 덜 흥미로울 수 있는데, 예를 들어 스포츠가 주제인 경우이다. 이런 경우에는 여학생들도 관심을 가질만한 스포츠 주제에 대해 이야기하거나 흥미로운 동영상을 보여줌으로써 주제에 대한 동기를 유발할 수 있다. 학생들이 주제와 연관하여 자신들의 경험을 떠올리게 하거나 외국 관련 주제를 우리나라 상황과 연관지어 볼 수 있도록 해주는 것도 주제에 대한 흥미를 고취시키는 데 도움이 된다.

2

교재 분석의 실제

① 우리나라 중학교 영어 교과서

1) 주제

우리나라 중학교 영어 교과서의 주제는 교육과정에서 제시한 19가지의 주제 중에 단원별로 세부 주제를 정하여 제시하고 있다. 1학년 교과서 첫 단원에서는 주로 "나"와 "학교" 같은 친숙한 주제를 선정하여 새로운 학교에서의 생활과 적응에 대하여 다룬다. 그리고 "가족"이나 "우리 마을"과 같이 학생들의 생활과 밀접한 주제를 다루다가, 사회, 문학, 자연, 과학, 예술, 스포츠, 환경 등과 같은 다양한 주제로 넓혀간다. 새롭고 흥미로운 주제를 통하여 영어를 언어에 대한 지식으로 배우는 것이 아니라 주제를 통한 내용과 활동 중심의 학습이 될 수 있도록 구성하고 있다. 학년이 올라갈수록 주제가 다양해지고 깊이가 있는 내용을 다루게 된다. 주제는 읽기의 중심 소재가 될 뿐만 아니라 듣기와 말하기의 소재가 된다. 즉, 중학교 영어 교과서의 구성은 각 단원별로 하나의 대주제 아래에 다양한 주제를 가지고 듣기, 말하기, 읽기, 쓰기를 익히는 방식으로 구성되어 있다. 예를 들어, 대주제가 환경문제라면 듣기와 말하기에서는 "Earth Day" 나 "Recycling"에 대하여 다루고 읽기에서는 환경 운동가의 자서전을 읽어보고 쓰기에서는 환경 살리기 실천에 대한 나의 일지를 쓰고 마지막으로 환경운동 팜플렛을 프로젝트로 만들어보는 식이다.

2) 구성 및 체제

중학교 영어 교과서의 교수요목은 각 4기능을 균형적으로 발달시키고 언어의 기본적인 요소인 어휘와 문법을 제시하는 통합적 교수요목에 가깝다. 주제별로 단원이 구성되어 있기는 하나 단원별로 의사소통 기능, 문법을 각각 제시하고 있으므로 사실상 기능요목과 문법 교수요목도 내포

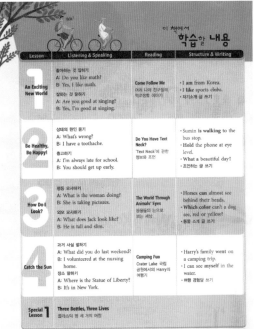

그림 2 중학교 영어교과서
1학년 목차
(이병민 외, 2017)

그림 3 단원 도입부
(이병민 외, 2017,
pp.10~11)

하고 있다. 단원별로 의사소통 기능과 문법은 단원별로 각 2개씩 제시하는 것이 가장 일반적이다. 의사소통 기능은 듣기와 말하기 파트에서 배우고 문법은 주로 읽기와 쓰기 파트를 통해 배우도록 구성되어 있다.

책의 구성은 '단원과 주제에 대한 안내 – 듣기 – 말하기 – 듣기와 말하기 통합 활동 – (읽기 전 활동) – 읽기 – 읽기 후 활동 – 문법 – 쓰기 – 문화 소개 – 프로젝트' 순을 기본으로 하는데, 교과서에 따라 약간의 차이가 있다. 단원의 도입 부분에서는 단원의 의사소통 기능과 문법, 주제에 대하여 미리 소개하고 학생들이 주제에 대해 생각을 해보고 주제와 관련된 배경지식을 불러일으킬 수 있는 이미지와 간단한 질문을 제시한다〈그림 3〉 참조).

듣기와 말하기 파트에서는 짧은 대화 듣기를 통해 목표 의사소통 기능을 익히고 점차 긴 대화를 듣는 연습을 한 후에 목표 의사소통 기능을 활용하여 간단한 말하기 연습을 해본다. 단원에 제시된 목표 의사소통 기능 두 가지를 각각 듣고 연습한 후에 두 가지 기능을 통합하여 더 실제적인 의사소통 과업communicative task을 수행해보는 구성이 가장 일반적이다. 예를 들어, 〈그림 4〉의 교과서 단원에 제시된 의사소통 기능은 '좋아하는 것 말하기'와 '잘 하는 것 말하기'인데, 말하기 활동에서 이 두 가지 의사소통을 각각 따로 연습한 후 하나의 말하기 활동에서 두 기능을 모두 활

그림 4 그림 문법 제시
(이병민 외, 2017,
p.21)

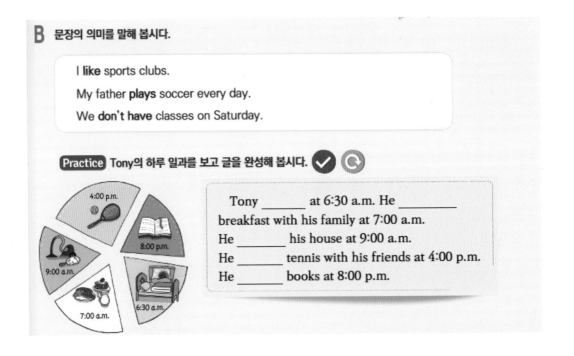

용하여 말하기 연습을 한다. 읽기 파트에서는 읽기 본문을 중심으로 학습이 진행되는데, 읽기 전 활동을 통해서 주제에 대해 미리 생각해보기, 새로운 어휘 배우기, 읽기 내용에 대해 추측해보기 등의 활동이 포함되어 있다. 읽기 중 활동에서는 어휘의 뜻을 알려주고 읽기 내용을 점검하고 읽기 전략을 발달시키기 위한 질문을 제공하기도 한다. 읽기 후 활동에서는 읽기 내용에 대한 이해를 점검하기 위한 다양한 활동이 포함된다. 문법에서는 문법에 대한 설명은 지양하고 목표 문법이 포함된 예시를 보여줌으로써 학생들이 자연스럽게 문법의 형식을 익힐 수 있도록 유도하고 있다. 이때 문장 내에서 목표 문법에 주의를 끌 수 있도록 목표 문법은 볼드나 이탤릭으로 보여줌으로써 입력 강화input enhancement를 통하여 목표 문법의 패턴을 학습자들이 스스로 깨달을 수 있도록 한다〈그림 4〉 참조). 쓰기 파트에서는 단원 주제와 연관된 다양한 장르의 글쓰기를 수행하도록 하는데, 이때 되도록이면 목표 문법을 글쓰기에서 활용해 볼 수 있도록 유도한다.

3) 문화 소개

우리나라 영어 교육과정에서는 타문화와 자문화에 대한 이해를 강조하고 있으며, 이에 따라 영어 교과서에서 다양한 문화에 대한 지식과 정보를 함께 제공하고 있다. 따라서 교과서의 문화 소개 부분에서는 영어권 문화를 비롯하여 다양한 타문화에 대해서 소개하고 있는데, 타문화를 소개하는 부분은 특히 교사가 교재를 선정할 때 유의해서 봐야 한다. 교과서에서 타문화를 소개하는 코너의 자료와 활동을 통해 학생들이 타문화에 대한 더 깊은 이해를 할 수 있으며 세계 시민으로서의 자질과 역량을 길러나가는데 도움이 되는지를 평가해야 한다. 특정 타문화나 외국인들을 소

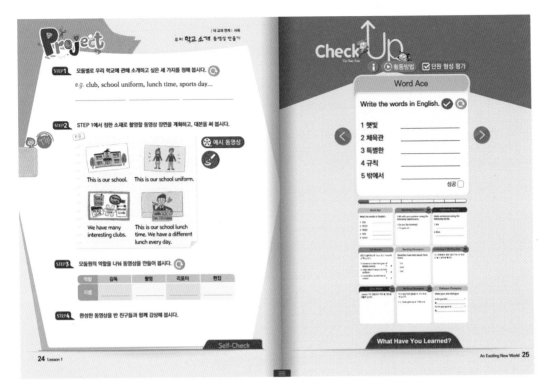

그림 5 프로젝트 및 단원
체크업(이병민 외,
2017, pp.24~25)

개하면서 그 문화에 대한 편견이나 고정관념이 표출되어 있는지, 특정 문화나 언어가 다른 문화나 언어보다 우월하다고 표현하고 있지는 않는지 등을 살펴보아야 한다. 또한 자국의 문화는 어떻게 표현되어 있는지도 함께 살펴보아야 한다. 우리나라 교육과정에서는 영어 교과서를 통해서 자국 문화를 영어로 소개할 수 있는 역량을 기르도록 요구함에 따라 영어 교과서에서 우리 문화에 대한 다양한 내용을 제공하고 있다. 학생들이 영어교과서를 통해서 우리 문화에 대해서 지식과 정보를 얻는 동시에 자긍심을 느낄 수 있도록 내용이 구성되어 있는지 확인해야 한다.

4) 프로젝트 및 단원 확인

단원 마지막에 주로 제시되는 프로젝트는 앞서 언급한 목표 활동에 해당된다. 주제와 연관된 다양한 활동, 즉, 동영상 만들기, 브로슈어 만들기, 설문조사하기, 포스터 만들기, 노래 만들기, 미니북 만들기 등과 같이 주로 결과물이 있는 활동이 포함된다. 프로젝트는 모둠 활동으로 진행되는 경우가 많고 두세 가지 이상의 언어기능을 활용하도록 한다. 자유학기제의 시행, 과정 중심의 수행 평가가 강조된 이후로 영어 시간에 프로젝트를 활용하는 경우가 점차 많아지고 있는 추세이다. 프로젝트는 모둠에서 협력학습으로 진행되는 경우가 많고 언어능력 이외의 다양한 능력이 요구되기 때문에 프로젝트 학습을 통해 학습에 대한 학생들의 흥미를 고취시킬 수 있으며 또한 언어능력이 낮은 학생들도 자연스럽게 함께 학습을 할 수 있는 기회를 마련해줄 수 있다. 단원 마지막에 해당 단원에 대한 확인 연습을 해볼 수 있는 페이지를 제공하기도 한다. 이 활동은 해당 단원에서 배운 어휘, 문법, 의사소통 기능, 쓰기 등을 확인해 보고 학습자가 자신이 무엇을 배웠는지 또 무엇을 아직 모르고 있는지 스스로 점검할 수 있도록 도와준다.

3

토론 및 활동

　1) ESL 영어 교재와 우리나라 영어 교과서를 비교하여 차이점을 찾아 보고 그 차이점이 왜 발생하게 되었는지 영어 교육학적인 관점에서 그 원리를 설명해 보시오.

　2) 앞에서 제시한 2015 개정 교육과정에 따른 교과용도서 개발을 위한 편찬상의 유의점 및 검정기준을 참고하여 교재 평가표를 작성해 보고, 이를 바탕으로 출판사가 다른 같은 학년 영어 교과서를 비교하여 어떤 교과서가 더 좋은 교과서인지 선정하고 그 이유를 설명하시오.

　3) 다음에 제시된 학습 내용을 보고 본인이 이 자료를 변형(첨가addition, 삭제deletion, 수정modification 등)하여 사용할 경우 어떻게 할 것인지 생각해보고 그 이유를 설명해 보시오.

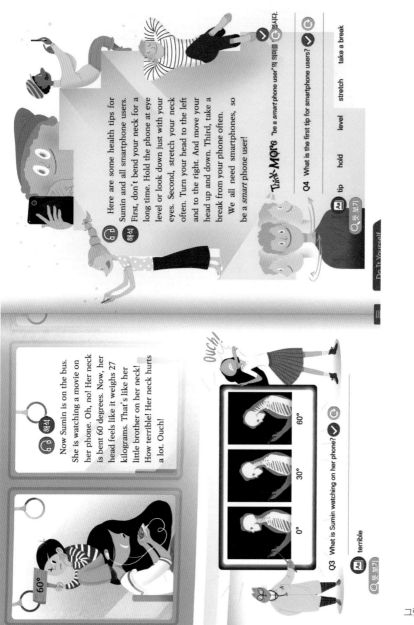

Now Sumin is on the bus. She is watching a movie on her phone. Oh, no! Her neck is bent 60 degrees. Now, her head feels like it weighs 27 kilograms. That's like her little brother on her neck! How terrible! Her neck hurts a lot. Ouch!

Ouch!

0° 30° 60°

Q3 What is Sumin watching on her phone?

Aa terrible

Here are some health tips for Sumin and all smartphone users. First, don't bend your neck for a long time. Hold the phone at eye level or look down just with your eyes. Second, stretch your neck often. Turn your head to the left and to the right. And move your head up and down. Third, take a break from your phone often. We all need smartphones, so be a *smart* phone user!

Think MORE "be a *smart* phone user"의 의미를 ~합시다.

Q4 What is the first tip for smartphone users?

tip   hold   level   stretch   take a break

Do It Yourself

그림 6 (이병민 외, 2017, pp.34~35)

4) 다음은 실제 교과서에 나온 문화 소개 예입니다. 이 활동에 제시된 A, B, C를 잘 살펴보고 이 과정의 좋은 점과 개선할 점이 무엇인지 생각해 보시오.

그림 7 (이병민 외, 2017, p.125)

참고문헌

교육부, 한국교육과정평가원 (2016). 2015 개정 교육과정에 따른 교과용 도서 개발을 위한 편찬상의 유의점 및 검정기준. https://eiec.kdi.re.kr/skin_2016/common/bddown.jsp?fidx=3499.

이병민, 이상민, Kim Christian, 고미라, 김수연. (2017). *Middle school English 1*. 서울: 동아출판.

Brown, H. D. (1994). *Teaching by principles*. Englewood Cliffs, NJ: Prentice Hall.

Burns, A., & Joyce, H. (1997). *Focus on speaking*. Sydney: National Center for English Language Teaching and Research.

Canale, M., & Swain, M. (1980). Theoretical bases of communicative approaches to second language teaching and testing. *Applied Linguistics*, 1, 1–47.

Chaney, A. L. and Burk, T. L. (1998). *Teaching oral communication in grades K-8*. Boston: Allyn & Bacon.

Nunan, D. (1991). *Language teaching methodology*. London: Prentice Hall.

Nunan, D. (1994). *ATLAS*. Learning-centred communication. Boston: Heinle & Heinle.

Nunan, D. (2003) *Practical English language teaching*. Singapore: McGraw-Hill.

Savignon, S. (2001). Communicative language teaching for the twenty-first century. In M. Celce-Murcia (Ed.), *Teaching English as a second or foreign language* (pp.13–28). Boston, MA: Heinle & Heinle.

Savignon, S. (2002). *Interpreting communicative language teaching: Contexts and concerns in teacher education*. New Haven: Yale University Press.

4장

평가의 이해와 적용

단원 학습 목표

Understanding and Applying Classroom Assessment

– 교실 기반 평가의 유형과 특성을 설명할 수 있다.

– 교육과정의 성취 기준과 평가 기준에 근거한 문항 제작 방법을 이해할 수 있다.

– 서술형 문항과 수행 평가 도구의 개발 원리를 이해할 수 있다.

수업 전 토론

1. 자신이 경험한 다양한 영어 평가에 관해 이야기하고, 영어 평가에서 가장 중요하게 생각해야 할 점은 무엇인지 토론해 봅시다.

2. 최근 중 · 고등학교에서 대두되고 있는 새로운 평가 방식은 무엇인가요? 영어 평가 방식에 변화가 나타나고 있다면, 그 이유는 무엇인지 이야기해 봅시다.

평가의 이해

평가$_{assessment}$란 "사람이 가지는 일부 속성의 수준을 평가하거나 추정하는 것"(Mousavi, 2009)이다. 교사는 학생이 질문에 답하거나, 의견을 제시하거나, 새로운 단어나 문법 구조를 활용할 때마다 무의식적으로 학생의 성과를 평가한다. 좋은 교사일수록 학생들의 능력을 끊임없이 진단하고 평가하여 그 결과를 바탕으로 자신의 교수법을 점검하고 개선한다. 반면에 시험$_{test}$은 특정 영역에서 학생의 지식과 능력을 측정하여 정량화하는 것이다. 시험은 평가 도구로서 매우 유용하지만 교사가 학생을 평가하는 데 사용할 수 있는 여러 방법 중 하나일 뿐이다.

교사는 교수·학습 활동과 연계하여 무엇을, 언제, 어떻게 평가할지 정해야 한다. 평가를 위해 시험과 같은 계획적·체계적인 형식적 평가$_{formal\ assessment}$ 방식을 사용하거나 학생의 발표에 대한 즉흥적인 피드백과 같은 비형식적 평가$_{informal\ assessment}$ 방법을 사용할 수 있다. 형식적이든 비형식적이든 교실 수업을 기반으로 하는 평가는 학생의 수준을 진단하거나 성과를 측정하는 데 주로 활용된다. 평가 목적에 부합하는 평가 도구를 개발하기 위해 교실 기반classroom-based 평가에 활용되는 평가의 유형에 대해 알아보기에 앞서 평가의 기본 요소부터 살펴보면 다음과 같다.

1 평가의 기본 요소

1) 신뢰도

평가에 있어 신뢰도reliability란 측정하고자 하려는 능력을 얼마나 안정적으로, 일관성 있게 평가하는가와 관련이 있다. 신뢰도가 높은 평가가 되려면 채점에 대한 명확하고 자세한 기준이 확립되어 있어야 한다. 특히 채점 과정에서 채점자의 주관이 개입될 여지가 있는 문항은 누가 채점을 하더라도 일관된 평가 결과가 나올 수 있도록 채점자를 훈련하고, 필요한 경우 복수의 채점자를 활용하여 채점의 신뢰도를 확보해야 한다. 시험 시행 이전에 학습자가 문항 유형에 익숙해질 기회를 제공하고, 시험 시간을 충분히 제공하여 응답의 안정성을 보장받는 것도 중요하다.

2) 타당도

타당도validity는 평가 결과가 평가 도구의 사용 목적에 얼마나 부합하는가를 의미한다(Gronlund, 1998). 평가를 통해 측정하고자 하는 능력에 높은 점수를 얻은 학생이 실제로 해당 영역에서 뛰어난 능력을 갖추고 있다면 그 평가는 타당도가 높은 평가라고 할 수 있다. 다시 말해, 시험의 타당도는 시험 점수에 대한 해석이 학습자의 영어 능력을 얼마나 정확히 추론하게 하는지에 따라 결정된다. 측정하고자 했던 학생의 능력치가 시험 점수에 정확히 반영되려면, 교사는 평가 기준에 부합하는 학생의 능력을 샘플링하여 이를 직접적으로 평가해야 한다. 교실 기반 평가는 보통 수업에서 배운 내용에 대한 이해도와 실력을 점검하는 경우가 많으므로 수업 시간에 다룬 내용을 골고루 반영하는 것이 중요하다. 그러나 아무리 중요한 문항이라도 측정하고자 하는 능력을 평가하는 문항이 아니라면 평가에서 과감히 제외해야 한다.

3) 실용성

평가 도구의 실용성practicality은 시험의 제작과 시행, 채점에 드는 비용과 시간, 교사의 노력 정도가 얼마나 현실적인지 판단할 수 있는 척도이다 (Mousavi, 2009). 문항 출제나 채점에 지나치게 많은 시간과 노력이 든다면 실용적인 평가 도구로 보기 힘들다. 또한, 평가 결과 해석에 매우 높은 수준의 교사 능력이 요구된다면 그 역시 실용적인 평가로 볼 수 없다. 따라서 출제와 채점에 드는 시간과 예산에 대한 합리적인 원칙과 기준을 설정하고, 여러 현실적인 제약들을 고려하여 실행 가능한 평가를 실시해야 한다.

4) 역류효과

역류효과washback는 평가가 교수·학습에 미칠 수 있는 긍정적·부정적 영향을 의미한다(Messick, 1996). 교실 기반 평가를 통해 교수·학습에 미치는 긍정적인 영향을 극대화하려면 먼저 학습자가 시험에서 최고의 성과를 낼 수 있는 여건을 조성하고, 평가에 대비할 만한 연습의 기회를 충분히 제공해야 한다. 또한, 평가 결과를 단순히 점수로만 제시하지 말고 학습자 능력 향상에 도움이 될만한 피드백을 제공하여 학습자가 향후 무엇을, 어떻게 보완하고 학습해야 할지 제시해 주는 것이 좋다.

5) 실제성

문법이나 어휘에 대한 지식을 평가하는 문항에서 인위적이지 않은 자연스러운 언어 표현을 쓰기는 쉽지 않다. 그러나 최근 평가의 실제성authenticity에 대한 중요성이 강조되면서 학습자가 실생활에서 접하거나 사용할만한 실제적인 언어 또는 상황을 문항을 통해 구현하는 것에 대한 관심이 높아지고 있다(Brown & Abeywickrama, 2010). 실제성 있는 평가 도구 제작을 위해서는 문항 출제 시 학습자에게 의미 있고 중요한 주제를 선정하고, 이야기의 줄거리나 구체적인 에피소드 안에서 문항의 순서를 조직하는 등 특정 상황이나 맥락 안에서 문항을 제시하려는 노력이 필요하다.

② 평가의 유형

1) 진단 평가, 형성 평가, 총괄 평가

교수·학습의 진행 과정에 따라 이루어지는 평가를 구분하면, 교육이 시작되기 전에 실시하는 진단 평가, 진행되는 과정 중에 이루어지는 형성 평가, 교수·학습이 마무리된 후에 시행하는 총괄 평가가 있다.

① 진단 평가

진단 평가diagnostic assessment는 교수·학습 활동 전에 학습을 위해 필요한 지식과 능력을 학생이 잘 갖추고 있는지 확인하고, 학생들의 선수학습 수준과 내용을 파악하기 위해 실시하는 평가이다. 교수·학습을 시작하기에 앞서 학생들의 학습 부진이나 결손 정도를 확인하기 위한 차원에서도 활용한다. 일반적으로 학교에서는 전 학년의 성적표나 학생생활기록부와 같은 자료를 참고하여 학습자의 특성을 파악한다. 그 외에 간단한 시험이나 질문 등을 이용하여 진단 평가를 실시하기도 한다.

② 형성 평가

형성 평가formative assessment는 교수·학습이 진행되는 과정에서 효과적인 학습 개선을 위해 실시하는 평가로, 학생의 현재 학습 상태를 확인하고 적절한 피드백을 제공하는 데 목적이 있다. 쉽게 말해 형성 평가는 수업 중 교사가 학생의 학습 상태를 순간순간 파악하는 모든 행위를 포함한다. 예를 들어, 학생들의 이해 정도를 확인하기 위해 학생의 표정이나 눈빛을 관찰하는 행위부터 간단한 질문을 던지거나 연습문제를 풀어보는 활동, 모둠별로 나와 발표하는 역할극 등을 형성 평가로 볼 수 있다. 교사가 수업 시간마다 학생의 학습 상황을 파악하기 위해 시행하는 다양한 방법이 모두 형성 평가인 것이다.

형성 평가의 핵심은 학생의 학습 상태를 정확히 진단하고 효과적인 피드백을 제공하는 것이다. 피드백은 학생의 수준과 학습 목표를 모두 반영하는 것이 좋다. 예를 들어, 학생이 이전과 비교하여 어떤 부분에 대한 실력이 향상되었고, 앞으로 어떻게 하면 학습 목표에 도달할 수 있는지에 대한 설명을 포함한다. 피드백을 제공할 때에는 학생들의 정의적 영역도 고려해야 한다. 학생들이 학습에 기울인 노력과 태도를 인정하는 내용을 피드백에 담는다면 학습 동기 유발에 긍정적인 영향을 줄 수 있기 때문이다.

③ 총괄 평가

총괄 평가_{summative assessment}는 교수·학습이 완료된 후 교육 목표의 달성 여부를 종합적으로 판단하기 위한 평가이다. 학교 현장에서 학기 중간과 학기 말에 실시하는 정기고사가 총괄 평가에 해당된다. 총괄 평가의 가장 중요한 기능은 교육 목표의 달성 정도에 따라 학생들의 학업성적을 판정하고 필요에 따라 서열을 부여하는 것이다. 총괄 평가 도구를 제작할 때에는 교육 목표를 재확인하고, 다양한 문항 형태를 이용하여 교수·학습의 전반적인 내용을 평가하도록 한다.

2) 수행 평가

수행 평가_{performance assessment}란 교사가 학생이 학습과제를 수행하는 과정이나 그 결과를 보고 평가하는 방식으로 최근 학교 현장에 정착한 대안적 평가_{alternative assessment}의 한 형태이다. 전통적인 영어 평가는 학습자가 가진 영어에 대한 지식이나 영어 사용 지식을 시험을 통해 평가하는 데 그쳤다면, 수행 평가는 영어를 의사소통의 목적으로 사용하는 행위를 관찰한다. 일반적으로 수행 평가는 말하기·쓰기 활동, 협력을 통한 그룹 활동, 언어기능 통합 활동(예: 읽기와 쓰기, 듣기와 말하기), 상호작용 활동 등을 포함한다. 학습자의 사고 과정과 과제 수행 과정, 결과로서의 산출물까지 평가하기 때문에 지필 평가보다 고차원적인 사고 능력과 복합적인 언어 능력을 평가한다고 볼 수 있다.

영어 수행 평가의 대표적인 유형으로는 논술, 구술, 프로젝트, 포트폴리오 등이 있다. 논술형 평가에서 학생은 자신의 의견을 한 단락 이상으로 기술하는 과제를 수행한다. 예를 들어, 자신의 인상적인 과거 경험에 대한 글 작성하기, 주어진 주제에 대한 짧은 에세이 쓰기, 우리나라 혹은 우리 문화를 소개하는 글 작성하기, 기행문·영화 리뷰·이력서 쓰기 등이 여기에 해당한다. 글을 통해 자신의 생각을 표현하지는 않더라도 듣거나 읽은 글 요약하기, 주어진 글 완성하기와 같이 한 단락 이상의 분량을 작성하는 과제를 요구하는 평가를 폭넓게 논술형 수행 평가로 분류하기도 한다.

구술형 평가는 학생들이 영어로 얼마나 잘 말하는지를 평가하는 유형이다. 구술형 수행 평가는 학생들이 자신의 의견이나 생각을 구두로 표현하는 능력을 평가하며, 주로 듣기·말하기 기능을 활용한 수행 과제로 제시된다. 자기 자신을 소개하는 발표하기, 인터뷰 방식을 활용하여 읽은 내용에 대해 친구들과 묻고 답하기, 문제 상황에 알맞은 충고하기, 주어진 그림을 보고 인물들의 행동 설명하기 등이 여기에 해당된다.

프로젝트는 특정한 연구 과제나 산출물 개발 과제 등을 수행하는 것으로, 프로젝트 결과물과 함께 계획과 수행의 전 과정을 종합적으로 평가하는 방법이다. 논술이나 구술형에 비해 상대적으로 긴 시간 동안 과제가 수행되며, 학생들이 모둠을 지어 집단으로 과제를 수행하기도 하기 때문에 학생들 간의 상호 협력과 역할 분담이 중요하다. 직접 작성한 대본을 바탕으로 한 학기 동안 제작한 연극 발표하기, 직접 외국인을 인터뷰하고 역할극을 동영상으로 만들어 한국의 문화유산을 알리는 홍보 동영상 제작하기 등이 여기에 해당한다.

포트폴리오는 일정 기간 동안 학생이 과제를 수행한 결과를 모은 일종의 학습 결과에 대한 작품집으로, 특정 분야에 대한 학생들의 노력, 발전, 성취도를 보여주기 위한 것이다(Genesee & Upshur, 1996). 포트폴리오의 핵심은 자료집에 넣을 결과물을 학생이 스스로 선택하게 하는 데 있다. 자료집에 넣을 학습 결과물을 선별하는 과정에서 학생들은 자신의 학습을 돌아보고 반성하게 되므로 포트폴리오는 학습자의 자기 평가를 중시하는 평가이다. 또한 포트폴리오는 장기간(한 학기 이상)에 걸친 과제 수행 결과를 한 눈에 볼 수 있게 해주기 때문에 학생의 발달 과정을 평가하기 용이하다는 장점이 있다. 다만 평가의 목표가 명확하지 않거나 학생들에게 제공되는 지침이 모호하고, 작품집에 대한 정기적인 검토와 적절한 피드백이 체계적으로 이루어지지 않으면 포트폴리오를 이용한 평가는 실패하기 쉽다. 따라서 포트폴리오 평가를 실시하려면 포트폴리오 제작 과정이 학습 목표 달성과 어떻게 연관되는지 설명하고, 포트폴리오에 어떤 자료를 넣을지에 대한 명확한 지침을 제공해야 한다. 또한 교사가 포트폴리오 제작 기간 동안 학생들이 모아 놓은 자료를 정기적으로 살펴보고 검토하여 포트폴리오 완성에 이르기까지의 과정을 점검하는 것도 필요하다.

3) 자기 평가, 동료 평가

자기 평가self-assessment는 과제의 수행 과정이나 학습 과정에 대해 학생이 스스로 자신을 평가하는 것이다. 동료 평가peer-assessment는 학생들이 상대방을 서로 평가하는 방법이다. 자기 평가와 동료 평가는 학생 스스로가 자신의 학습 과정뿐만 아니라 동료 학생의 학습도 모니터링하는 주체가 될 수 있다는 믿음을 바탕으로 한다. 따라서 자기 평가나 동료 평가를

시행하기 전에는 평가 항목이나 점수 부여 방법 등에 대한 충분한 논의를
통해 학생들이 자기주도적으로 평가에 참여할 수 있도록 하는 것이 중요
하다.

③ 채점 방식

일반적인 교실 상황에서는 대체로 한 명의 교사가 자신이 담당하는 학
생들에 대한 평가와 채점을 모두 책임진다. 교사가 평소에 특정 학생에 대
한 편견이나 선입견을 가지고 있다면 채점의 신뢰도에 부정적인 영향을
끼칠 수 있다. 또한 채점한 순서에 따라 먼저 채점한 학생과 나중에 채점
한 학생에게 채점 기준을 다르게 적용하는 상황이 발생하기도 한다. 따라
서 학생의 능력을 안정적이고 일관성 있게 평가하려면 채점에 대한 명확
한 기준을 세우는 것이 중요하다.

1) 총체적 채점

총체적 채점holistic scoring은 답안에 대한 전체적인 느낌에 의하여 점수
를 부여하는 방식이다. 다음의 〈표 1〉은 읽고 요약하는 글을 작성하는 능
력을 평가하는 총체적 채점 기준의 예시이다. 총체적 채점은 상대적으로
빠른 시간 안에 채점이 가능하다는 장점이 있는 반면에 학생들이 잘 하는
영역과 부족한 영역을 면밀히 파악하기 어렵다는 단점이 있다.

<표 1> 총체적 채점 기준 예시

점수	채점 기준
3	글의 중심 생각과 중심 생각을 뒷받침하는 근거를 명확히 이해함
2	글의 중심 생각을 명확히 이해하고 있으나 중심 생각을 뒷받침하는 근거에 대한 이해가 부족함
1	글의 중심 생각과 중심 생각을 뒷받침하는 근거를 부분적으로만 이해함
0	글의 중심 생각과 중심 생각을 뒷받침하는 근거를 이해하지 못함

(Brown & Abeywickrama, 2010, p.255)

2) 분석적 채점

분석적 채점analytic scoring은 학생의 답안을 내용, 구성, 어휘, 문법 등과 같은 요소로 구분하여 점수를 부여하는 방식이다. 요소별 점수는 그 중요성에 따라 공통 혹은 차등적으로 배분된다. 이 방식을 사용할 때는 채점 전에 모범답안을 작성하고 그에 따른 점수 부여 기준을 설정하는 것이 중요하다. 분석적 채점은 부분 점수 채점 기준이 명시된다는 점에서 총체적 채점 방식보다 채점의 신뢰도가 높다. 다음의 〈표 2〉는 말하기 평가에 대한 분석적 채점 기준의 예시이다.

〈표 2〉 분석적 채점 기준 예시

	Grammar	Vocabulary	Comprehension	Fluency	Pronunciation	Task
I	Errors in grammar are frequent, but speaker can be understood by a native speaker used to dealing with foreigners attempting to speak his language.	Speaking vocabulary inadequate to express anything but the most elementary needs.	Within the scope of his very limited language experience, can understand simple questions and statements if delivered with slowed speech, repetition, or paraphrase.	(No specific fluency description. Refer to other four language areas for implied level of fluency.)	Errors in pronunciation are frequent but can be understood by a native speaker used to dealing with foreigners attempting to speak his language.	Can ask and answer questions on topics very familiar to him. Able to satisfy routine travel needs and minimum courtesy requirements. (Should be able to order a simple meal, ask for shelter or lodging, ask and give simple directions, make purchases, and tell time.)
II	Can usually handle elementary constructions quite accurately but does not have thorough or confident control of the grammar.	Has speaking vocabulary sufficient to express himself simply with some circumlocutions.	Can get the gist of most conversations of non-technical subjects (i.e., topics that require no specialized knowledge.)	Can handle with confidence but not with facility most social situations, including introductions and casual conversations about current events, as well as work, family, and autobiographical information.	Accent is intelligible though often quite faulty.	Able to satisfy routine social demands and work requirements; needs help in handling any complication or difficulties.

	Grammar	Vocabulary	Comprehension	Fluency	Pronunciation	Task
III	Control of grammar is good. Able to speak the language with sufficient structural accuracy to participate effectively in most formal and informal conversations on practical, social, and professional topics.	Able to speak the language with sufficient vocabulary to participate effectively in most formal and informal conversations on practical, social, and professional topics. Vocabulary is broad enough that he rarely has to grope for a word.	Comprehension is quite complete at a normal rate of speech.	Can discuss particular interests of competence with reasonable ease. Rarely has to grope for words.	Errors never interfere with understanding and rarely disturb the native speaker. Accent may be obviously foreign.	Can participate effectively in most formal and informal conversations on practical, social, and professional topics.
IV	Able to use the language accurately on all levels normally pertinent to professional needs. Errors in grammar are quite rare.	Can understand and participate in any conversation within the range of his experience with a high degree of precision of vocabulary.	Can understand any conversation within the range of his experience.	Able to use the language fluently on all levels normally pertinent to professional needs. Can participate in any conversation within the range of this experience with a high degree of fluency.	Errors in pronunciation are quite rare.	Would rarely be taken for a native speaker but can respond appropriately even in unfamiliar situations. Can handle informal interpreting from and into language.
V	Equivalent to that of an educated native speaker.	Speech on all levels is fully accepted by educated native speakers in all its features including breadth of vocabulary and idioms, colloquialisms, and pertinent cultural references.	Equivalent to that of an educated native speaker.	Has complete fluency in the language such that his speech is fully accepted by educated native speakers.	Equivalent to and fully accepted by educated native speakers.	Speaking proficiency equivalent to that of an educated native speaker.

(Brown, 2011, pp.406~407)

2 — 평가의 적용

① 평가 계획

교사들은 학기 초에 한 학기 동안 이루어질 평가에 대한 계획을 수립한다. 평가 계획에는 평가의 종류, 지필 평가와 수행 평가에서 다루는 영역(듣기, 읽기, 말하기, 쓰기), 반영 비율, 평가 방법, 횟수를 명시해야 한다. 다음의 〈표 3〉은 평가 계획서의 한 예시이다.

〈표 3〉 평가 계획 예시

평가 종류	지필 평가				수행 평가		
반영 비율	70%				30%		
횟수/영역	1차●		2차●●		쓰기●	듣기●	말하기●
	선택형	서술형	선택형	서술형	논술형		
만점 (반영 비율)	70점 (24.5%)	30점 (10.5%)	70점 (24.5%)	30점 (10.5%)	10점 (10%)	10점 (10%)	10점 (10%)
	100점(35%)		100점(35%)				
서술형·논술형 평가 반영 비율●●●	10.5%		10.5%		10%	·	10%

(김지영 외, 2014, p.21)

- ● 중간고사
- ●● 기말고사
- ●●● 학생들의 논리적 사고와 창의력 증진을 위한 서술형·논술형 평가를 일정 비율 이상 반영
- ● 4개 영역의 균형있는 교수·학습 촉진을 위해 쓰기, 듣기, 말하기 영역의 평가를 일정 비율 이상 반영

앞의 표를 통해 알 수 있는 점은 다음과 같다.

- 한 학기에 진행하는 평가는 지필 평가와 수행 평가 두 가지 종류로 나
  뉜다.
- 중간·기말고사와 같은 정기고사의 반영 비율은 선택형 문항과 서술형
  문항의 비율을 구분하여 산정한다.
- 수행 평가에는 쓰기, 듣기, 말하기 영역을 고르게 반영한다.

평가 계획 단계에서는 각 수행 평가에 대한 세부 채점 기준과 결시자 처리 기준 등을 미리 고려하여 구체적으로 명시한다. 결시자 처리 기준은 각 학교의 학업성적관리규정을 따르는 것이 일반적이다. 학교에 따라 차이는 있지만 수행 평가에 참여하지 못한 학생은 추후 평가 기회를 다시 제공하고, 그래도 시험에 불응할 시에는 최하점을 기준으로 일정 수준의 점수를 부여하기도 한다.

② 평가 도구 개발

1) 교과서 단원의 학습 목표와 내용 분석

평가 도구는 수업 내용과 활동을 잘 반영해야 한다. 이를 위해 평가 도구 개발에 앞서 수업 활동의 기본이 되는 교과서 단원의 학습 내용과 학습 목표를 상세히 분석하여 정리한다. 대부분의 교과서는 단원별로 듣기, 말하기, 읽기, 쓰기의 순으로 학습 내용이 전개된다. 〈표 4〉는 고등학교 1학년 영어 교과서의 단원 목표와 내용을 정리한 것이다.

<표 4> 교과서 단원별 학습 내용 및 목표(예시)

단원	주제	듣기/말하기	읽기	쓰기	프로젝트
6	여행	· 의사소통 기능: – 경험 묻기 　Have you (ever) been to …? – 상기시켜 주기 　Don't forget to … · 영국 바스(Bath) 여행담 듣기 · 당일 여행 계획하기	· 그린란드 여행기 읽기 · 언어 형식 ① 「제안, 요구, 주장, 명령 동사 　+that+주어+(should+)동사 　원형」 ② 「as if+주어+과거동사」	기행문 쓰기	지역 맛집 홍보 동영상 만들기

(김태영 외, 2017, p.25)

2) 성취 기준 및 평가 방법 선정

　모든 평가 도구는 교육과정에 진술된 성취 기준에 근거해야 한다. 따라서 단원별 학습 목표와 내용을 파악한 후에는 이들이 교육과정에 제시된 성취 기준과 어떻게 연관되는지 파악해 본다. 이때 주의할 점은 성취 기준의 특성에 따라 평가 방법을 달리해야 한다는 것이다. 예를 들어, 성취 기준 [10영 04-01]은 일상생활에서 친숙한 대상이나 상황에 대한 구체적인 정보를 문장으로 기록하는 능력과 관련된 것이다〈표 5〉 참조). 따라서 이 성취 기준은 지필 평가의 서술형 문항을 활용하여 평가할 수 있다. 하지만 성취 기준 [10영04-03]의 경우 자신의 생각을 논리적으로 펼치는 고차원적인 수행 능력을 요구한다. 따라서 수행 평가(논술형)를 평가 방법으로 선택하는 것이 적절하다.

〈표 5〉 고등학교(공통) 쓰기 영역 성취 기준

성취 기준		문항 유형
[10영04-01] 일상생활이나 친숙한 일반적 주제에 관하여 듣거나 읽고 세부 정보를 기록할 수 있다.	→	서술형 (지필 평가)
[10영04-03] 일상생활이나 친숙한 일반적 주제에 관해 자신의 의견이나 감정을 쓸 수 있다.	→	논술형 (수행 평가)

(교육부, 2015, p.45)

다음은 앞서 〈표 4〉에 제시된 교과서 단원의 교수·학습 내용과 성취 기준에 근거한 평가 도구의 문항 유형과 평가 내용이다. 각 평가 도구의 근거가 되는 성취 기준이 교수·학습 내용과 어떻게 연계되는지 확인해 보자.

〈표 6〉고등학교(공통) 성취 기준에 근거한 문항 유형 및 평가 내용

교수 · 학습 내용	성취 기준	문항 유형	평가 영역 및 내용
그린란드 여행기를 읽고 세부 내용을 이해한다.	[10영03-01] 친숙한 일반적 주제에 관한 글을 읽고 세부 정보를 파악할 수 있다.	서술형 (지필 평가)	[읽기/쓰기] 그린란드 여행기의 일부를 읽고 문항에서 요구하는 세부 정보를 파악하여 간단한 문장으로 작성한다.
	[10영04-01] 일상생활이나 친숙한 일반적 주제에 관하여 듣거나 읽고 세부 정보를 기록할 수 있다.		
남이섬에 다녀온 후에 쓴 여행기를 읽고 자신이 여행한 곳 중 인상 깊은 곳에 대한 기행문 쓰기를 위한 개요를 작성한다.	[10영04-03] 일상생활이나 친숙한 일반적 주제에 관해 자신의 의견이나 감정을 쓸 수 있다.	논술형 (수행 평가)	[쓰기] 사전 활동으로 작성한 개요를 바탕으로 내가 가 본 인상 깊은 여행지에 대한 기행문을 작성한다.

3) 평가 기준 근거 문항 제작

교육과정의 평가 기준은 학생들이 실제로 성취 기준에 도달했는지 판단하는 기준이 된다. 평가 기준은 보통 상·중·하의 세 단계로 구분하여 각 단계에 속한 학생들이 무엇을 할 수 있는지를 진술한다. 〈표 7〉은 고등학교 영어 Ⅱ 교과목의 쓰기 영역 평가 기준이다.

교육과정 성취 기준	평가 기준	
[12영II 04-02] 비교적 다양한 주제에 관하여 듣거나 읽고 간단하게 요약할 수 있다.	상	비교적 다양한 주제에 관하여 <u>길고 복잡한</u> 글을 듣거나 읽고 <u>다양하고 적절한 어휘와 정확한 언어 형식</u>을 활용하여 요약하는 글을 <u>정확하게</u> 쓸 수 있다.
	중	비교적 다양한 주제에 관하여 <u>비교적 긴</u> 글을 듣거나 읽고 <u>적절한 어휘와 언어 형식</u>을 활용하여 요약하는 글을 <u>대략적으로</u> 쓸 수 있다.
	하	비교적 다양한 주제에 관하여 <u>짧고 단순한</u> 글을 반복하여 듣거나 읽고 <u>주어진 어휘와 예시문을 참고하여</u> 요약하는 글을 <u>부분적으로</u> 쓸 수 있다.

(교육부, 2017, p.258)

교사는 자신의 학생 수준을 고려하여 '상', '중' 또는 '하' 수준의 평가 기준에 부합하는 평가 문항을 제작한다. 다음은 〈표 7〉에서 제시한 평가 기준에 부합하는 서술형 문항 예시들이다. 이 문항은 가라테, 태권도 등의 무술에 대한 글을 읽고 '어린이들을 위한 무술의 장점'을 설명하는 요지문 작성 능력을 평가한다. 각 수준별 문항의 특징은 아래와 같다.

❀ 상 수준

- 가라테, 태권도, 무에타이, 쿵푸와 같이 여러 무술에 대해 설명하는 글을 읽고, 글의 주제인 '무술을 통한 어린이들의 신체 운동 장려'를 명확한 문장으로 쓴다.
- 적절하고 정확한 어휘와 언어 형식을 사용하여 무술의 장점 3가지를 기술한다.

다음 글을 읽고, 글의 중심 내용을 요약하시오.

If you're looking for a way to encourage your children to do more physical exercise, how about a martial arts class? Martial arts are great for children to get some exercise, make friends, and learn valuable skills. Also, martial arts provide children with an opportunity to get a sense of self-fulfillment, building their self-esteem and confidence along the way. You can choose from a wide range of martial arts available out there. Through Karate, your kids can learn striking and defensive blocking with their arms and legs. One of Korea's martial arts is Taekwondo. It combines combat and self-defense techniques. The Thai martial art, Muay Thai, is good for a kid's all round fitness, strength, and balance. Meanwhile, Kung Fu enables your kids to improve flexibility and strengthen different parts of their body. These martial arts all encourage physical health, discipline, and concentration and foster the attitude of respecting and supporting others.

The passage above is a suggestion to _____
_____ such as Karate, Taekwondo, Muay Thai, and Kung Fu. There are lots of advantages to martial arts. First of all,_____
_____.
Secondly,_____
_____.
Lastly,_____.

(장경숙 외, 2017, p.356)

❖ 중 수준

- '상' 수준의 읽기 지문에서 설명한 무술 중 일부만 예로 들어 그 장점을 설명하는 글을 읽고 글의 요지문을 한 문장으로 작성한다.
- 글의 내용을 모두 정확히 이해하지 못하더라도 대략적인 주제와 요지를 파악하면 답안 작성이 가능하다.

【중 수준】예시

다음 글을 읽고, 글의 주제를 간단히 쓰시오.

If you're looking for a way to encourage your children to do more physical exercise, how about a martial arts class? Martial arts are great for children to get some exercise, make friends, and learn valuable skills. Also, martial arts provide children with an opportunity to build their self-esteem and confidence along the way. You can choose from a wide range of martial arts available out there. For example, your kids can learn striking and self-defense through Taekwondo. The Thai martial art, Muay Thai, is good for a kid's all round fitness, strength, and balance. These martial arts all encourage physical health, discipline, and concentration and foster the attitude of respecting and supporting others.

| The topic is _____. |

(장경숙 외, 2017, p.351)

❀ 하 수준

- 읽기 지문의 길이가 더 짧고 간단하다.

- 주어진 어휘와 표현을 사용하여 주제를 표현한다.

- 글의 내용에 대한 이해가 조금 부족하더라도 〈보기〉의 표현을 보고 글의 중심 내용을 어느 정도 유추하면 답안 작성이 가능하다.

【하 수준】예시

다음 글을 읽고, 주어진 표현을 사용하여 글의 주제를 쓰시오.

Martial arts classes can help children in many ways. Martial arts are great for children to get some exercise and make friends. Also, martial arts provide children with an opportunity to build confidence along the way. For example, your kids can learn striking and self-defense through Taekwondo. The Thai martial art, Muay Thai, is good for a kid's all round fitness, strength, and balance. These martial arts all encourage physical health and foster the attitude of respecting others.

〈보기〉
martial arts, children, benefits

* 주제: _____.

장경숙 외 (2017, p.359)의 문항을 일부 수정함.

4) 문항 개발 예시

① 서술형 문항

서술형 평가는 주어진 질문에 대해 한 개 이상의 문장으로 응답하는 문항 형태이다. 서술형 문항을 출제할 때는 학생 답안의 다양성을 제한하기 위해 정답 서술에 필수적인 내용이나 형식을 구체적으로 제시한다. 정답의 범위나 조건을 제시하지 않으면 의외의 응답이 나올 가능성이 많기 때문이다.

〈표 8〉 서술형 예시 문항 ①의 교수·학습 – 평가 연계

교수 · 학습 내용	성취 기준		문항 유형	평가 영역 및 내용
과학 관련 직업을 탐색할 수 있는 방법에 대해 교사가 제안한 내용과 교사의 제안에 따라 활동계획을 수립하는 내용의 학습일지를 읽고 세부 정보를 파악한다.	[12영 I 04-01] 친숙한 일반적 주제에 관하여 듣거나 읽고 세부 정보를 기록할 수 있다.	→	서술형 (지필 평가)	[쓰기] 읽기 지문을 바탕으로 교사가 학생에게 주는 세 가지 제안 사항과 글쓴이의 활동계획의 세부 내용을 기록한다.

〈표 8〉에 제시된 교수·학습 내용과 성취 기준에 근거하여 만든 서술형 평가 문항의 예시는 다음과 같다.

《 서술형 예시 문항 ① 》

※ 다음 글을 읽고, 아래 표를 완성하고자 한다. 빈칸 (1)과 (2)에 적절한 말을 쓰시오

평가 기준	상 □ 중 ■ 하 □	친숙한 일반적 주제에 관하여 듣거나 읽고, 적절한 어휘와 언어 형식을 활용하여 세부 정보를 대략적으로 기록할 수 있다.

Learning Diary

Today my teacher gave me three suggestions on how I can explore science-related careers. The first suggestion was getting information on them. After that, I need to go to the library to find some books and magazines about science-related topics. My teacher also suggested meeting professionals in the field. So, I'm going to visit a science center. There I can meet professional scientists and talk with them about what I need to prepare to become a scientist. Finally, the last suggestion was to have hands-on experiences. I believe that participating in a science camp might be a good chance to have those experiences, such as conducting experiments. And I heard a nearby university will offer a camp this summer. So, I'm planning to participate in the science camp. I'm really looking forward to it.

Teacher's Suggestion	What I Will Do
To get information	I will go to the library.
To (1) _____	I will visit a science center.
To have hands-on experiences	I (2) _____.

장경숙 외 (2017, pp.287~288)의 문항을 수정 · 변형함

〈예시 문항 ①〉은 학습일지를 읽고 글의 세부 정보를 파악하여 이를 기술하는 능력을 평가한다. 학습일지에는 글쓴이가 교사로부터 들은 조언 내용과 그에 따라 세운 실천계획이 기술되어 있다. 평가자는 문항 출제의 의도에 맞는 학생 반응을 이끌어내기 위해 아래 방법들을 사용하였다.

- 교사의 조언 세 가지와 각각의 조언을 반영한 학생의 실천계획 중 일부를 미리 제시하고 나머지를 빈 칸으로 남겨둠

- 표로 정리된 형식에 'Teacher's suggestion'과 'What I will do'라는 제목

을 주어 빈 칸에 들어갈 응답의 범위를 제한함

- 답안의 첫 단어를 미리 제공하여 정답 작성에 사용될 수 있는 언어 형
식에 제한을 둠

〈예시 문항 ②〉는 주어진 도표의 주제와 세부 내용을 파악한 후 이를
설명하는 짧은 글을 쓰는 문항이다. 주어진 표는 줄거리, 배우, 감독, 온라
인 평점의 4가지 요인 중 학생들의 영화 선택에 영향을 미치는 요인에 대
한 남학생과 여학생의 설문조사 결과를 나타낸 것이다. 평가자는 답안 작
성에 필요한 구체적인 조건을 세 가지 제시함으로써 정답의 범위를 제한
하고 있다.

〈표 9〉 서술형 예시 문항 ②의 교수·학습 – 평가 연계

교수 · 학습 내용	성취 기준		문항 유형	평가 영역 및 내용
교과서 단원의 주제와 관련된 도표를 설명하는 글의 구성을 분석한 후 학생들이 영화를 선택하는 기준에 대한 도표를 보고 도표의 주제, 눈에 띄는 지표, 성별에 따른 응답의 차이에 관한 질문에 대한 답을 작성한다.	[10영04-06] 일상생활이나 친숙한 일반적 주제에 관한 그림, 도표 등을 설명하는 글을 쓸 수 있다.	→	서술형 (지필 평가)	[쓰기] 주어진 3가지 조건에 맞춰 '학생들의 영화 선택에 영향을 미치는 주요 요인들'에 대한 도표를 설명하는 글을 작성한다.

〈표 9〉에 제시된 교수·학습 내용과 성취 기준에 근거하여 만든 서술형
평가 문항의 예시는 다음과 같다.

《 서술형 예시 문항 ② 》

평가 기준	상 ■ 중 ☐ 하 ☐	일상생활이나 친숙한 일반적 주제에 관한 그림, 도표 등을 다양하고 적절한 어휘와 정확한 언어 형식을 활용하여 설명하는 글을 정확하게 쓸 수 있다.

※ 학생들을 대상으로 영화를 선택하는 기준에 대한 설문조사를 실시하였다. 다음 주어진 조건을 포함하여 아래 도표를 설명하는 글을 쓰시오. (8점)

[조건]

1. 도표에서 설명하는 대상 및 주제를 밝히는 문장

2. 남학생과 여학생 모두 가장 높은 요인으로 작용한 것

3. 각 요소에 대한 남학생과 여학생의 응답 차이

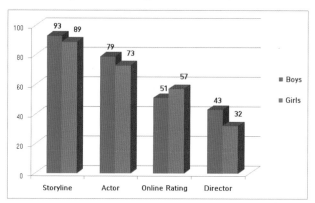

The above graph shows _____
_____
_____.

(장경숙 외, 2017, pp.139~142)

② 수행 평가

수행 평가는 교수·학습 활동과 통합하여 실시한다. 이를 위해 수업 계획 단계에서부터 수행 평가를 교수·학습 절차에 포함시킨다. 수행 평가를 계획하고 실행하는 방법은 다음과 같다.

- 교과서의 학습 내용과 관련된 수행과제를 정한다.
- 수행과제가 요구하는 행위나 최종 산출물이 나오기까지의 학습 활동 단계를 세분화한다.
- 교사는 학생들이 일련의 학습 활동에 참여하는 동안 학생의 변화와 발달 과정을 관찰한다.
- 단계별 학습 활동에서 학생이 무엇을 어떻게 해야 하는지, 어떤 점을 보완해야 하는지 피드백을 제공한다.
- 각 활동에서 보여준 학생의 다양한 능력을 종합적으로 평가한다.

학습자는 각 단계의 학습 활동에서 교사가 제시한 피드백과 조언을 바탕으로 학습 과정에서 발생하는 오류를 줄이고 학습 효과를 높여 최종 과제를 완성하게 된다. 이를 위해 각 활동 사이에 교사가 학습자들의 학습을 교정하거나 피드백을 줄 시간을 충분히 갖는 것이 좋다. 학습자에게도 교사의 피드백 내용을 숙지할 시간적 여유를 주는 것이 중요하다.

다음은 고등학교 영어 교실에서 실시한 프로젝트 평가 계획이다. 총 3단계의 활동으로 구성되어 있으며 개인이 아닌 집단 평가를 전제로 하고 있다. 아래 표는 이 프로젝트 평가에서 역사적 사건에 대한 카드 뉴스 제

작이라는 최종 과제를 수행하기 위해 준비 활동들이 어떻게 서로 조직적
으로 연결되는지 보여준다.

《 수행 평가 예시 ① 》 역사적 사건에 대한 카드 뉴스 제작 프로젝트

학습단계	교수 · 학습 내용	성취 기준		평가 영역 및 내용	평가 계획
1차시	· 카드 뉴스의 특징을 이해한다. · 역사적 사건을 육하원칙에 따라 graphic organizer 로 정리한다.	[12영Ⅰ03-03] 일반적 주제에 관한 글을 읽고 내용의 논리적 관계를 파악할 수 있다.	→	[읽기] 모둠별로 선택한 역사적 사건에 관한 글을 찾아 읽고 육하원칙에 따라 정리해 본다.	**활동 1** Graphic organizer 작성 ① 선택한 역사적 사건과 선택 이유 ② 육하원칙에 따른 사건 전개 정리
2차시	· 적절한 시제를 활용하여 한국 역사의 한 사건을 영어로 기술한다. · 역사적 사건을 8단계의 스토리로 구성한 스토리보드를 만든다.	[12영Ⅰ04-04] 사람, 사물, 사건에 대하여 묘사하는 글을 쓸 수 있다.		[쓰기] 역사적 사건을 카드 뉴스로 제작하기 위한 스토리보드를 만든다.	**활동 2** 스토리보드 제작 ① 과거 및 과거완료 시제 활용 ② 인과 관계 구성 ③ 각 장면에 적절한 그림 · 사진 선택
3~4차시	· 표지와 출처 페이지를 더하여 역사적 사건에 대한 총 10장의 카드 뉴스를 완성한다.	[12영Ⅰ04-04] 사람, 사물, 사건에 대하여 묘사하는 글을 쓸 수 있다.		[쓰기] 영어로 한국 역사에 대해 카드 뉴스를 작성하고 온라인에 게재한다.	**수행 평가** 카드 뉴스 제작과 온라인 공유 ① 카드 뉴스 제작 ② 카드 뉴스 온라인 공유

『수행평가 문항 자료집-고등학교 영어』(2017, p.51)의 문항을 일부 수정 · 변형하여 제시함

이 수행 평가*의 실제 학습 활동 절차는 다음과 같다.

---

* 수행 평가 예시는 『수행 평가 문항 자료집-고등학교 영어』(2017)에 제시된 「3. 외국인에게 한국 역사를 소개
   하는 카드 뉴스 만들기」(pp.49~72)의 내용을 일부 수정 · 변형하여 제시함.

【활동 1】

- 모둠별로 실제 카드 뉴스 예시를 보면서 카드 뉴스의 구성 요소를 파악한다.

- 카드 뉴스의 주제로 삼을 만한 역사적 사건을 개인별로 브레인스토밍한다(포스트잇 사용).

- 포스트잇에 적은 각자의 아이디어를 공유하고 모둠별로 카드 뉴스 주제를 정한다.

- 선택한 역사적 사건에 관한 자료를 찾아 읽고 육하원칙에 따라 정리한다.

Driving Question

How can we promote our Korean history by creating online contents?

---

1. Open the links to take a look at card news samples. With your group members, define three key features of a card news.

Feature 1. _____

Feature 2. _____

Feature 3. _____

2. List possible historical issues you want to address by using post-its. Be careful not to judge the ideas posted until all of your group members are finished brainstorming.

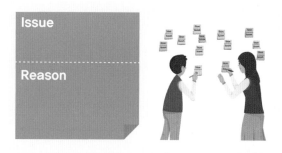

3. Choose one issue from the brainstorming session and research it. Based on the research, complete the graphic organizer below.

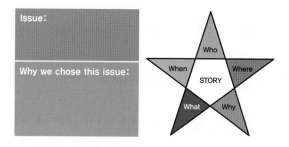

　　학습 활동지에는 프로젝트에서 요구하는 최종 결과물의 요건을 명확히 제시한다. 구체적인 예시를 통해 과제 수행 방법을 알려주는 것도 중요하다.

【활동 1】채점 기준

평가 요소 \ 점수	4	3	2	1
내용 및 구성	조별로 선정한 역사적 사건에 대해 구체적 사실을 자세하게 조사했으며 이를 바탕으로 graphic organizer를 매우 잘 작성함.	조별로 선정한 역사적 사건에 대해 비교적 구체적이고 자세하게 조사했으며 이를 graphic organizer로 잘 정리함.	조별로 선정한 역사적 사건에 대한 구체적 조사 내용이 미흡하고, graphic organizer의 작성이 미흡함.	조별로 선정한 역사적 사건에 대한 조사가 미흡하여 graphic organizer의 작성이 완결되지 않음.

『수행평가 문항 자료집-고등학교 영어』(2017, p.63)의 채점 기준을 일부 수정 · 변형하여 제시함

【활동 2】

- 모둠별로 선택한 역사적 사건을 8단계의 스토리를 갖춘 형태로 구성한다.

- 스토리보드를 작성하고 수정한다.

- 자료의 출처를 작성하는 방법을 학습한다.

Project Requirements

Here are the requirements for the card news:
1. The complete card news needs 10 slides (with a cover and reference page).
2. The story of the card news needs 8 slides.
3. Each slide should not include more than 20 words.
4. The story should include the cause and effect of the historical event.
5. Write the references following the reference examples.
6. Your final work will be shared online.

---

1. Based on your group's research, complete the storyboard chart. The sketches should be brief. You can include the pictures you want to use from other sources.

Storyboard for Card News Project

Scene #_____		
Sketch	Text	Reference

〈Example〉

Scene #1		
Sketch	Text	Reference
구르미 그린 달빛	Recently, the drama "Love in the Moonlight" ended as a big hit. However, how much do you know about the main character, Crown Prince Hyo myeong?	SBS Drama "Love in the Moonlight"

Scene #2		
Sketch	Text	Reference
Picture of Crown Prince Hyo Myeong	He became the crown prince at age 4, and entered Seonggyun-gwan to acquire knowledge for the state affairs at age 9.	박한국, 「조선의 역사」, 역사출판사(1990), p.231~268.

〈Reference examples〉

Text Reference	Image Reference
· 신문기사: 「구글 전자도서관 곳곳서 제동」 / 세계일보 (2010.04.07.) http://durl.lr/28m9f · 웹자료: 법률지식정보시스템 http://durl.kr/28m9a · 블로그: 러브드웹의 인터넷이야기 http://loved.pe.kr/515 · 지식인/위키피디아: 네이버 지식인 http://durl.kr/28m98 · 책: 박미국, 「미국의 독립」, 미국 출판사(1800), p231~268. · 논문: 김대한, "한미 관계", 미국과 대한민국 12월호, 2017, p.140.	Scene 1~3, 5, 7 http://www.imagebufe.com Scene 6, 8 http://www. clickart.co.kr Scene 4 개인 소장 이미지

【 활동 2 】채점 기준

평가 요소 \ 점수	4	3	2	1
내용	선택한 역사적 사건에 대한 이해도가 매우 높으며, 역사적 사건의 인과관계가 매우 잘 나타남.	선택한 역사적 사건에 대한 이해도가 높으며, 역사적 사건의 인과관계가 비교적 잘 나타남.	선택한 역사적 사건에 대한 이해가 부족하며, 역사적 사건의 인과관계가 미흡함.	선택한 역사적 사건에 대한 이해가 부족하며, 역사적 사건의 인과관계가 거의 나타나지 않음.
구성	선택한 역사적 사건을 8장면으로 잘 나누어 구성하였으며 각 페이지에서 활용한 자료의 출처를 명확히 표기함.	선택한 역사적 사건을 8장면으로 나누어 구성하였으며 각 페이지에서 활용한 자료의 출처를 표기함.	선택한 역사적 사건을 8장면으로 구성하는 데 어려움이 있으나 각 페이지에서 활용한 자료의 출처를 표기함.	선택한 역사적 사건을 8장면으로 구성하는 데 어려움이 있으며 각 페이지에서 활용한 자료의 출처를 표기하지 못함.

『수행평가 문항 자료집-고등학교 영어』(2017, p.63)의 채점 기준을 일부 수정 · 변형하여 제시함

【 수행 평가 】

· 카드 뉴스 제작 도구를 활용하여 역사적 사건에 대한 뉴스를 만든다.

· 완성된 카드 뉴스를 온라인에 게재한다.

· 다른 모둠의 카드 뉴스를 살펴보고 댓글을 단다.

〈수행 평가〉

1. Here are three tools you can use to create card news. Choose a tool you would like to use and create card news based on the storyboard you made.

   1) Canva Design Tool – www.canva.com
   2) Storyboardthat Animation Tool – http://www.storyboardthat.com/
   3) Power Points Format – https://goo.gl/0yDmQe

2. Share your outcome on the class online page and provide comments on other groups' work.

【 수행 평가 】채점 기준

점수 평가 요소	4	3	2	1
내용	선택한 역사적 사건에 대한 이해도가 매우 높으며, 역사적 사건의 인과관계가 매우 잘 나타남.	선택한 역사적 사건에 대한 이해도가 높으며, 역사적 사건의 인과관계가 비교적 잘 나타남.	선택한 역사적 사건에 대한 이해가 부족하며, 역사적 사건의 인과관계가 미흡함.	선택한 역사적 사건에 대한 이해가 부족하며, 역사적 사건의 인과관계가 거의 나타나지 않음.
구성	8장면의 스토리와 표지 및 첫 페이지를 포함하여 총 10페이지의 영어 카드 뉴스를 매우 잘 구성함.	8장면의 스토리와 표지 및 출처 페이지를 포함하여 총 10페이지의 영어 카드 뉴스를 잘 구성함.	8장면의 스토리와 표지 및 출처 페이지를 포함하여 총 10페이지의 영어 카드 뉴스를 그런대로 잘 구성함.	8장면의 스토리와 표지 및 출처 페이지를 포함하여 총 10페이지의 영어 카드 뉴스를 잘 구성하지 못함.
언어 사용	언어 사용의 오류가 거의 없으며, 대부분 완성된 문장을 사용함.	언어 사용의 오류가 더러 있으며, 가끔 완성되지 않은 문장을 사용함.	언어 사용의 오류가 여러 개 있으며, 자주 완성되지 않은 문장을 사용함.	언어 사용의 오류가 매우 많으며, 대부분 완성되지 않은 문장을 사용함.
비언어적 요소	사용된 그림/사진이 글의 내용을 매우 잘 드러내며, 이해하기 매우 쉬움.	사용된 그림/사진이 글의 내용을 잘 드러내며, 이해가 대체로 쉬움.	사용된 그림/사진이 글의 내용을 드러내나, 이해하기에 약간 어려움.	사용된 그림/사진이 글의 내용을 제한적으로 드러내며, 이해하기에 어려움.
결과물 공유 및 피드백 제공	카드 뉴스를 온라인 페이지에 공유하였으며 다른 조의 결과물에 대한 피드백을 적극적으로 제공함.	카드 뉴스를 온라인 페이지에 공유하였으나 다른 조의 결과물에 대한 피드백을 성실하게 제공하지 않음.	카드 뉴스를 온라인 페이지에 공유하지 않았으며 다른 조의 결과물에 대한 피드백을 적절히 제공하지 않음.	카드 뉴스를 온라인 페이지에 공유하지 않았으며 다른 조의 결과물에 대한 피드백이 전혀 없음.
태도	동료 평가에서 자신의 맡은 역할을 충실히 했을 뿐만 아니라 과제의 질을 높이기 위해 조에 크게 기여했다는 평가를 받음.	동료 평가에서 자신의 맡은 역할을 대체로 충실히 했다는 평가를 받음.	동료 평가에서 자신의 맡은 역할을 충실히 하지 않았다는 평가를 받음.	동료 평가에서 아무것도 하지 않았다는 평가를 받음.

『수행평가 문항 자료집-고등학교 영어』(2017, p.64)의 채점 기준을 일부 수정 · 변형하여 제시함

5) 채점 기준 수립

최근 영어 평가에서는 서술형 문항과 수행 평가를 통해 언어기능별(듣기, 읽기, 말하기, 쓰기) 균형 있는 평가를 실시하는 것이 점점 중요해지고 있다. 객관적인 채점이 가능한 선택형 문항과 달리 이들 평가에서는 채점자의 주관이 개입될 수 있는 여지가 크기 때문에 사전에 명확한 채점 기준을 세우는 것이 중요하다.

서술형 평가의 채점 기준은 문항의 평가 요소를 적절히 반영하면서 문항에 대한 학생의 다양한 반응을 충분히 고려해야 한다. 채점 기준을 마련할 때 유의할 점은 다음과 같다.

- 부분 점수가 인정되는 답안의 조건을 구체적으로 명시한다.
- 학생의 응답 자유도가 높을수록 채점 기준에 정답으로 인정할 수 있는 답을 모두 기술한다. (예를 들어, 답안이 특정 의미를 담고 있거나 특정 단어를 포함하고 있는지에 따라 어떤 식으로 부분 점수를 달리 줄지 명시한다.)
- 언어 형식에만 무게를 두어 채점 기준을 세우지 않는다. 문법적 정확성을 여러 채점 기준 중 하나로 삼을 수는 있지만 단순히 문법상의 오류 개수에 따라 부분 점수에 차등을 두는 것은 바람직하지 않다.

수행 평가의 채점 기준은 보통 분석적 평가 방식을 사용한다. 예를 들어, 말하기 수행 평가를 할 때는 내용의 적절성, 어휘의 다양성, 표현의 정확성과 같이 세부 영역을 나누어 평가한다. 평가 요소의 중요성에 따라 배점을 분할하여 각 영역별로 채점한 뒤 점수를 합산하여 총점을 산출하는

<표 10> 말하기 채점 기준(예시)

평가 요소 \ 점수	4	3	2	1
내용의 적절성	말하기 목적에 대한 이해도가 매우 높으며, 발표의 내용이 주제에 매우 적합함.	말하기 목적에 대한 이해도가 높으며, 발표의 내용이 주제에 대부분 적합함.	말하기 목적에 대한 이해도가 부족하며, 발표 내용이 주제에 그다지 적합하지 않음.	말하기 목적에 대한 이해도가 매우 부족하며, 발표의 내용이 주제에 적합하지 않음.
어휘의 다양성	다양하고 문맥에 맞는 어휘와 표현을 효과적으로 사용함.	비교적 다양하고 문맥에 맞는 어휘와 표현을 사용함.	대체로 반복되고 제한된 어휘 및 표현을 사용하고, 가끔 문맥에 부적절한 어휘와 표현을 사용함.	특정 어휘 및 표현만 사용하고, 문맥에 부적절한 어휘와 표현을 자주 사용함.

것이다. 부분 점수는 양적 기준(예, 충족한 조건의 개수)을 따를 수도, 질적 기준(예, 어휘의 다양성 정도)을 따를 수도 있다.

실제로 학교 현장에서는 채점의 객관성을 강조하는 문화로 인해 지필 평가에 비해 상대적으로 채점의 공정성과 신뢰성이 낮은 수행 평가 결과에 대한 불만이 종종 제기되기도 한다. 따라서 수행 평가의 취약점이라고 할 수 있는 채점의 공정성을 최대한 확보하기 위해서는 채점 기준을 사전에 명료화·구체화하고 각 채점 기준과 관련된 답안의 수행 수준을 상세하게 나열하는 것이 중요하다. 또한 채점 기준을 미리 학생과 학부모에게 안내하여 수행 결과에 대한 교사의 판단 기준을 공유하는 것이 좋다.

3 토론 및 활동

1) 다음은 지필 평가의 서술형 문항이다. 문항에서 주어진 조건과 지문, 채점 기준표를 참고하여 다음 문항의 장단점은 무엇인지 논하시오. 그리고 어떤 방식으로 문항을 수정하면 좋을지 토론해 보시오.

※ 다음 대화를 읽고 Jiho에게 도움이 되는 말을 쓰시오

[조건]
• 주어, 동사를 포함한 한 문장의 영어로 써야 함.
• why don't you를 사용하여 Jiho에게 도움이 되는 말을 써야 함.
• 주어진 그림의 내용과 일치해야 함.

Jiho : Hey, Bora! What do you want to be in the future?
Bora : I'm planning to be a writer. What should I do to make
        my dream come true?
Jiho : _____?

【채점 기준표】

구분	답안 내용	배점
기본 답안	Why don't you read (a lot of) books?	
인정 답안	Why don't you read many books?	4점
	Why don't you read lots of books?	
	'책을 많이 읽는 것이 어때?'라는 내용이 들어간 오류가 없는 문장을 쓴 경우	
부분 점수	Why don't you read a book?	3점

(장태성, 2016, pp.9~11)

2) 다음 교과서에 제시된 프로젝트를 활용한 수행 평가를 실시하려고 한다. 최종 수행 과제인 '우리 문화 소개 동영상 제작'에 이르기까지의 준

Project

[타 교과 연계] 사회
우리 문화 소개 동영상 만들기

STEP 1 모둠별로 다른 나라 친구들에게 소개하고 싶은 우리 문화를 정해 봅시다.

e.g. street food, Korean holidays, K-pop, famous people…

STEP 2 STEP 1에서 정한 주제로 촬영할 동영상 장면을 계획하고, 대본을 써 봅시다. 예시 동영상

e.g. street food

Tteokbokki is a popular street food in Korea. It is hot, but it is delicious.

Gimmari is also very delicious. It goes well with tteokbokki.

This is bungeoppang. It looks like a fish, but it doesn't have any fish in it.

(이병민 외, 2017, p.142)

비 과정에 들어갈 단계별 활동과 이에 따른 평가 계획을 수립해 보시오.

3) 우리나라에서 수행 평가는 종종 학생들의 점수를 산출하기 위한 목적으로만 시행되어 학습에 대한 피드백이 효과적으로 이루어지지 못하고 있는 실정이다(김도남 외, 2014). 현재 학교 현장에서 시행되는 수행 평가의 현실에 대해 이야기하고, 수행 평가의 본래 취지를 살리기 위한 구체적인 방안을 토론해 보시오.

참고문헌

교육부. (2015). 영어과 교육과정. 서울: 교육부.

교육부. (2017). *2015 개정 교육과정 평가기준 – 고등학교 영어과*. 서울: 교육부.

교육부, 경기도교육청, 한국교육과정평가원 (2017). 수행평가 문항 자료집–고등학교 영어. 연구자료 ORM 2017–29–7. 서울: 한국교육과정평가원.

김도남, 박혜영, 임해미, 배주경, 김지영. (2014). *교과별 수행평가 방법 개선 방안: 국어 · 수학 · 영어 교과를 중심으로*. 연구보고 CRE 2014–3. 서울: 한국교육과정평가원.

김지영, 서민희, 박은아, 전경희. (2014). *고등학교 보통교과용 성취평가제 적용, 이렇게 하세요 – 영어과*. 연구자료 ORM 2014–59–3. 서울: 한국교육과정평가원.

김태영, 이동환, 김영미, 양현, 정지영, 김수진, Nelson, P. E. (2017). *High school English teacher's guide*. 서울: 천재교육.

장태성. (2016). *2016 평가전문성 신장을 위한 영어과 평가의 이해*. 영어과 평가 전문성 신장을 위한 직무연수(대구광역시교육연수원 2016–글로벌교육부–2–044). 대구: 대구광역시교육연구원.

장경숙, 이병천, 정채관, 황종배, 김경자, 이희종, 김혜미, 노유경, 정구창, 임남극. (2017). *2015 개정 교육과정에 따른 고등학교 영어과 평가기준 개발 연구*. 연구자료 CRC 2017–5–13. 서울: 한국교육과정평가원.

이병민, 이상민, Kim Christian, 고미라, 김수연. (2017). *Middle school English 1*. 서울: 동아출판.

Brown, H. D. (2001). *Teaching by principles: An interactive approach to language pedagogy* (2nd ed.). White Plains, NY: Pearson Education.

Brown, H. D., & Abeywickrama, P. (2010). *Language assessment: Principles and classroom practices*. NY: Pearson Longman.

Genesee, F., & Upshur, J. A. (1996). *Classroom-based evaluation in second language education*. Cambridge, MA: Cambridge University Press.

Messick, S. (1996). Validity and washback in language testing. *Language Testing, 13*, 241–256.

Mousavi, S. A. (2009). *An encyclopedic dictionary of language testing* (4th ed.). Tehran: Rahnama Publications.

참고 웹사이트

https://stassess.kice.re.kr/ (교육부 학생평가지원포털)

2부

언어기능과
영역별 지도론

1장

듣기 지도론

단원 학습 목표

1) Understanding L2 Listening

– 외국어 듣기의 정의 및 유형에 대해 이해할 수 있다.

– 듣기 과정, 구어의 듣기 속성 등에 대해 이해할 수 있다.

– 듣기 과업의 유형, 듣기 전략, 듣기 지도의 과정을 이해하고 설명할 수 있다.

2) Teaching Listening

– 우리나라 영어 교과서의 듣기 지도법의 특성과 장단점을 이해하고 효과적인 듣기 수업을 설계할 수 있다.

– 다양한 듣기 활동에 대한 지식을 쌓아, 수업 목표와 학습자에게 맞는 듣기 활동을 선택하여 수업에 적용할 수 있다.

– ICT를 활용한 듣기 활동과 과업을 설계할 수 있다.

수업 전 토론

1. 외국어 듣기가 어려운 이유는 무엇인지 생각해 보시오.

2. 우리가 외국어를 듣는 목적에는 어떤 것이 있으며, 이에 따라 듣는 방식은 어떻게 달라지는지 설명해 보시오.

3. 우리나라 듣기 교육의 취약점은 무엇인지에 대해 토론해 보시오.

1

듣기 이론

① 듣기의 정의

1) 히어링(Hearing)과 리스닝(Listening) 의 차이

Hearing is with the cars, listening is with mind. (Hamilton, 1999)

외국어의 듣기는 'hearing'과 'listening'의 두 가지로 구별한다. hear는 "들려오는 소리를 듣다"의 의미로 나의 의지 없이 주변의 소리를 듣게 되는 것을 말하며, listen은 "경청하여 듣다"의 의미로 청취 목적을 가지고 주의 깊게 귀를 기울이는 것을 말한다. 외국어 교육에서의 듣기는 의도적으로 귀를 기울이는 청취listening, 특히 적극적인 듣기 과정active listening process을 말한다.

2) 듣기 과정

듣기 과정은 예상보다 훨씬 복잡하다. 따라서 듣기가 왜 어려운지, 어디에서 문제가 생길 수 있는지를 이해하려면 청각적·인지적·상호작용적인 관점에서 그 과정을 검토해 볼 필요가 있다. 먼저 듣기 과정은 청각적 정보 처리 단계를 거친다. 소리를 기억하는 음향기억echoic memory 감각기관에서 소리를 의미단위로 변환하는 과정을 거친 후 단기기억으로 저장된다. 단기기억에 저장된 정보의 일부는 장기기억으로 보내진다. 이 과정은 매우 짧아서 외국어 학습자의 경우 정보 처리에 어려움을 겪게 된다. 예를 들어 듣는 내용이 익숙하지 않은 경우 정보 처리가 자동적으로 이루어지지 못하게 되며, 또한 의미가 저장된 후에는 들었던 소리 자체는 기억에서 지우므로 정확한 표현은 잘 기억나지 않는다.

인지적 관점에서 듣기 과정은 흔히 감지perception -분석parsing -활용utilization의 3단계로 구분한다. 먼저 감지 단계에서는 청자가 자신이 들은 소리를 이미 알고 있는 단어와 맞추어본다. 그 다음 문법과 의미 단위로 분석한 후, 마지막 활용 단계에서는 전체적인 맥락 안에서 배경지식을 활용하여 들은 내용을 이해한다〈그림 1〉 참조). 따라서 외국어 학습자는 언어와 내용적인 배경지식의 부족으로 인지적 듣기 과정에서 어려움을 겪을 수 있다.

그림 1 인지적 듣기 과정
(Vandergrift & Goh, 2012 참조)

한편 듣기는 일방향적인 인지 과정이 아니라, 상호적인 의미 전달 과정이므로, 청자와 화자의 담화 상에서의 화행speech act에 포함되는 요소를 이해하는 과정이 추가된다. 첫째, 화자의 발화에는 단어 외에 메시지 전달을 위한 구와 절의 응집 표지cohesive markers 등의 요소가 포함되어 있고, 청자는 이러한 정보를 활용하여 들은 내용의 의도 등을 파악한다. 둘째, 청자는 모든 정보를 종합하여 단순히 의미를 이해할 뿐만 아니라 화자의 의도를 추론하기도 한다. 예를 들어 화자가 설득을 하고 싶은지, 요구를 하고 싶은지 등을 파악한다. 셋째, 청자는 전체적인 대화의 맥락 안에서 자신이 이해한 내용과 의도가 맞는지 파악한다. 따라서 외국어 학습자는 이러한 화행 상의 언어적인 특성을 이해하지 못하거나, 담화 상의 단서를 놓치게 되면 화자가 전달하려고 하는 내용을 이해하는 데 어려움을 겪을 수 있다.

3) 목적에 따른 듣기 이해 과정

지금까지 듣기의 기본 과정을 살펴보았는데, 실제 듣기는 청자의 듣기 목적과 상황에 따라 보다 능동적으로 이루어진다. 따라서 청자가 들은 것을 이해하는 듣기 이해 과정은 다음과 같이 분류 가능하다.

• 하향식 과정 (top-down processing)과 상향식 과정 (bottom-up processing)

하향식 듣기 과정은 일상에서 자주 사용되는데 주요 내용을 전체적으로 파악하는 것을 목적으로 하는 듣기이다. 하향식으로 들을 때 청자는 장기 기억 속에 저장된 배경지식을 사용하여 화자가 보내는 메시지의 의미를 전체적으로 파악하게 된다. 이때 내용을 파악하기 위해 키워드에 주목하거나 맥락적인 단서를 활용한다. 반면 상향식 듣기 과정은 일기예보와 같이 구체적인 정보를 정확히 들어야 하는 경우에 주로 사용된다. 상향식 과정이란 가장 기본 단위인 소리에서부터 시작하여 단어, 각 단어의 의미와 문법 간의 관계, 문장 단위의 뜻 등을 파악한 후 최종적으로 전체 의미를 이해하는 것이다. 즉 상향식 듣기에서는 청자의 언어적인 지식에 주로 의존하여 화자의 메세지를 파악하게 된다. 실제의 듣기 환경에서 청자는 한 가지 방법만을 사용하지 않으며, 목적과 상황, 의도, 주제의 친숙도, 청자의 언어 능력 등에 따라 두 과정을 번갈아 사용하는 상호적인 과정interactive processing을 거치는 것이 일반적이다.

Top-down listening

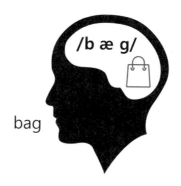

Bottom-up listening

그림 2 하향식 듣기(왼쪽)와
상향식 듣기(오른쪽)

- **일방향적·비참여적 듣기** (one-way, non-participatory listening)와

  쌍방향 듣기 (two-way, participatory listening)

듣기는 뉴스 청취나 강의 듣기와 같이 일방향적인 듣기가 있을 뿐만 아니

라, 청자가 화자와 함께 대화를 나누면서 상호작용을 하는 쌍방향 듣기도 있다. 일방향 듣기는 오로지 듣기에만 전념하면서 내용을 이해한다는 점에서 쌍방향 듣기보다 이해에 용이한 점이 있지만, 화자와의 상호작용 없이 자신의 언어지식이나 사전 경험 등에 의존하여 스스로 듣는 내용과 의도를 파악해야 하는 어려움이 있다. 반면 쌍방향 듣기의 경우 면대면 대화를 통해 자유롭게 질문할 수 있고, 상대방의 표정이나 태도 등 듣기 외적인 것에서도 이해를 위한 단서non-verbal, paralinguistic ques를 얻어낼 수 있다. 그러나 이어지는 대화 속에서 듣기 이해 과정을 신속하게 완료하고 말하기를 준비해야 하는 어려움이 있을 수 있어 때로는 일방적인 듣기보다 더 어렵게 느낄 수 있다.

② 듣기 이해를 위한 주요 지식

외국어 학습자인 청자가 들은 내용을 이해하기 위해서는 여러 가지 지식에 의존하게 된다. 우선 가장 중요한 지식은 바로 배경지식인 '스키마schema'이다. 스키마는 세상 지식이나 자신의 개인적 경험을 말하는데 듣기에 어려움이 있을 때 이러한 스키마를 활용하여 청자는 하향식 듣기를 수행한다. 그 외에도 듣기 이해를 위해서 중요한 지식은 '언어지식'인데 여기에는 영어의 음가를 아는 음성지식, 발음을 듣고 소리를 개별 자음과 모음으로 분절해내는 음운지식, 단어강세 등의 초분절 지식, 문장구조를 이해하는 문법지식, 단어·연어·숙어·관용어 등의 어휘지식 등이 해당된다. 뿐만 아니라 '담화'와 '화용지식'도 이들 못지않게 중요하다. 듣기는 화자와의 상호작용을 통한 보다 확장된 담화 상의 맥락적 지식이나 인접쌍adjacent pairs, 담화 표지discourse markers의 역할에 대한 이해도 필요하다. 또한 상황 상의 적절성, 화자의 의도 파악, 사회문화적 규칙, 형식어/비형식어 분류, 목표 문화에 대한 배경지식 등도 듣기 이해에 중요한 역할을 한다.

지금까지 언급한 지식 이외에도 학습자가 외국어를 듣고 이해하기 위해서는 '구어spoken language'의 특성에 대한 이해가 필요하다. Brown(2007)은 다음과 같이 여덟 가지로 구어의 속성을 제시하였는데 이는 듣기 이해에 긍정적 혹은 부정적 영향을 미칠 수 있으므로 듣기 교육에 참고할 필요가 있다.

- **군집**clustering 말할 때는 단어가 개별적으로 하나씩 발화되지 않고, 한 번에 단어 뭉치로 발화되는 군집 현상이 있다(예: in front of you, come and see us).
- **중복**redundancy 간결한 문어와 달리 구어에는 반복, 재설명, 첨언, 삽입(fillers, 예: you know, alright) 등 중복이 많아서 발화 내용이 길어지거나 추가 정보가 발생한다.
- **축약형**reduced forms 구어에는 짧게 줄인 단어 축약(예: I am gonna) 혹은 발음 축약(예: "I should have done[aɪ ʃudʊdʌn]") 등이 많으며, 짧게 생략된 표현(예: "No big deal")도 자주 사용한다.
- **수행 변인**performance variables 말실수, 휴지, 머뭇거림, 비문, 사투리 등 말을 하는 과정에서 자연스럽게 발생하는 실수나, 화자 개인차로 발생하는 변인들을 포함한다.

- **구어 표현**colloquial language 구어에는 교과서나 사전에는 잘 나오지 않는 속어, 숙어, 유행어나 사회 문화적 배경지식을 공유해야 이해 가능한 표현 등이 등장한다.

- **전달 속도**delivery speed 원어민의 정상적인 발화 속도는 외국어 학습자에게 빠르게 느껴지고 개인차도 크다. 특히 강의나 방송 등 일방향적인 비참여 발화의 경우에 더욱 빠르다.

- **초분절 요소**suprasegmental features 구어에는 단어의 강세와 리듬, 문장의 억양 등 초분절 요소가 포함되는데 이로 인해 발화 시의 음절은 실제 단어의 음절 갯수와 불일치하고, 모음의 발음 변화가 발생한다(예: "it's cold and wet[kouldnwet]", "The shop was closed[ʃɑpsklouzd]" • ● • ● 4개의 음절 중 2개만 발음).

- **상호작용**interaction 글보다 말에는 상호작용의 상황에 발화가 많다. 따라서 여기에는 협상, 해명, 시작과 종결, 대화 순서 등 다양한 상호작용의 대화 규칙들이 존재한다.

③ 듣기 기술과 전략(Listening skills & strategies)

1) 듣기 기술

듣기 기술이란 화자가 전달하고자 하는 내용을 효과적으로 받아들이고 이해하는 능력이다. 듣기 기술은 우리가 오랜 기간 듣기 경험과 듣기 연습을 통해 획득한 능력으로 주로 무의식적으로 사용하게 되는 것이다. 이러한 듣기 기술은 인지적 관점에서 보다 세분화된 기술로 나누어서 설명할 수 있다(Rost, 1994).

① 문장 단위의 소리와 단어의 뜻을 이해하는 기술

- 각각의 개별 음의 차이를 구별하기

- 단어를 식별하기

- 강조된 단어와 함께 묶인 단어뭉치를 식별하기

- 의미 구성을 위하여 언어적 단서와 준언어적paralinguistic 단서(예: 억

  양, 강세) 연결하기

② 담화 단위의 내용을 파악하는 기술

- 의미를 예측하거나 확인하기 위하여 배경지식 사용하기

- 이미 들은 중요한 단어, 주제, 생각을 다시 떠올리기

③ 의사소통 상의 듣기 기술

- 대화에서 의사소통 기능(예: 사과하기) 식별하기

- 화자에게 적절한 반응 보이기

- 화자가 말한 내용 재구성하기

2) 듣기 전략

듣기 기술이 다년간의 듣기 연습을 통해 얻어지는 능력으로 무의식적
으로 사용하게 되는 것이라면, 듣기 전략은 이러한 기술을 목적에 맞추어
의도적이고 선택적으로 활용하는 것을 말한다. 특히 외국어 학습자는 듣
기 전략을 적극적으로 활용할 때 성공적인 듣기를 할 수 있다. 듣기 전략

의 예는 다음과 같은 것들이 있다(Vandergrift와 Goh, 2012).

- **계획하기** planning 무엇을 들어야 하는지에 대하여 생각하고, 듣기의 어려움을 극복하기 위한 실행 계획을 세운다.
- **주의집중하기** focusing attention 말하기 내용에 귀 기울이고, 방해를 차단한다.
- **모니터하기** monitoring 듣기 도중에 이해 점검, 확인, 수정한다.
- **평가하기** evaluation 듣기 결과와 시행 계획을 점검한다.
- **유추하기** inferencing 모르는 단어나 빠진 정보를 추측하기 위하여 사전지식을 활용한다.
- **정교화하기** elaboration 이해를 확장하고 다듬기 위하여 사전지식을 활용한다.
- **예측하기** prediction 다음에 들을 내용을 미리 생각해 본다.
- **맥락화하기** contextualization 이해를 돕기 위하여 들은 내용이 어떤 상황이었는지 그 맥락을 구체화해 본다.
- **재구성하기** reorganizing 이해한 내용을 기억하고 다시 떠올릴 수 있도록 내용의 순서나 구성을 바꾸어 본다.
- **언어적·학습적 자원 활용하기** using linguistic and learning resources 모국어로 된 언어 학습 자료를 활용하거나 학습에 도움이 될만한 자료를 참조한다.
- **협력하기** cooperation 이해를 위해서 다른 사람에게 도움을 구한다.
- **기분 유지하기** managing emotions 자신의 감정 상태를 파악하여 듣기에 방해가 될 수 있는 부정적인 심리상태를 극복하고 긍정적인 태도를 유

지한다.

④ 듣기의 목적과 과업 유형

듣기의 상황은 매우 다양하나 듣기의 목적에 따라 다음의 네 가지로 분류할 수 있다. 첫째는 정보를 얻기 위해서 듣는 경우로 강의, 일기예보, 안내방송 등이 그 예이다. 이러한 듣기는 주로 일방적이며, 내용에 집중해서 들어야 하는 경우가 많다. 둘째는 요청을 따르기 위해 듣는 경우로 지시나 질문을 듣고 따르는 쌍방향 듣기 상황이다. 들은 후에 답을 하거나 지시사항을 수행해야하므로 집중력이 요구된다. 셋째는 즐기기 위해서 듣는 경우이다. 영화, 라디오 방송, 음악 등을 듣는 상황이 바로 이러한 목적의 듣기가 되는데, 앞서 기술한 두 개의 목적과 상황에 비해 긴장을 풀고 좀 더 선택적인 듣기를 하게 된다.

이상과 같은 다양한 듣기의 상황과 목적을 바탕으로 교실에서 이루어지는 듣기 활동을 유형화해 보면 〈표 1〉과 같이 여섯 가지 수행 방식으로 분류할 수 있다(Brown, 2007).

⟨표 1⟩ 교실 듣기 수행의 유형

듣고 따라하기(reactive listening)
가장 기초적인 형태 중심의 연습이다. 이해보다 문장완성에 초점을 두고, 발음 중심으로 듣기를 하면서 따라 말해보는 드릴의 유형이다. 부담없이 짧게 듣고 문장표현, 정확한 발음을 배운다.

"Repeat after me."

집중적 듣기(intensive listening)
기초적인 형태요소에 집중하며 듣는 연습이다. 특정소리(예: 자음, 모음)에 주목하거나, 특정 단어, 혹은 억양 등에 주목하도록 하는 듣기 유형이다. 특정 단어나 표현, 문장구조 등을 각인시키는 것을 목적으로 반복적으로 들려준다.

"Listen carefully."

듣고 답하기(responsive listening)
교사의 지시나 이해·확인·질문 등에 답을 하거나, 짝과 주어진 짧은 의사소통 표현을 교환하며 상호작용을 하는 활동으로 수업 시간에 가장 많이 활용된다.

"How are you?"

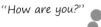

"Fine. Thank you."

골라 듣기(selective listening)
모든 내용에 주목하지 않고, 필요한 정보에 집중하여 듣는 연습이다. 전체 대의 파악보다는 강의나 이야기와 같이 다소 긴 내용이 듣기를 하면서 특정한 질문에 대한 답을 파악하거나, 핵심정보, 주요사항만 선택적으로 듣는다.

"Who met Mina?"
"Where did they go?"

확장적 듣기(extensive listening)
집중적 듣기와 반대되는 유형으로 전체내용을 파악하는 듣기 연습이다. 긴 내용의 듣기를 하면서 세부적인 정보보다는 중심 내용이나 요지, 화자의 입장을 파악을 한다.

"What is the main idea?"
"What does he want to say?"

상호 듣기(interactive listening)
대화, 토론 상에서 상대방의 말을 듣고 자신의 생각을 밝히거나 적당한 대답을 하는 연습이다. 모든 듣기 유형이 혼합적으로 사용될 수 있으며, 내용 중심으로 듣고 내 의사를 표시를 한다.

I Believe that...

Well, I am not sure if I agree with you.

(Brown, 2007 참조)

이러한 듣기 수행 유형을 보다 면밀히 분석해보면 듣기 과정과 듣는 내용의 속성에 대한 좀 더 많은 정보를 발견할 수 있으며 이를 정리하면 다음의 〈표 2〉와 같다. 즉 '듣고 따라하기', '집중적 듣기', '듣고 답하기'의 경우는 주로 간단한 정보를 얻거나 요청을 처리하는 목적을 가지며, 듣는 내용의 길이가 상대적으로 짧고 상향식 듣기 과정을 거친다. 반면 '골라 듣기', '확장적 듣기', '상호 듣기'의 경우는 강의, 이야기, 방송, 긴 대화 등 상대적으로 긴 내용을 들을 때 사용하는 방식으로 하향식 듣기 과정을 거치거나 상향식·하향식 듣기 과정이 혼합된 듣기 수행을 하게 된다.

〈표 2〉 교실 듣기 유형의 특징

듣기 유형	듣기 이해 과정	듣기 길이
듣고 따라하기	상향식(bottom-up)	짧은 내용
집중적 듣기	상향식(bottom-up)	짧은 내용
듣고 답하기	상향식(bottom-up)	짧은 내용
골라 듣기	하향식(top-down)	긴 내용
확장적 듣기	하향식(top-down)	긴 내용
상호 듣기	하향식(top-down)	혼합

2

듣기 지도

듣기는 언어기능 4영역 중 하나이지만 영어 수업에서 상대적으로 어렵지 않은 기능으로 여겨지고 있다. 그러나 실제적인 의사소통 상황에서 외국어를 접해보면 어려움을 많이 느끼는 언어 기능이기도 하다. 현재의 듣기 지도 방식이 효과적인지, 부족한 점은 없는지 등에 대한 성찰을 통해 듣기 지도를 지속적으로 개선해 나가기 위해 노력해야 할 것이다. 지금부터 이론에 부합하는 듣기 교육방법론과 효과적인 듣기 지도 설계에 대해 알아보도록 하자.

① 듣기 지도의 원리

듣기를 어떻게 지도해야 하는가? 듣기 지도가 제2언어 습득론에 근거하여 효과적으로 이루어지도록 하기 위해서는 다음과 같은 지도 원리에 입각하여야 한다. 우리나라 영어 수업 시간의 듣기 활동에서 이러한 원칙이 얼마나 지켜지고 있는지 또한 어떠한 방식으로 이 원칙을 수업에 적용해야 할지 생각하면서 이 지침을 검토해보기로 한다.

- **오랫동안 기억할만한 쉽고 흥미 있는 내용의 듣기 자료를 사용하라** 학습자의 관심사나 학습 목표에 부합하는 내용을 선택하여 동기가 부여될 수 있도록 한다. 듣기 자료가 흥미롭고 필요하다고 느낄 때 학습자는 오랫동안 기억하게 된다. 듣는 내용은 정의적 여과를 낮추어주기 위해 이해 가능한 입력(i+1)이어야 한다.

- **실제 언어 authentic language와 맥락을 활용하라** 학습용으로 제작한 듣기 자료가 아닌 현실세계의 실제 자료를 듣는 기회를 부여하라. 듣는 내용의 전후 맥락을 잘 파악할 수 있고, 문화적인 배경지식도 확장할 수 있다. 원어민의 말하기 속도와 구어 표현에도 익숙해질 수 있는 기회가 된다.

- **단순 듣기보다 듣기 목표나 과제를 함께 부여하라** 목적 없이 듣게 하면 학습자들은 듣는 내용에 집중하지 못하는 경향이 있다. 듣기 전 반드시 듣는 목표를 점검해주고, 듣기 후 과제를 사전에 설명하는 것이 좋다. 예를 들어 학습자에게 구두로 지시한 행동하기, 선택하기, 내용 요약하기, 예측하기, 중심어 찾기 등을 활용할 수 있다. 이는 효과적인 듣기 전략 훈련이 된다.

- **다양한 듣기 목적을 부여하라** 〈표 1〉에서 볼 수 있듯이 듣기 유형과 목적에 따라 듣기 과정은 상향식과 하향식으로 구분된다. 한 가지 듣기 방식에 집중하기보다 내용과 목적에 따라 적절한 방식의 듣기를 할 수 있도록 지도하는 것이 필요하다. 또한 일방향적인 것보다 쌍방향 듣기의 기회를 제공함으로써 의사소통 상황에서의 의미 협상을 할 수 있는 기회를 주는 것이 바람직하다.

② 듣기 지도 절차

듣기 지도 절차는 듣기 전, 듣기 중, 듣기 후 단계로 나누는 것이 일반적이므로 단계별로 목적과 효과적인 지도방법을 소개한다.

1) 듣기 전 단계

우리가 일상에서 무언가 듣게 될 때 그 내용에 대한 아무런 기본 정보 없이 듣는 경우는 드물다. 따라서 듣기 전 단계를 생략하고 듣기 중 단계로 넘어가는 것은 부자연스럽고, 이해에 어려움을 줄 수 있다. 즉 듣기 전 활동의 목적은 청자가 듣는 내용에 대해 심리적·인지적으로 준비하고, 더 정확히 이해할 수 있도록 자연스런 의사소통의 상황을 조성하는 것이다. 듣기 전 준비가 잘 되어 있을 때 보다 도전적인 듣기 활동 또한 가능하게 되고, 청자의 듣기 부담을 줄일 수 있을 것이다. 따라서 듣기 전 단계에서 시간이 허용하는대로 아래와 같은 다양한 활동을 제공하는 것이 효과적이다.

듣기 전 활동은 가급적 실제자료 등을 활용하여 주제나 상황을 경험하도록 하는 것이 바람직하며, 들을 내용에 대해 직접적으로 도움이 될 수 있는 활동으로 설계하는 것이 중요하다. 또한 들을 내용과 해야 할 활동에

듣기 전 활동의 예
- 배경지식이 될 정보 제공하기
- 들을 내용과 관련있는 글 읽기
- 그림을 보여주기
- 주제나 상황에 대한 간단한 토의 활동 제시하기
- 스키마 활성화를 위한 질문과 답변 교환하기
- 듣기 활동에 대한 구체적인 설명과 방법 안내하기

대한 정확한 설명을 제시하도록 한다.

2) 듣기 중 단계

듣기 중 단계의 활동 목적은 '내용 이해' 능력을 향상시키는 것이다. 그러나 이해 점검을 위해서 이해력 측정이나 right/wrong 질문 등을 던지는 것은 학습자의 듣기에 대한 흥미를 떨어뜨릴 수 있으므로 자주 사용하는 것은 삼가야 한다. 듣기 중 활동으로 적절한 활동의 예는 다음과 같다.

듣기 중 활동의 예
- 예측하기 (예: 다음 내용·단어·상황을 예측하기)
- 사전 듣기 활동에서 다룬 내용으로 답 알아맞히기
- 듣고 그림 체크하기
- 듣고 순서 맞추기
- 듣고 그림 그리기
- 듣고 요청사항 실행하기 (예: 'Simon says…'와 같은 전신반응법)
- 듣고 정보 채우기 (예: 표, 빈칸, 간단한 양식 등)
- 듣고 답 고르기
- 듣고 T/F 표시하기

듣기 중 활동에 있어서 주의할 점은 지나치게 어렵고 복잡한 지시로 듣기 자체를 방해해서는 안 된다는 것이다. 듣기 내용은 학습자가 이해할 만한 수준이어야 하며, 듣기 활동의 과정이나 단계가 복잡한 것은 삼가는 것이 좋다. 예를 들어 듣고 문장 받아쓰기 등은 복잡한 활동으로, 듣기 중 활동보다는 듣기 후 활동으로 보다 적합하다.

3) 듣기 후 단계

듣기 후 단계 활동의 주요 목적은 크게 두 가지로, 첫 번째는 내용을 잘 이해했는지 확인하는 것이고, 두 번째는 잘 이해하지 못한 점이 있다면 그 이유가 무엇인지 찾는 것이다. 이를 위해 흔히 하는 활동은 선다형 이해 확인 문제를 제시하는 것인데, 이러한 방식은 학습자에게 지나치게 어려움을 주므로 자주 사용하지 않는 것이 좋다. 그보다는 교사가 핵심내용을 질문하거나, 짝끼리 들은 내용을 점검하는 등의 활동을 하는 것이 바람직하다. 듣기에 실패한 이유를 검토하기 위해서는 특별히 어려운 부분이나 중요한 부분을 다시 들려주고, 단어나, 강세, 억양 등에 주목하면서 다시 듣게 할 수 있다. 한편 Underwood(1989)는 '모호함에 대한 인내심' (tolerance of vagueness)을 중요한 듣기 기술의 하나로 보았다. 그는 학습자가 잘못 알아들은 내용을 하나하나 밝혀서 완벽하게 이해시키려는 것은 좋지 못하며, 학습자에게 내용상 중요한 부분에 주목하여 듣게 하고, 나머지는 지나치면서 듣기 과업을 완수하게 하여야 한다고 하였다. 듣기 후 활동은 앞의 예시와 같이 듣기 중 활동보다 더 긴 것이 통상적이며, 다양한 언어기능을 결합시키는 형태가 가능하다.

듣기 후 활동의 예
- 들은 주요 내용 점검하기
- 듣기 어려운 부분에 대한 형태 점검하기(단어, 표현, 발음, 강세, 억양 등)
- 화자의 태도, 대화자의 관계, 분위기 등을 파악하기
- 역할극(들은 대화 내용을 바로 모방하여 따라하기)
- 들은 내용과 관련된 문제 해결과 의사 결정을 위한 토론하기
- 들은 내용 요약 작문하기

---

③ 듣기 자료

듣기 학습을 위한 구두입력oral input 자료는 어떻게 선정해야 하는가? 대개 교과서나 시중 교재에는 오디오 파일이 함께 제공되므로 이를 그대로 사용하는 경우가 대부분이어서 듣기 자료의 선정에 대한 고민을 하지 않는 경우가 많다. 그러나 Rost(2002)는 듣기 자료를 스스로 제작하거나 선정할 때는 다음과 같은 요소를 고려해야 한다고 하였다.

- **적절성** relevance 듣기 자료는 학습자의 목표와 관심사 등의 요구에 따라 주제, 과업 등이 선정되어야 하며, 이때 학습자 스스로 이를 선택하고 평가할 기회가 주어져야 한다.

- **실제성** authenticity 듣기자료는 자연스런 속도와 발음, 고빈도 단어, 구어적 표현, 속어, 중간 휴지, 오류, 자기 수정 등이 포함된 실제 세계에서의 실시간 대화내용을 경험하게 할 필요가 있다.

- **장르** genre 듣기자료는 다양한 장르와 담화 유형을 선택해야 한다. 이는 듣기 목적과도 연계가 되는데, 예를 들어 사건 발생 순서를 파악할 때는 내러티브narrative, 공간에 대한 파악 연습에는 묘사description, 체계적 구성과 결론을 위해서는 비교·대조compare/contrast 등의 장르를 선정한다.

- **인지적 난이도** cognitive difficulty 언어적인 것 외에도 인지적인 부담을 주는 요인들이 있는데 예를 들어 등장인물(사물)의 수, 사건 순서와 발화 순서, 전개의 의외성, 정보의 구체성과 일관성 등이다.

- **단순화** simplification 구두 언어를 단순화하면 학습자의 이해에 도움이 되는데, 좀 더 쉬운 표현이나 간단한 문장구조, 발화의 속도 조절 등 언어

형태를 좀 더 익숙하게 해주는 방식과 키워드를 다시 정리해주거나, 반복, 추가 설명 등을 부연하는 방식이 있다.

④ 듣기 활동 예시

1) 교과서 듣기 유형 예시

영어 교과서에 가장 자주 제시되는 듣기 활동 유형은 다음과 같은 세 가지로 분류된다. 이들은 대부분 상향식 듣기로 지문은 짧으며 집중적 듣기intensive listening를 한 후 이해를 확인하는 형식으로 이루어진다. 주로 내용 이해보다는 해당 단원의 의사소통 기능과 관련된 표현을 익히기 위한 형태 중심 듣기가 많으며, 단원 주제와 관련된 이해도를 측정하기도 한다.

- **듣고 연결하기** 두 명의 화자의 대화를 들으면서 들은 내용과 이미지를 연결해 보는 활동이다. 집중적 듣기로 하향식 활동이다.
- **듣고 빈칸 채우기** 들은 내용을 적는 받아쓰기dictation 활동으로 빈칸의 개수와 길이 등으로 난이도를 조절할 수 있다. 이것 역시 집중적 듣기intensive listening 활동 유형이다.
- **듣고 이해 문제 풀기** 들은 내용을 토대로 질문에 답을 하는 듣기 활동이다. 듣고 답하기responsive listening로 내용을 읽고 답을 할 수도 있지만 구두로 질문과 답을 교환하는 방식으로 의사소통을 유도할 수 있다.

M1 What do you think of wearing school uniforms? I think they're very uncomfortable.

M2 That's right, especially on a hot day like today.

M1 I really don't want to wear them.

M2 There are some benefits, though. We don't need to decide what to wear every morning.

M1 Yeah, that's true. But I think we should at least change the design.

M2 That's what I'm saying. How about T-shirts and shorts?

M1 Good idea. Let's post it on the school's homepage.

〈듣기 스크립트〉

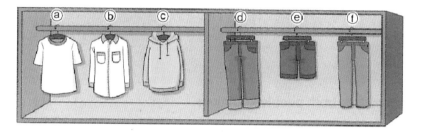

(김태영 외, 2017, p.87)

A Listen and choose. What problem does Angry Bird have?

ⓐ His friends think he is selfish.

ⓑ One of his friends always complains about him.

ⓒ One of his friends takes his stuff without permission.

2) 기타 듣기 활동의 예

다음에서 소개하는 활동은 교과서 듣기 수업에서 잘 다루지 않지만 반드시 연습이 필요한 듣기 유형들이다. 학습자들에게 부족할 수 있는 듣기 기술을 연습하게 할 수 있으므로 보충 활동으로 활용하면 효과적이다.

• 듣고 강세 부분 표시하기 (Ur, 1984, p.43)

〈활동유형〉 집중적 듣기, 상향식 듣기, 문장 중심 듣기, 소리 인식, 문장 운율
   익히기

〈활동절차〉

1. 강세가 규칙적으로 드러나는 대화문을 10개 이내로 준비하고, 이를 원어민의 자연스런 발화로 녹음한 듣기 자료를 제작한다. 교사가 연습하여 읽어주어도 좋다.

   예) I am terribly tired. I think I'll go and have a rest.

2. 각 문장을 1~2회 들려준 후 학습자에게 강세가 있는 음절에 표시를 하도록 한다.

   예) I am térribly tíred. I thínk I'll gó and have a rést.

3. 함께 한 문장을 연습한 후 나머지 문장도 같은 방법으로 강세 표시를 시킨다.

4. 완료한 후 강세표시가 된 답을 보여주고, 교사와 함께 강세를 넣어 읽는

연습을 한다.

- **딕토글로스** Dictogloss 딕토글로스는 듣기, 말하기, 쓰기, 문법 활동이 결합된 협동 듣기 과업으로 학생 중심의 문제 해결 절차를 거치므로 단순 받아쓰기에 비해 효과적이고, 학습 동기도 부여된다.

〈활동유형〉 집중적 듣기, 상향식·하향식 듣기, 담화 중심 듣기

〈활동절차〉

1. 수업 주제 관련 내용의 지문을 교사가 천천히, 가급적 이해하기 쉽게 큰 소리로 읽는다. 지문은 2분 이내의 짧은 자료를 선택한다.

2. 학습자는 교사가 읽는 지문 내용을 주의 깊게 들으며 키워드를 받아 적는다. 짝 혹은 소집단 동료들과 받아 적은 내용을 공유하며 전체 내용을 추측한다.

3. 교사는 다시 지문을 읽는다(지문 읽기 속도를 조절하여 2~3회 반복할 수 있다).

4. 학습자는 추가로 들은 세부 내용을 받아 적으면서 동료들과 내용을 토의한다.

5. 2~3회 듣기 반복이 완료되면 전체 내용을 그룹별로 정리하여 재구성한다.

6. 교사는 전체 내용의 지문을 보여주며 조별 과업 완료 정도를 확인시킨다. 이때 어휘와 문법에 대한 설명을 제공할 수 있다.

• 마트에서 물건 찾기(듣기 활동 예시, Rost, 2002 참조)

〈활동유형〉 선택적 듣기, 상향식 듣기, 공간 묘사 듣기

〈활동절차〉

1. 그림 3의 마트 구조도와 워크시트를 사전에 배포한다.

2. 듣기 전에 워크시트를 작성하기 위한 듣기 전략을 자세히 설명한다.

3. 비교적 긴 듣기 지문을 들려주고, 워크시트의 빈칸에 해당하는 숫자를
   채우도록 한다.

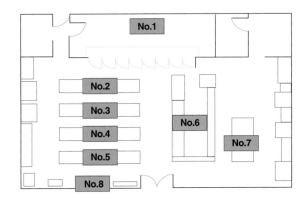

Listening Worksheet

위의 마트 구조도를 보면서 안내방송을 잘 들어 보세요. 아래의 물건을 어디서 살 수 있을
지 파악하여 숫자로 위치를 표시해 보세요.

frozen food   no. _____

bakery   no. _____

candies and chocolates   no. _____

wines   no. _____

cans and seasonings   no. _____

vegetables   no. _____

coffee bar   no. _____

그림 3 마트에서 물건
찾기 맵(상)과
워크시트(하)

Worksheet A	Worksheet B

Elsa Anna, Please go back home, your life_____
      Go enjoy the sun and open up the gates
Anna Yeah, but –
Elsa I know You mean well, but _____ me be
      Yes, I'm alone, but I'm alone and _____
      Just stay away and you'll be safe from me
Anna Actually we're not
Elsa What do you mean you're not?
Anna I get the feeling _____
Elsa What do I not know?
Anna Arendelle's in deep, deep, deep, deep snow
Elsa What?
Anna You've kind of set off an _____, everywhere
Elsa Everywhere?
	Elsa Anna, Please _____, your life awaits
	      Go enjoy the sun and open up the gates
	Anna Yeah, but –
	Elsa I know You mean well, but leave me be
	      Yes, I'm alone, but I'm alone and free
	      _____and you'll be safe from me
	Anna Actually we're not
	Elsa What do you mean you're not?
	Anna I get _____ you don't know
	Elsa What do I not know?
	Anna Arendelle's in deep, deep, deep, deep snow
	Elsa What?
	Anna You've kind of _____an eternal winter...
	      everywhere
	Elsa Everywhere?

- **직소 듣기** Jigsaw listening 정보차information gap 활동으로 협동 과업으로 듣기, 말하기, 쓰기 등 다양한 언어기술을 결합하는 것이 가능한 듣기 활동이다. 교과서보다 좀 더 길고 어려운 실제자료를 활용한 과업을 만들어볼 수 있다.

〈**활동유형**〉 집중적 듣기, 선택적으로 듣기, 상향식 듣기

〈**활동절차**〉

1. 교사는 인터넷에서 쉽게 듣기 파일을 구할 수 있는 영화, 팝송, 시, 짧은 이야기 등을 학습자의 수준과 수업 목표에 맞추어 선택한다.

   (예: YoutubeTM 영화 〈Frozen〉의 한 장면을 찾는다.)

2. 해당하는 영상이나 음성 대본을 구하여, 〈표 3〉과 같이 빈칸이 다른 2개 이상의 다른 활동지(worksheet A, B)를 만든다. 3명 이상의 소집단이면 추가 활동지(worksheet C)를 만들 수도 있다.

3. 화면을 보거나 소리를 들으면서 빈칸을 채우고 자신이 채우지 못한 부분은 서로 정보를 교환해서 스크립트의 빈칸을 모두 채운다.(완성할 때까지 서로에게 활동지를 보여주지 않도록 주의한다.)

• 듣고 문제 해결하기

〈활동유형〉 대의파악하기, 듣고 토론하기, 집중적 듣기, 듣고 추론하기

〈활동절차〉

1. 어린이용 mini mysteries를 검색하여 스크립트를 선택한다.

   (예: Detective Mystery Brain Teasers for Kids http://www.squiglysplayhouse.
   com/BrainTeasers/Detective.php)

2. 교사가 학생들에게 천천히 이야기를 읽어준다.(중요한 단어를 듣기 전이
   나 듣기 중간에 알려줄 수도 있다.)

〈듣기 지문 예시〉

A man is found dead one Saturday morning. He was killed while his wife was
sleeping. The wife tells the police all that she knows. She tells them that the cook
was cooking breakfast, the maid was cleaning and the butler was getting the mail.
The police immediately arrest the person who is responsible.

3. 이야기를 읽어준 후 범인을 찾는 질문을 한다.(예: Who is responsible and
   why? Can you guess?)

4. 학생들은 조별로 단서를 찾기 위해 토론을 한다. 교사는 학생들의 요청
   에 따라 2~3회 내용을 다시 읽어준다.

5. 교사는 조별로 답을 듣고 난 후 정답을 알려준다.

Answer: The wife because she was sleeping, how could she know that all of
        that happened?

6. 활동 후에 주요한 내용에 대해 대본을 검토하거나, 전체 내용을 보여줄
   수 있다.

토론 및 활동

1) 다음 용어의 정의를 정리해 보시오.

  a. 리스닝(listening) vs. 히어링(hearing)

  b. 하향식 듣기(top-down listening) vs. 상향식 듣기(bottom-up listening)

  c. 집중적 듣기(intensive listening) vs. 확장적 듣기(extensive listening)

  d. 다독(extensive listening) vs. 정독(intensive listening)

  e. 딕토글로스(dictogloss)

2) 다음의 그림은 한국인 학습자가 느끼는 듣기의 어려움입니다. 이번 단원에서 배운 듣기의 특성과 듣기 과정 및 전략, 듣기 교육의 이론을 최대한 반영하여 한국인 학습자가 듣기를 어려워하는 원인을 분석하여 설명해 보시오. 또한 이를 개선할 수업 방안에 대해서 교수법을 중심으로 제안해 보시오.

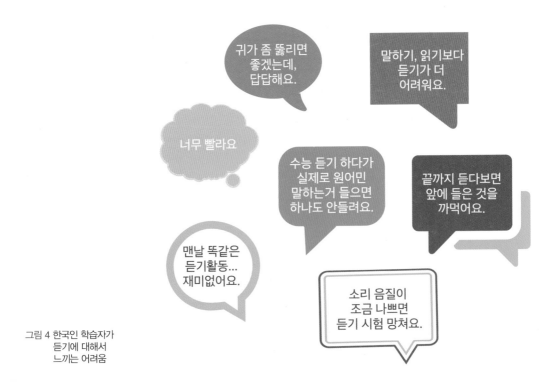

그림 4 한국인 학습자가
듣기에 대해서
느끼는 어려움

3) 다음은 영어 교과서 듣기 부분입니다. 각 활동이 어떠한 듣기 활동
유형에 해당하는지 말해보고, 전체적으로 A출판사 영어교과서 듣기 활동
체재의 특성에 대해 토론해보시오(p.164 참조).

Unit 1 — Where Are You From?

I Warm Up

A. Look, listen, and circle.

· Sarah can speak
  ⊙ English   ⊙ Spanish   ⊙ Chinese

B. Listen and repeat.

1. Canada
2. Mexico
3. France
4. China
5. English
6. Spanish
7. French
8. Chinese

II Listening Practice 1

A. Listen, number, and write.

B. Listen and match.

My name is Sarah.

My name is Annie.

C. Listen and circle.

① She's from   France | Mexico .
② She can speak   Spanish | French .

6

7

E. Look and listen.

F. Listen again and write.

	Jack	?
He's	.
Can he	?
Yes,	. He
too.
How many	does he	?
He
They're	than

II Speaking Practice

› Ask and answer.

Where are you from?   How many cousins do you have?

Can you speak English?   What are you doing now?

III Writing Practice

› Listen and write your answer. Then draw.

Draw your national flag.

①
②
③

Useful Expressions   Look, listen, and repeat. Then practice.

Where do you live?

I live in Greenville.

24

25

4) 목표로 하는 대상학년과 교과서 단원을 선정한 후 보충 듣기 활동으로 적절한 듣기 자료를 검색하여 봅시다. 인터넷에서 단원 주제와 듣기 수준이 적합한 스크립트를 찾아 소개하고 이를 어떻게 수업에 활용할지 듣기 활동 교안을 작성해 보시오.

5) 다음의 교과서 듣기 활동을 검토한 후 수준별 활동을 고안하여 보시오. 첫째로, 본 듣기 활동을 다소 어렵게 생각할 하위집단 학생들을 대상으로 한 듣기 활동을 구체적으로 설계해 봅시다. 난이도를 낮추기 위하여 어떠한 비계scaffolding 혹은 활동 유형의 보완이 가능할지 생각해 보시오. 둘째, 본 듣기 활동을 쉽고 지루하다고 생각할 상위집단 학생들을 대상으로 한 듣기 활동을 구체적으로 제안하여 봅시다. 좀 더 도전이 될만한 과업 유형이나 추가적인 듣기 활동을 제공할 방안을 제시해 보시오.

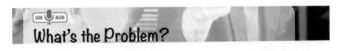

What's the Problem?

"What's the Problem?" is a daily advice program broadcast from a school in Toronto, Canada.

A **Listen and choose. What problem does Angry Bird have?**
ⓐ His friends think he is selfish.
ⓑ One of his friends always complains about him.
ⓒ One of his friends takes his stuff without permission.

B **Listen again and complete the advice given by listeners.**

I think you should _____ frankly to your friend. Say that you don't like others _____ your stuff.

Captain Maple

I think you should _____ your things in your _____ before he can take them.

Flying Pizza

C (1) If you were Angry Bird, which piece of advice would you take? Why?
Talk Together (2) What would you advise Angry Bird to do?

그림 5 (김태영 외, 2017, p.63)

참고문헌

참고도서

김태영, 이동환, 김영미, 양현, 정지영, 김수진, Peter E. Nelson. (2017). *High school English I*. 서울: 천재교육.

Brown, D. (2007). *Teaching by principles: An interactive approach to language pedagogy*. White Plains, NY: Pearson Longman.

Bygate, M. (1988). *Speaking*. Oxford: Oxford University Press.

Rost, M. (2002). *Teaching and researching listening*. London: Longman.

Underwood, M. (1989). *Teaching listening*. Harlow: Longman.

Ur, P. (1984, 1994). *Teaching listening comprehension*. Cambridge University Press.

Vandergrift, L., & Goh, C. (2012). *Teaching and learning second language listening: Metacognition in action*. New York: Routledge.

추천 듣기 웹 자료

- Randall's cyber listening lab http://www.esl-lab.com/
- Ello.org http://www.elllo.org/
- Manything's listening activities http://www.manythings.org/e/listening.html
- Famous Speeches http://www.history.com/speeches
- TED http://www.ted.com
- BBC Learning English (Youtube Channel)
- Adam Maxwell's Fiction Lounge http://www.adammaxwell.com/index.php?
- Storynory (Audio Stories for Kids) http://storynory.com/?
- ESL Pod http://www.eslpod.com/website/index_new.html??

듣기 활동을 위한 멀티미디어 도구

- Audacity http://audacity.sourceforge.net/ (오픈소스 소리파일 편집)
- Voki http://www.voki.com (음성녹음, 음성합성 아바타)
- TTS reader https://ttsreader.com/ (음성합성)
- VozMe http://vozme.com/index.php?lang=en (음성합성)
- Natural Reader http://www.naturalreaders.com/index.htm (음성합성)
- Vocaroo http://vocaroo.com/ (웹서버 녹음저장)

2장

말하기 지도론

단원 학습 목표

1) Understanding L2 Speaking

- 말하기의 정의 및 유형에 대해 설명할 수 있다.
- 우리나라 EFL 학습자들이 말하기에서 겪는 어려움과 문제점에 대해 이해할 수 있다.
- 말하기 평가 방법과 피드백에 대해 설명할 수 있다.

2) Teaching Speaking

- 말하기 교육의 사례와 효과적인 방법에 대해 이해할 수 있다.
- 테크놀러지를 활용한 말하기 활동과 과업을 개발할 수 있다.
- 말하기 활동에서의 수준별 교수 전략을 적용할 수 있다.

수업 전 토론

1. 말하기 학습에서 가장 강조가 되어야 하는 것은 어떤 것인지 생각해 보고 그 이유에 대해 토론해 보시오.
2. 우리나라 학습자가 영어 말하기를 어려워하는 이유에 대해 토론해 보시오.

1

말하기 이론

① 말하기의 정의와 유형

글로벌 시대가 가속화되면서 서로 다른 언어를 사용하는 사람들과 의사소통할 기회가 급속도로 늘어나고, 많은 사람들이 다른 언어권으로 여행을 다니거나 타국에서 공부하고 직장을 가지게 되었다. 문자언어가 강조되던 예전에 비해 실생활에서 타 언어권 사람들과 직접 의사소통을 해야 하는 경우가 급격히 늘면서 영어 말하기 능력도 훨씬 더 많이 요구되는 시대가 되었다. 의사소통 능력은 OECD에서 21세기 학습자의 핵심 역량 중 하나로 선정할 만큼 중요한 능력으로, 자신의 의견과 감정을 제대로 표현하기 위한 말하기 학습은 영어 교육에서 아주 중요한 부분이다. 말하기란 "다양한 맥락 내에서 언어적, 비언어적 기호를 통해 의미를 구성하고 전달하는 것"the process of building and sharing meaning through the use of verbal and non-verbal symbols, in a variety of contexts(Chaney & Burk, 1998, p.13)으로 정의할 수 있다. Brown(1994)과 Burns와 Joyce(1997)는 말하기를 정보를 전달하고 생성하며, 의미를 구성하는 상호적인 과정이라고 언급하였다. 따라서 말하기 능력은 언어 구사 능력뿐 아니라 상황에 대한 인식, 상대방과의 상호작용, 말하기 상황 내에서 필요한 다양한 책략 등이 모두 포함되는 복합적인 능력이다. Nunan(2003)에 의하면 말하기는 음을 생성하는 미시적인 하위 단계에서부터 화자를 표현하는 거시적인 상위 단계까지 이루어진다고 설명하였다. 각각의 단계를 설명하면 다음과 같다.

- 목표 언어에 맞는 음phoneme을 생성하는 단계
- 단어와 문장에서의 강세, 높낮이, 리듬을 사용하는 단계
- 사회적 상황과 주제, 청자와의 관계를 고려하여 적절한 단어와 문장을 선택하는 단계
- 자신의 생각을 의미 있고 논리적으로 정리하는 단계
- 자신의 가치와 판단을 표현하는 수단으로서 언어를 활용하는 단계
- 언어를 자신 있고 유창하게 사용할 수 있는 단계

말하기는 단계뿐 아니라 유형types of spoken language도 다양한데, 크게 담화monologue와 대화dialogue로 나뉜다. 담화는 다시 계획된 담화와, 계획되지 않고 즉석에서 말하는 담화로 나뉜다. 준비된 연설과 강의가 계획된 담화에 포함되며, 혼잣말이나 즉흥연설 등은 계획되지 않은 담화에 속한다. 대화는 담화와 달리 대화자 간에 상호작용이 있는 말하기로, 대화자 간의 사회적·개인적 관계를 위한 대인 관계적 대화interpersonal dialogue와 정보 교환을 목적으로 하는 정보 교환적 대화transactional dialogue로 나뉜다. 친구들 사이의 일상적인 대화는 대인 관계적 대화에 해당되고, 수학 문제에 관해 답을 해주거나 길을 묻고 안내하는 것은 정보 교환적 대화에 해당한다.

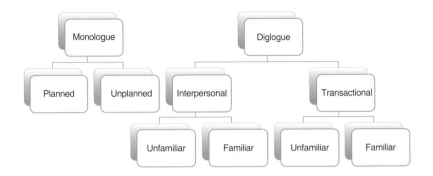

그림 1 말하기 유형
(Nunan, 1991, p.20)

대인 관계적 대화와 정보 교환적 대화는 다시 익숙한 사람들과의 대화와 잘 모르는 사람들과의 대화로 나뉜다. 이 두 경우의 차이는 대화자들끼리 서로 얼마나 많은 정보를 공유하고 있으며, 정보 공유 정도에 대하여 서로 어느 정도 짐작하며 말을 하는지에 있다. 예를 들어, 같은 회사에서 근무하는 사람들끼리 대화를 한다면 일이나 회사의 다른 직원에 대해 같은 정보를 공유하고 있다는 전제하에 대화를 진행할 것이다. 또한, 청소년 또래 집단끼리 대화를 한다면, 그 또래들이 주로 쓰는 은어나 속어를 모두 알고 있다고 생각하고 대화할 것이다. 만일 처음 보는 사람들이나 잘 모르는 사람들끼리 대화를 하게 된다면, 오해나 혼란을 피하기 위한 다양한 노력이 필요할 것이다. 예를 들어 처음 만나는 상대와 대화를 할 때는 내가 근무하는 회사에 대한 정보나 내 또래 집단에서 사용하는 은어나 속어를 상대방은 모를 것이라는 전제하에, 상대방과 공유할 수 있는 범위 내의 주제나 소재를 가지고 대화를 진행해야 한다. 모국어에서의 말하기는 이러한 다양한 맥락 내에서 자연스럽게 습득하게 되지만, 외국어 학습에서는 모국어처럼 자연스럽게 습득이 되지 않는다. 그러므로 교사는 말하기를 지도할 때 이러한 부분에 있어서 학습자가 겪게 될 어려움에 대하여 유념하고 지도해야 한다.

② 말하기 지도

말하기 지도에서 자주 대두되는 주제는 정확성accuracy과 유창성fluency 이다. 정확성은 문법적인 오류를 범하지 않고 목표 언어를 사용하는 것을 의미하며, 유창성은 문법적인 오류가 다소 있어도 주저함 없이 목표 언어를 사용할 수 있는 것을 의미한다. 외국어 말하기를 잘한다는 것은 언어의 정확성과 유창성을 모두 갖추었다는 것을 의미하는데, 안타깝게도 이 두 가지 목표를 동시에 달성하기는 쉬운 일이 아니다. 말하기에서 학습자가 언어의 정확성에 무게를 두면 유창성을 다소 상실하게 되고, 반대로 유창성에 무게를 두면 정확성이 떨어지는 것을 감수해야 하는 현상이 나타나기 때문이다.

정확성과 유창성은 영어 말하기를 잘하기 위해 필요한 두 가지 요소인데, 시대와 접근법에 따라 그 중요성이 달리 인식되어 왔다. 1980년대 전까지의 영어 교육에서는 언어의 정확성을 상대적으로 더 중시했기 때문에 영어를 말하거나 쓸 때 문법적으로 정확한 영어를 사용할 수 있는 능력 향상에 초점을 맞추었다. 그런데 이러한 교육은 학습자를 쉽게 지치게 하고 실제 대화 상황에서 영어로 말을 하는 데 도움을 주지 못하는 결과를 초래하였다. 이를 보완하고자 1980년대 이후에는 언어의 정확성보다는 유창성에 초점을 맞추는 의사소통 언어 교수법(Communicative Language

Teaching: CLT)이 교육 현장에서 대안적으로 대두되었고, 오늘날까지 중심적인 교수법으로 자리 잡게 되었다. 정확성만을 너무 강조하였던 과거의 교수법에서 여러 가지 부작용이 나타났기 때문에 이에 대한 반작용으로 CLT에서는 정확성보다는 유창성을 강조한다. 그러나 이는 CLT에서는 정확성이 중요하지 않다는 것을 의미하지는 않으며, 영어를 배우는 상황과 목적에 따라 정확성도 여전히 중요하다. 예를 들어 공식적인 상황이나 비즈니스 상황을 위해서 영어를 배우는 학습자에게는 유창성 못지않게 정확성도 중요할 것이다. 따라서 말하기 학습에서는 정확성과 유창성 둘 중에 하나를 선택하고 나머지 하나를 버리기보다는 이 둘 간의 균형을 유지하면서 발전시키는 것이 중요하다.

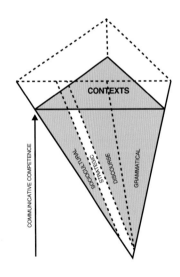

그림 2 의사소통 능력의
     구성요소
     (Savignon, 2002, p.8)

의사소통 능력에는 다양한 능력이 복합적으로 요구된다. 우선 미시적으로는 발음, 문법, 어휘 사용과 같은 언어의 정확성이 요구된다. 언어적인 측면 이외에도 화자의 언어가 대화의 맥락, 상황, 목적 등에 부합하는지, 대화가 원활히 진행되지 않을 때는 다양한 말하기 책략을 사용할 줄 아는지, 그리고 대화 중에 상대방과 원활한 상호작용을 하고 있는지 등과 같은 거시적인 능력도 필요하다. Canale과 Swain(1980)에 의하면 의사소통 능력communicative competence이란 "실제적 의사소통 상황에서 효과적으로 언어를 이해하고 사용할 수 있는 능력"을 말한다. Savignon(2001)은 의사소통 능력이 언어적 능력, 사회문화적 능력, 담화 능력 그리고 책략적 능력과 같은 네 개의 하위 능력으로 구성되어 있다고 보고 이 네 가지 능력을 다음과 같이 설명하고 있다.

- **언어적 능력** linguistic competence 단어, 문법, 문장구조, 언어관습language convention 같은 언어적인 측면에서의 능력이다.

- **사회문화적 능력** sociocultural competence 그 언어가 사용되고 있는 사회적 맥락에 대한 이해를 바탕으로, 격식politeness · 형식성formality · 친밀함familiarity 등을 언어 사용에 반영하는 능력으로, 몸동작·표정·억양과 같은 비언어적 요소, 비속어와 은어의 사용, 그리고 문화적인 배경에 대한 이해 능력까지도 포함한다.

- **담화 능력** discourse competence 말하고자 하는 내용을 응집력 있고 적절하게 연결하고 연결사를 효과적으로 사용하여 대화의 내용을 자연스럽고 조직적으로 구성하여 말할 수 있는 능력이다.

- **책략적 능력** strategic competence 대화의 흐름이 끊어지지 않도록communication breakdown 대화 중에 다양한 책략을 사용할 수 있는 능력으로, 말하고자 하는 것들에 대해 계획할 수 있는 능력과 자신이 의사소통을 현재 잘하고 있는지 평가할 수 있는 능력을 말한다. 책략적 능력에는 대화의 유창성을 확보하는 기술과 함께 대화 상대와 목적에 따라 말하는 내용을 수정할 수 있는 기술도 포함된다.

말하기 능력에는 아래와 같은 다양한 마이크로 스킬micro-skills 또한 포함한다.

- **개별 음소** phoneme 개별 음소에 대한 정확한 발음을 익히는 것은 말하기에 대한 가장 기본적인 단계에 해당한다.

- **억양** intonation 억양은 문장의 구조와 연관되며 억양에 따라서 의미가

바뀔 수도 있는 중요한 요소이다. 예를 들어 "I'll drop by your office this afternoon."을 끝을 내려서 말을 하게 되면 서술문으로 오늘 오후에 사무실에 들르겠다는 의미이다. 그러나 이 문장의 끝을 올려서 말하면 오늘 오후에 내가 사무실에 들르기를 원하는지 상대방의 의향을 묻는 의문문이 되는 것이다. 이렇게 말의 끝을 올리거나 내리는 것은 대화 도중 화자의 순서turn-taking를 유지하는 것과도 연관이 된다. 즉, 말의 끝을 올리면 아직 말이 끝나지 않았음을 의미한다. 억양은 또한 화자의 감정을 나타내기도 한다.

- **말의 높낮이** pitch 말의 높낮이는 발화 중 중요한 부분을 나타내는 역할을 하는데, 보통 중요한 부분을 높은 목소리로 말하게 된다. 말의 높낮이와 목소리의 톤은 억양과 마찬가지로 화자의 감정을 나타내는 수단으로도 사용된다.

- **강세** stress 한 단어 내에서 말의 높이가 올라가는 것을 강세라고 하는데, 단어의 강세를 잘못 발음하면 상대방이 이해하지 못하는 경우가 발생하므로 개별 단어를 가르칠 때 강세를 함께 가르쳐야 한다.

- **축약** contraction 특히 구어체에서는 I'm, you're, he'd, can't, what's 등과 같이 줄여서 말을 하는데, 이때 문자언어로만 배운 학습자는 알아듣기도 어려울 뿐만 아니라 축약해서 말을 하지 않게 된다. 축약은 보통 구어체에서 거의 항상 포함하는 형태이기 때문에 축약한 발음을 이해하고 발화할 수 있도록 지도해야 한다.

- **연음** liaison/linking Did you, made in England가 각각 아래의 (a)와 (b)와 같이 두 단어가 한 단어처럼 붙어서 발음되는 것을 연음이라고 한다. 축약과 마찬가지로 구어체에서는 연음이 가능한 대부분의 경우에 이와 같

이 연음으로 발음을 하니 듣기를 통해서 이해를 하고 학습자가 발화를 할 때에도 연음으로 발음을 하는 것이 더 자연스럽다는 것을 가르쳐야 한다.

(a) did [dɪd] + you [juː]

　→ did you [dɪdʒuː]

(b) made [meɪd] + in [ɪn] + England [íŋɡlənd]

　→ made in England [meɪdɪníŋɡlənd]

③ 정의적 요인

말하기에서는 언어적·인지적 요소뿐만 아니라 정의적 요소가 크게 작용한다. 우리나라 영어 학습자를 보면 언어적으로나 인지적으로는 충분히 대화를 할 수 있는 능력이 되는데 실제 상황에서 말을 아예 하지 않거나 본인의 언어능력에 못 미치게 발화를 하는 경우가 많다. 이는 불안감, 낮은 자신감, 두려움과 같은 부정적인 정의적 요소가 발화를 방해하기 때문이다. 우리나라 학생들은 영어 수업뿐만 아니라 다른 수업에서도 발표나 토론할 기회가 많지 않고, 실패에 대한 두려움이 크기 때문에 영어로 말하는 것을 더 어렵게 느낀다. 특히 소극적이거나 수줍음을 많이 타는 성격이거나 과거에 영어로 말했을 때 당황했던 경험이 있는 학생들은 교실에서의 말하기를 더욱 두려워할 것이다. 따라서 학생들을 말하기 활동에 참여시키기 위해서는 영어로 말하는 것에 대한 두려움을 낮출 수 있는 학습 분위기 조성과 교수 전략이 필요하다. 영어로 말하는 목적이 무엇인지 생각해보고 의미 전달이 되었다면 가벼운 실수나 오류는 관대하게 지나칠 수 있는 학습 분위기를 조성하는 것이 학습자의 불안감을 낮추는 데 도움이 된다. 또한 수업 시간에 문법적으로 얼마나 정확한 말을 하는지보다는 많이 말하고 더 많이 참여하는 것이 중요하다고 알려준다. 말하기 전에 준비할 시간을 주거나 듣기나 읽기를 통해 말할 내용을 미리 제공하는 것도 학습자의 불안감을 낮추는 좋은 방법이다. 또한 학습 초기에는 말하기에 대한 학습자의 자신감을 향상시키기 위해 교정적 피드백corrective feedback보다는 "내용이 좋다", "지난번보다 훨씬 발전했다" 등과 같은 긍정적인 정의적 피드백affective feedback을 자주 주는 것이 좋다.

④ 발음

말하기에 대해 두려움을 갖는 중요한 이유 중 하나는 발음에 대한 불안감이다. 과거 행동주의 기반 교수법이 성행했을 때는 정확한 발음이 외국어 교육의 중요한 목표 중 하나였다. 그러나 의사소통 중심 교수법에서는 발음의 정확성보다는 의사소통 가능communicability 여부에 초점을 맞추고 있으므로 대화를 하는 데 지장이 없는 한 발음은 크게 문제가 되지 않는다. 의사소통 중심 교수법은 발음에 대해서 훨씬 관대하며 다양한 외국인 발음foreign accent을 허용하고 있다. 따라서 말하기 학습에서도 학습자가 원어민과 똑같은 발음을 하도록 지도하기보다는 상호간 이해 가능한 발음intelligible pronunciation을 할 수 있도록 가르쳐야 한다.

영어 교육에서 원어민 수준의 발음을 목표로 한다면 오히려 학습자에게 어려움을 초래할 수 있다. 발음은 대략 6~7세, 늦어도 사춘기 이전에 형성되는 것으로 알려져 있는데, 대부분의 EFL 환경에 있는 학습자들은 여건상 원어민 수준의 발음을 가지기는 어렵다. 따라서 원어민 발음을 학습 목표로 설정한다면 많은 학습자들이 좌절감을 느끼게 될 것이다. 실생활에서는 원어민과 영어로 대화하기보다는 비원어민인 외국인과 영어로 대화하는 상황이 더 자주 발생한다는 점, 영어에서는 다양한 발음이 허용되고 있으며, 발음이 자신의 정체성을 나타내기도 한다는 점을 인지시켜 줌으로써 발음에 대한 학습자의 불안감을 덜어주도록 한다. 그러나 학습자의 발음이 상대방의 이해 범위를 벗어나 의사소통을 방해한다면 교정을 해주는 것이 필요하다.

발음에는 다양한 요인들이 영향을 미치는데, 모국어, 연령, 선천적으로 타고난 언어 능력 등이 그 대표적이다. 이러한 요인은 바꾸기 어려운 선천적인 요인에 해당하는 반면, 언어자아와 발음에 대한 관심과 동기는 후천적으로 달라질 수 있다. 외국어 학습 영역에서 발음은 특히 연령이 높아짐에 따라 개선하기 어렵다고 알려져 있으나, 자신의 발음과 원어민의 발음을 비교하며 끊임없이 관심을 가지고 개선을 하려는 노력과 동기에 의해서 충분히 개선이 가능하다. 그러므로 정확하지 않은 영어 발음으로 인해서 의사소통에 방해를 받는 학습자의 경우에는 발음 개선의 노력을 할 수 있도록 지도하여야 한다.

⑤ 말하기의 어려움

듣기, 말하기, 읽기, 쓰기의 네 가지 언어기능 중에 말하기를 가장 어렵게 느끼는 영어 학습자들이 많은데, 어려움을 느끼는 이유는 다양하다. 외국어 말하기에 있어 어려움을 초래하는 요인에는 대표적으로 다음과 같은 것들이 있다.

- **시간적 제약** time constraints 문자언어와 달리 상대방과의 대화 중에 바로 대화의 내용을 이해하고 응답을 해야 하기 때문에 시간적 제약을 많이 받는다. 따라서 영어 능력이 낮을수록 머릿속에서 L1을 L2로 전환하는 과정에 많은 시간이 소요되기 때문에 말하기에 어려움을 겪게 된다. 시간적 제약은 학습자에게 심리적으로도 부담을 느끼게 하며 이로 인해 학습자는 말하기에 더 어려움을 겪게 된다.
- **듣기 능력** listening ability 대화를 위해서는 우선 상대방의 말을 알아들어야 하기 때문에, 듣기가 원활하지 않으면 말하기도 원활하지 않은 것이 당연하다. 듣기 능력에는 말하는 사람의 발음의 차이 때문에 발생하는 어려움도 포함된다. 축약된 형태나 발화 속도, 화자의 개인적인 말하는 습관 등도 EFL 학습자의 듣기에 영향을 미치고, 이는 다시 말하기에 영향을 미치게 되는 것이다.
- **구어체** colloquial language 말하기에서는 말하기 상황과 화자의 연령, 집단에 따라 각종 은어와 비속어를 포함한 다양한 구어체가 쓰이는데, 이를 이해하지 못하거나 사용하지 못하면 대화 참여에 제약을 받게 된다. 또래 집단 간 말하기에서는 특히 은어와 비속어의 이해와 사용이 중요하다.
- **사회문화적 상황 및 상호작용** socialcultural context and interactions 말하기에는 사회문화적 상황이 문자언어에 비해 더욱 첨예하게 반영이 된다. 사

회문화적 상황을 이해하는 것은 어떤 사회 집단에서 어떤 규범을 가지고 말을 해야 하는지와 같은 대화의 규칙을 아는 것, 대화 중 비언어적인 요소는 어떻게 사용해야 하는지에 대한 이해 등과 같이 사회문화적인 규범을 이해하는 능력을 포함한다. 이러한 거시적인 사회문화적 상황뿐만 아니라 대화자들의 사회적 지위, 상호작용 형태, 대화가 이루어지고 있는 순간의 상황과 같은 미시적인 요인도 말하기에 영향을 미친다. 또한 말하기의 상호작용 중에 생길 수 있는 상대방과의 역학관계 power relationship나 돌발 상황 등도 말하기에 영향을 미치기 때문에, 상황에 따라 형식적(또는 비형식적인) 언어의 사용과 언어의 공손함 수준을 결정하여 말하게 되는 것이다.

- **수행 변인** performance variables 듣기나 읽기와 달리 말하기는 언어능력competence뿐 아니라 수행performance도 함께 요구하기 때문에 학습자가 실제로 머릿속으로는 알고 있는 지식이라도 말하는 도중에 오류를 범하는, 즉 수행 변인이 생길 수 있다. 예를 들어 머릿속으로는 알고 있으나 말을 하는 중에 실수로 틀린 단어나 문법, 발음이 발생하는 것이 수행 변인에 속한다. 수행 변인은 말하는 당시 육체적·정신적·사회적 상황으로부터 영향을 받는다. 즉 몹시 피곤해서, 또는 많은 사람들 앞에서 말을 하는 상황에서 두려움 때문에, 알고 있는 것을 실수로 잘못 말하게 되는 것이다. 이러한 수행 변인 때문에 생기는 오류를 수행오류performance error라고 한다.

6 말하기 평가

말하기 평가의 기준, 내용, 방법은 교육과정의 성취 기준과 학습자의 수준을 함께 고려하여 선정해야 한다. 말하기 평가는 평가자의 주관이 영향을 미치기 쉬운 분야이므로 평가의 기준을 명확하게 선정하여 학습자에게 미리 평가 기준을 알려주는 것이 중요하다. 특히 수행 평가의 경우에는 동일한 기준에 따라 채점하더라도 채점자에 따라 결과가 다를 수 있다. 따라서 신뢰도 확보가 어려운 만큼 기준 선정에 더 많은 노력이 요구된다.

1) 직접 평가와 간접 평가

말하기 평가는 평가하는 방법에 따라 직접 평가와 간접 평가로 나눌 수 있다. 직접 평가는 학습자가 말을 하는 것을 듣고 평가하는 수행 평가 방식performance test이고 간접 평가는 학습자가 말을 하지 않고 지필 평가를 통해 말하기 능력을 평가하는 방식competence test이다. 직접 평가는 구두 인터뷰, 듣고 답하기, 역할극, 토론하기, 묘사하기, 이야기 재구성하기, 발표하기, 요약하여 말하기 등 학습자가 실제로 말하는 것을 듣고 평가하는 방식이다. 간접 평가로는 듣고 적절한 응답 찾기, 대화 재배열하기, 들은 내용의 목적·주제·요지 찾기, 세부 내용 파악하기 등이 있다. 평가의 용이성 때문에 그동안 지필 평가가 더 많이 활용되어 왔으나, 근래에는 수행 평가 방식이 늘어가는 추세이다. 또한 현재 교육과정에서는 간접 평가보다는 수행 평가를 통한 직접 평가 방식으로 학습자의 말하기 능력을 평가하는 것을 권장하고 있다.

2) 평가 기준의 사례

우리나라 중·고등학교 교육과정에서는 말하기 평가에 대한 전반적인 지침은 제시하고 있으나, 구체적인 평가표는 제시하지 않고 있다. 따라서 학교에서 개별적으로 말하기 수행 평가표를 제작하여 사용하는 경우가 많다. 별도로 말하기 평가의 기준을 마련하고자 할 때는 말하기 평가의 사례를 살펴보는 것이 도움이 된다. 대표적으로 TOEFL 말하기 시험의 평가 기준을 살펴보면, 크게 과제 수행general description, 전달력delivery, 언어 요소language use, 내용적 측면topic development으로 나뉘어 있다.

'과제 수행'은 평가 문항이 요구하고 있는 과업을 어느 정도 완수하고 있는지에 대해 총괄적으로 평가하는 기준을 제공한다. '전달력'은 피평가자가 말하고자 하는 내용을 효과적으로 잘 전달하고 있는지에 대한 평가로서, 유창성·억양·리듬·발음 등에 대한 평가가 여기에 포함된다. '언어

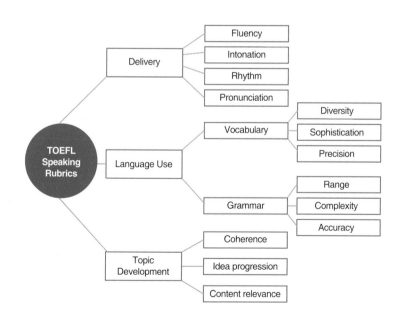

그림 3 TOEFL 말하기
평가 기준
(Xi et al., 2008, p.26)

요소'는 어휘와 문법의 정확성과 다양성 정도를 평가한다. 마지막으로 '내용적 측면'은 내용의 적정성과 내용 전개, 그리고 응집성이 세부 평가 기준에 포함된다(〈그림 3〉 참조). 이러한 영역을 바탕으로 〈표 1〉과 같이 기준표를 마련하여 말하기 평가에서 좀 더 객관적이고 체계적인 평가를 할 수 있도록 한다.

〈표 1〉 말하기 평가 기준표(예시)

평가 영역	점수	채점 기준
유창성	4	발화 속도가 정상이며 멈춤이 없고 자연스럽다
	3	발화 속도가 약간 느리고 멈춤이 약간 있으나 비교적 자연스럽다
	2	발화 속도가 느리고 멈춤이 간혹 있고 약간 부자연스럽다
	1	발화 속도가 느리고 멈춤이 자주 있으며 부자연스럽다
정확성	4	정확한 어휘와 어법을 사용한다
	3	비교적 정확한 어휘와 어법을 사용한다
	2	어휘와 어법에 오류가 다소 있으나 의사소통을 방해하지 않는다
	1	어휘와 어법의 잦은 오류로 인하여 의사소통에 제한이 있다
과제수행	4	주어진 주제에 대해 논리적이고 완전한 문장으로 발화하였다
	3	주어진 주제에 대해 약간 불완전한 문장이 있으나 비교적 논리적으로 발화하였다
	2	주어진 주제에 대해 불완전한 문장으로 발화하였다
	1	전혀 발화를 하지 못하거나 과제를 수행하지 못하였다

우리나라 중등 영어 교과서 지도서에는 말하기 활동별로 수행 평가 채점 기준표를 제공하고 있다. 〈표 2〉는 교과서에 수록된 말하기 수행평가 채점 기준인데, 특정한 주제가 없는 〈표 1〉과는 달리 특정한 주제, 즉 '조언하기'라는 주제가 있는 말하기 평가 채점 기준을 제시하고 있다. 교사는 지도서나 CD에 수록된 채점 기준표를 그대로 사용하거나 필요에 따라 이를 수정하여 사용할 수 있다.

점수	정확성	유창성	태도	과제 수행
3	☐ 어휘와 문법에 오류가 없음.	☐ 말 사이에 끊어짐이 없이 담화가 매끄러움.	☐ 긍정적인 자세로 자신감 있게 조언을 함.	☐ 조건을 모두 충족하여 조언을 함.
2	☐ 어휘와 문법에 오류가 있으나 내용 이해에 지장을 주지 않음.	☐ 말 사이에 끊어짐이 있으나 담화는 이어짐.	☐ 조언을 하려는 의지가 있음.	☐ 조언을 했지만 조건을 일부 충족하지 못함.
1	☐ 어휘와 문법에 오류가 많아 내용 이해가 어려움.	☐ 말 사이에 긴 끊어짐이 있고, 담화를 자연스럽게 연결하지 못함.	☐ 조언을 하려는 의지와 자신감이 부족함.	☐ 조언을 했지만 조건을 하나도 충족하지 못함.

날짜 _____   총점 _____ / 12   평가자 _____

(이병민 외, 2017, CD-Rom)

7 피드백

말하기에서 학습자의 발화에 대한 피드백은 아주 중요하다. 많은 영어 학습자들이 교실에서의 말하기에 대해 불안감을 가지고 있으므로, 처음에는 발화를 했다는 행위 그 자체만으로도 칭찬을 해주는 것이 좋다. 처음부터 교정적 피드백corrective feedback을 주면 학습자의 불안감이 커져서 다음에는 말하기 활동에 참여하기를 꺼릴 수도 있기 때문이다. 학습자의 불안감이 낮아지고 자발적으로 참여할 수 있는 정도가 되면 오류에 대한 교정적 피드백을 제공하여 언어의 정확성을 높여 나가도록 한다.

오류가 있을 때에도 매번 수정을 하기보다는 발화를 마칠 때까지 기다려주어 학습자의 말을 끊지 않는 것이 좋다. 상황에 따라 직접적인 피드백과 간접적인 피드백을 사용할 수 있는데, 처음부터 직접적으로 어디가 틀렸는지 지적하고 가르쳐주기보다는 틀린 부분을 올바른 표현으로 바꾸어 학습자의 발화를 반복해 주는 리캐스트recast와 같은 간접적 피드백을 먼저 줌으로써 학습자들이 스스로 자신의 오류를 찾을 수 있도록 기회를 주는 것이 효과적이다. 이 방법은 직접적 피드백을 받았을 때보다 학습자가 덜 당황하기 때문에 말하기에 대한 불안감을 조성하지 않고 오류를 지적할 수 있는 좋은 방법이다. 간접적 피드백만으로 학습자가 오류를 스스로 수정하지 못하거나 같은 오류가 반복적으로 발생한다면 직접적으로 오류를 수정해주는 것이 필요하다.

너무 잦은 교정적 피드백은 학습자의 말하기 발달에 도움이 되지 않고 오히려 학습자가 말하기를 꺼리게 되는 등의 저해요소로 작용할 수 있다. 따라서 모든 오류를 수정해주기보다는 중요한 오류에 대해서만 우선적으로 수정을 하는 것이 좋다. 의사 전달을 방해하는 중대 오류global error와 빈도가 높은 오류를 먼저 수정하고 점진적으로 덜 중요한 지엽적 오류local error 교정으로 좁혀 나간다. 너무 잦은 오류 수정도 부정적인 영향을 끼치지만, 오류 수정이 너무 부족해도 학습자의 말하기 발달에 도움이 되지 않는다. 오류에 대한 수정이 부족하거나 없으면, 말하기에서 언어의 정확성이 떨어지게 되고 오류가 고착화되는 오류의 '화석화'fossilization를 가져올 수 있기 때문이다. 그러므로 교사는 학습자, 교실 상황, 학습 목표 등을 고려하여 '최적화된 피드백'optimal feedback을 제공하여야 한다.

외국어 학습자의 오류는 외국어 발달 과정에서 발생하는 중간언어interlanguage에서 기인할 수도 있다. 중간언어란 학습자의 L1이 L2에 간섭interference을 하여 L1과 L2의 요소가 혼재하는 언어를 말한다. L1의 어휘, 규칙, 발음이 L2의 언어 사용에 전이language transfer가 되거나, L1을 L2로 직역literal translation하여 불완전한 L2가 발생하는 경우에 중간언어가 생기게 된다. 예를 들어, 한국어가 모국어인 영어 학습자가 부정의문문에 대해 한국어 규칙을 사용해서 답을 하는 경우가 여기에 해당된다. "Didn't you go to school yesterday?"와 같은 부정의문문의 답으로 "No, I didn't." 대신 "Yes, I didn't."라고 말하는 경우이다. 중간언어는 오류가 있는 언어이지만, 학자들 간에는 이를 언어 습득 중에 생길 수 있는 자연스러운 발달 과정이라고 보고 이를 긍정적으로 받아들이는 것이 좋다는 의견이 많다. 중간언어에는 또한 그 나름대로 규칙이 존재하는 것으로 알려져 있다.

학습자의 중간언어에서 발생하는 오류가 완전히 고착화되어 더 이상 올바른 L2로 진행되지 않는 것을 화석화fossilization라고 한다. 화석화는 발음과 문법 등 다양한 측면에서 발생하며 말하기와 쓰기 모두에서 나타난다. 특히 학습자가 자신이 가지고 있는 현재 수준 이상의 언어를 구사할 필요를 느끼지 못할 때 자주 나타난다. 화석화는 중간언어에서 경계해야 할 대상인데, 적절한 피드백과 학습 활동으로 고칠 수 있다. 화석화 현상을 극복하기 위해서는 학습자가 반복적으로 같은 오류를 범할 때 오류를 수정하고, 올바른 표현을 사용하도록 지속적으로 권장하는 것이 필요하다.

2 ── 말하기 지도

① 교실에서의 말하기 활동

교실에서의 영어 말하기 활동은 교실이라는 상황적 한계가 주는 여러 가지 제약 때문에 실제적인 말하기 활동으로 이루어지기 어렵다. 따라서 우리나라 영어 수업에서는 그동안 실제적인 말하기보다는 인위적인 말하기 연습이 주를 이루었다. 우리나라가 실제로 교실 밖에서 영어를 사용할 기회가 없는 EFL 상황이라는 것을 고려하면 단순 모방이나 짧은 대화를 외우다시피 연습하는 집중적 말하기intensive speaking가 필요한 것은 사실이다. 그러나 너무 모방imitation과 연습drill에만 치우치게 되면 학습자가 말하기에 흥미를 잃게 될 것이며, 실제 대화 상황에서 자신이 하고 싶은 말을 전달하는 데 어려움을 겪게 될 것이다. 그러므로 학습자가 즐겁게 참여할 수 있는 다양한 말하기 활동의 기회를 주어야 한다. 교실에서의 말하기 활동은 언어의 정확성에 더 초점을 맞춘 활동accuracy-based activities과 유창성에 더 무게를 두는 활동fluency-based activities으로 나눌 수 있다. 모방과 연습 같은 활동은 정확성 기반 활동이며, 학습자가 하고 싶은 말을 좀 더 자유롭게 하는 활동은 유창성 기반 말하기 활동에 속한다.

　　말하기를 포함하여 교실에서 행하는 모든 영어 학습 활동은 실제적 활동과 연습용 활동으로 나눌 수 있다. 실제적 활동이란 우리가 일상생활에서 실제로 하는 활동을 의미하고, 연습용 활동이란 외국어를 배우기 위해서 의식적으로 하는 다양한 연습을 의미한다. 예를 들어, 신문을 읽고 영화를 보는 활동은 실제적 활동이고, 문법 문제를 풀거나 단어를 암기하는 활동은 연습용 활동에 속한다. 영어 수업에서 하는 모든 활동은 실제적 활동과 연습용 활동 사이 어느 지점에 속한다고 할 수 있다.

실제적 말하기 활동　　　　　　　　　　　　　　　　　　연습용 말하기 활동
(authentic speaking activities)　　　　　　*(pedagogical speaking activities)*

1) 정확성에 초점을 둔 말하기 활동

① 모방, 따라 말하기(imitative/shadow speaking)

　　교사나 원어민의 말을 듣고 모방해서 따라 말해보는 활동이다. 초급 학습자가 처음 말하기를 배울 때 활용할 수 있는 방법으로, 발음과 언어의 정확성을 배우기에 적합한 방법이다. 모방형 말하기를 할 때는 되도록 간단하고 짧게 하는 것이 효과적이다. 또한 학습자의 수준이 낮은 것을 고려하여 어려운 어휘나 복잡한 문형이 들어가지 않는 문장을 선택하도록 한다. 모방형 말하기는 언어의 정확성을 익히는 데 목적이 있으므로, 가르치고자 하는 발음이나 문법 요소를 한두 가지로 정하여 학생들이 반복적으

로 따라 말하도록 한다. 모방형 말하기 연습에서 주의해야 할 것은 기계적인 반복으로 인하여 학습자들이 지루해하는 것을 방지하는 것이다. 따라서 기계적인 반복을 너무 오랫동안 하는 것은 피해야 하며 기계적인 반복 후에는 학습한 문장을 창의적으로 활용해 볼 수 있는 흥미로운 활동을 제시해야 한다. 예를 들어 문장을 암기한 후에 암기한 문장을 활용하여 짧은 역할극을 만들고 수행할 기회를 준다면, 학습자에게 필수적인 의사소통 기능을 가르쳐주면서 동시에 흥미를 잃지 않게 하는 좋은 방법이 된다.

② 집중적 말하기(intensive speaking)

우리나라 영어교실에서 가장 자주 사용되는 활동으로, 몇 개의 단어만 교체하면서 목표 언어기능을 반복적으로 연습하여 익히는 방법이다. 〈그림 4〉에서 보듯이 그림이나 어휘 힌트를 제공하고 학습자가 말하기를 연습하는 방법으로, 목표 언어기능과 힌트를 가지고 말하기 연습을 하는 방법이므로 초급 학습자도 쉽게 참여할 수 있다.

다음 그림을 보고 아래와 같이 말해 봅시다.

I like apples.

I don't like apples.

그림 4 집중적 말하기 연습용 자료(예시)

③ 정보차 활동(information gap)

정보차 활동은 두 명 이상의 학생이 서로 다른 정보를 가지고 그 정보를 서로 교환하며 과업을 완성하는 방식이다. 예를 들어 A와 B학생이 아래 두 개의 그림을 각각 가지고 서로 보여주지 않는 상태에서 각자 갖고 있는 그림이 어떻게 다른지를 말로 설명하여 다른 부분을 찾아낸다. 그림 외에도 표나 차트 등을 주고 서로 다른 부분을 찾거나 필요한 정보를 주고받도록 할 수 있다. 이 활동은 직소jigsaw 활동이라고도 부른다.

A

Question: Where is the...?
Answer: The... is...

B

Lamp　Chair　Toys　Picture　TV

그림 5 정보차 활동을 통한
말하기 연습용 자료
(예시)

④ 대화/역할극(dialogue/role play)

정확성에 초점을 둔 대화와 역할극은 유창성에 초점을 둔 대화와 달리 학습자가 스스로 문장을 만들어내어 말하지 않고 이미 만들어진 대화나 역할극을 외우거나 약간 변형하여 연습하는 것이다. 학습자들이 역할을 정해 영어 교과서에 실린 대화를 해보는 연습이 여기에 속한다.

⑤ 반응형 말하기(responsive speaking)

반응형 말하기는 아래 〈그림 6〉에서처럼 주로 한 턴 또는 두 턴 정도의 짧은 대화로 구성되어 있다. 대화의 A, B는 주로 질문과 응답으로 구성되어 있으며, 아래 예시에서처럼 그림이나 단어 힌트가 제공되고 학습자가 간단한 단어를 선택해서 대화를 연습하는 형태이다.

Look and Talk What are they doing?

A: What is the woman doing?

B: She is taking pictures.

그림 6 반응형 말하기
연습용 자료(예시)
(이병민 외, 2017,
p.44)

2) 유창성에 초점을 둔 말하기 활동

① 자유 대화/자유 역할극(free speaking/free role play)

유창성에 초점을 두고 대화나 역할극을 할 때는 정확성에 초점을 둔 활동과 달리, 주어진 스크립트 없이 학습자들이 자유롭게 대화를 한다. 이때 학습자에게 각자 미리 준비할 시간을 주고 활동을 수행하게 하는 것이 좋다. 자유로이 말을 해야 하는 상황이 되면 학습자의 말하기 불안감이 높아질 수 있는데 말하는 중간에 힌트를 볼 수 있도록 하거나 팀의 구성원끼리 서로 도울 수 있도록 하는 등 학습자가 당황스러운 상황을 피할 수 있는 기제를 만들어 주는 것이 좋다.

[예시]

　영화 〈포레스트 검프Forrest Gump〉의 첫 장면에서 검프가 버스 정류장에서 기다리며 옆 사람에게 말을 거는 상황을 이용한다. 학생 A가 앉아 있고 다른 학생이 차례대로 한 명씩 정류장 의자에 앉아서 간단한 대화를 한다.

　　A: Hi, my name is _____.
　　B: My name is _____. Nice to meet you.
　　A: Nice to meet you, too. Where are you going?
　　B: I'm going to _____ to see my grandparents.

　더 이상 대화가 이어지기 어려우면 둘 중 하나가 "My bus is coming."이라고 말하고 떠나면 된다. 이 활동의 장점은 여러 명의 학습자가 릴레이 형식으로 대화를 이어나갈 수 있으며, 자신의 이야기를 할 수 있는 실제적 대화라는 데 있다. 그리고 더 이상 할 말이 없으면 어색해 하거나 당황할 필요 없이 퇴장하면 되므로 심리적으로도 말하기에 대한 두려움을 줄일 수 있다.

② 인터뷰(interview)

　어떤 주제를 가지고 서로 인터뷰하는 활동은 자신의 이야기를 할 수 있는 기회가 되므로 유창성 활동으로 적합하다. 자신이 아닌 다른 인물이 되어서 인터뷰에 응하는 활동도 가능한데, 교과서 글이나 기사, 소설, 영화 등에 나오는 인물을 골라 인터뷰를 진행한다. 인터뷰를 할 때는 인터뷰

할 내용과 질문을 미리 적어보고, 인터뷰한 내용을 요약해서 쓸 수 있는 표를 미리 제시해 주는 것이 좋다.

③ 토론(debate)

영어로 말하기가 어느 정도 되는 학습자라면 주제를 주고 토론을 시켜본다. 토론은 서로의 말을 정확하게 이해하고 자신의 주장을 논리적으로 펼쳐서 다른 이들을 설득하는 과정이므로 토론은 유창성 연습에 도움이 된다. 토론은 쉬운 활동이 아니므로, 토론에 앞서 학습자들에게 주제에 대해 미리 생각하고 생각을 정리할 시간을 주는 것이 좋다. 팀 토론은 협력하여 토론에 임할 수 있으므로 토론에 대한 두려움을 줄여줄 수 있다. 토론과 같이 한 주제에 대하여 깊은 사고를 요구하는 경우에는 말하기 전 활동으로 관련 주제에 대하여 글을 써보거나 토론 게시판에서 의견을 교환하는 활동을 하면 더 깊이 있는 토론을 할 수 있다.

이외에도 다음과 같은 유창성 기반 말하기 활동이 있다.

- **발표하기** 주어진 주제에 대하여 발표하기
- **이야기의 뒷부분 상상하여 완성하기** 짧은 이야기를 읽고 그 뒤에 나올 일에 대하여 생각해 보고 이야기를 상상하여 말하기
- **그림(한 개) 묘사하기** 그림에 나오는 인물이나 상황에 대하여 묘사하기
- **여러 장의 그림을 보고 이야기 만들기** 만화와 같이 몇 장의 이어진 그림을 보고 추측하여 이야기 말하기
- **열린 직소 활동** 여러 학습자가 각기 다른 정보를 가지고 서로 이야기하

며 정보를 찾고 교환하기

- **문제 해결 활동** 다양한 문제 상황에서 문제해결을 위한 대화하기
- **시뮬레이션** 특정한 상황과 인물을 설정하여 롤플레이 하기

3) 모둠 활동

말하기 활동은 참여 인원에 따라 개별 활동(1인), 짝 활동(2인), 모둠 활동(3인 이상)으로 나뉜다. 구성하기에 따라 유창성에 초점을 둔 대부분의 말하기 활동은 모둠 활동이 가능하다. 예를 들어 개별 활동으로만 가능할 것 같은 발표도 팀원들이 같이 발표 준비를 하고 여러 명이 나누어 발표를 하는 형식으로 진행하면 모둠 활동의 형태를 취할 수 있다. 모둠 활동의 장점은 개별 활동에 비해 더 다양한 활동이 가능하고, 학습자가 친구들과 함께 한다는 점에서 재미를 느끼며, 혼자 하는 활동에 비해 심리적 안정감을 가질 수 있다는 것이다. 말하기는 특히 상호작용이 강한 활동인데, 모둠 활동으로 수행하면 여러 사람과 말을 해볼 수 있는 기회가 되기 때문에 대화의 기회가 확장된다. 대표적인 말하기 모둠 활동으로는 토론, 다자 인터뷰, 포럼, 역할극, 시뮬레이션, 드라마, 정보차 활동, 문제 해결 활동, 게임 등이 있다.

② 테크놀로지 기반 말하기 활동
(Technology-supported speaking activities)

다양한 기술을 활용하면 말하기 활동을 흥미롭고 효과적으로 할 수 있다. 기술의 활용은 교사가 일일이 학습자들과 상호작용을 하고 피드백을 주기 어려운 우리나라 교실 환경의 단점을 보완해 줄 수 있는 방법이 될 수 있다.

1) 음성인식/챗봇

음성인식 엔진의 정확성이 높아지면서 실제 생활에서도 널리 사용하게 되었다. 여러 회사에서 음성인식 엔진을 탑재한 기기를 출시하였고(예: 구글 홈, 아마존 알렉사) 모바일 기기에서도 음성인식 엔진의 사용이 가능하다. 음성인식 엔진을 활용하여 영어 말하기를 연습할 수 있는 사이트나 챗봇을 활용하면 학습자가 자신의 발음을 들어보고 스스로 교정을 할 수 있으며, 챗봇과 대화를 할 수도 있다. 챗봇을 탑재한 앱은 특히 초·중급 학습자가 혼자서 말하기 연습을 하는 데 적합하다.

2) 오디오 게시판

게시판이라고 하면 글로 쓰는 토론 게시판만 생각하기 쉬운데, 오디오 파일로 올리는 게시판도 활용할 수 있다. 오디오 게시판을 활용하면 학습자의 말하기 학습에 실제적인 청자가 생기기 때문에 말하기 활동에 실제적인 목적을 부여할 수 있다. 교실의 말하기 학습 대부분이 실제적인 목적이 결여된 연습인데 반해, 오디오 게시판에서는 친구들과의 상호작용을 통해 서로의 의견을 실질적으로 교환하고 피드백을 확인할 수 있는 진정성 있는 말하기 활동이 가능해진다. 게시판 외에도 오디오 블로그를 만들어서 자신의 생각이나 느낌을 오디오로 올려보는 것도 흥미로운 말하기 활동이 될 수 있다(예: Podbean: https://www.podbean.com/start-audio-blog). 블로그는 개인적인 저널이기 때문에 토론 게시판과 달리 무거운 주제보다는 일상생활과 관련한 가벼운 생각, 느낌 등을 올릴 수 있다. 따라서 주제에 대한 부담감이 적은 대신, 혼자 운영하기 때문에 책임감과 자율성autonomy은 늘어난다.

3) 무비/애니메이션 만들기

중등 학습자들이 가장 좋아하는 활동 중 하나가 무비나 애니메이션을 만드는 활동이다. 이 활동은 이미지와 다양한 시각적 효과와 더불어 배경음악, 사운드 효과, 그리고 내레이션까지 추가하는 총체적 활동이다. PC 기반 프로그램이나 모바일 앱으로 그림과 사진을 활용하거나 실제로 촬영을 하여 간편하게 동영상을 제작할 수 있다. 애니메이션을 제작할 수 있는 툴도 다양하게 나와 있으므로 학습자의 수준에 맞추어 선택하면 된다.

[예시] Virtual Museum 활동

수준: 중상급 이상
언어기능: 통합 언어기능

세계적으로 유명한 대부분의 박물관은 웹사이트를 운영하고 있는데, 그 중에서 3D 파노라마나 VR 등을 이용하여 웹사이트 방문만으로도 실제로 박물관을 돌아보는 것 같은 실재감을 주는 박물관 사이트가 있다. 이런 사이트를 골라서 학습자들에게 돌아보게 하면 영어 학습과 더불어 내용에 대한 지식과 관심, 흥미를 높일 수 있다. 박물관 사이트는 텍스트, 동영상, 오디오 파일, 이미지 등 각종 멀티미디어로 정보를 제공하고 있기 때문에 듣기와 읽기 학습에 훌륭한 교재가 될 수 있다. 학습자가 자신의 수준과 흥미에 적합한 박물관 사이트를 선택하게 한 후 이 사이트를 소개하는 가이드가 되어 반 친구들에게 영어로 간략하게 소개를 해보게 한다. 이때 프로젝트와 스크린을 활용하여 박물관 사이트를 보여주면서 설명하도록 하면 실제로 박물관의 곳곳을 돌아다니는 느낌을 주기 때문에 발표하는 학생은 가이드 역할에, 듣는 학생들은 관람객 역할에 더 몰입할 수 있게 된다. 학습자에게 발표 전에 준비할 시간을 넉넉하게 주어서 박물관에 대한 이해를 충분히 하고 영어로 가이드를 할 수 있도록 한다. 이 활동을 박물관 브로슈어를 제작하는 활동과 함께 진행하면 쓰기 활동까지 할 수 있어서 네 가지 언어기능을 모두 활용할 수 있다. 브로슈어 제작을 먼저하고 가이드 활동을 하게 되면 학습자들이 박물관에 대해 더 많이 알게 되고 쓴 내용을 가이드 활동에 활용할 수 있어서 말하기에 대한 불안감도 해소할 수 있으며, 말하기 내용의 질적 향상도 도모할 수 있다. 박물관 대신 미술관 사이트를 고르면 가이드 대신 도슨트 역할을 해볼 수 있다. 이 활동에서는 학습자의 부담을 줄여주기 위하여 1~2분 내로 짧게 말하도록 하는 것이 좋다.

미국 스미소니언 자연사 박물관의 Virtual Tour 사이트

4) 더빙

영화나 애니메이션 전체를 만들지 않고 기존에 있던 동영상에 대사만 입히는 더빙 활동이다. 유튜브에서 찾아보면 처음부터 대사가 없는 짧은 동영상과 애니메이션이 많이 나와 있는데 이런 재료를 활용하여 대사를 만들어 본다. 먼저 영화를 보고 장면에 어울리는 대사를 쓴 다음에 동영상 편집기에 동영상을 탑재한 후 내레이션 기능을 이용하여 대사를 녹음한다. 대사가 있는 영상을 이용할 경우에는 동영상 편집기에 해당 동영상을 불러온 후, 음소거 기능으로 소리를 지운 다음 내레이션 기능을 이용하여 새로운 대사를 녹음하여 완성한다.

③ 말하기 활동의 절차

앞서 언급한 바와 같이 우리나라 학습자들에게 말하기는 특히 어려운 과업이다. 말하기에 앞서 학습자가 자신이 무엇을 어떻게 말할까에 대해 미리 생각하고 계획해 보는 기회를 갖는 것은 정의적, 언어적으로 많은 도움이 된다. 따라서 말하기 사전 활동이 중요한데, 말하기 사전 활동에서는 말하기에 대한 학습자의 두려움과 스트레스를 낮추어주고 말하기를 효과적으로 수행할 수 있도록 준비한다.

말하기 사전 활동의 목적은 다음과 같다.

• 학습자의 흥미와 학습 동기 고취시키기

- 학습자의 배경지식 불러오기
- 목표 의사소통 기능 및 대화와 관련된 언어 입력 제공하기
- 말하기에 필요한 어휘와 문장구조 알려주기
- 말하기를 계획하고 준비할 시간 주기
- 듣기와 연결하기
- 동영상을 통하여 말하기 내용의 맥락 보여주기

말하기 사전 활동의 예시는 다음과 같다.

- 동영상 보기
- 브레인 스토밍
- 그래픽 오거나이저graphic organizer에 생각 정리하기
- 간단히 써보기

말하기 사전 활동이 주로 말하기에 대한 계획과 준비라면, 말하기 활동 중에는 말하고자 하는 내용을 어떻게 효과적으로 전달할까에 초점을 맞추어야 한다. 그러기 위해서는 메시지를 명확하게 전달하여야 하며, 정확한 어휘와 올바른 문장을 사용하고, 상대방과의 상호작용에도 관심을 가지고, 또한 몸짓이나 표정, 억양과 같은 비언어적 요소의 사용까지 염두에 두어야 함을 주지시킨다. 말하기 사후 활동에서는 말하기 활동을 통하여 배운 것을 강화consolidation하며, 피드백을 교환하고 스스로 자신의 말하기에 대해 평가할 기회를 갖는다.

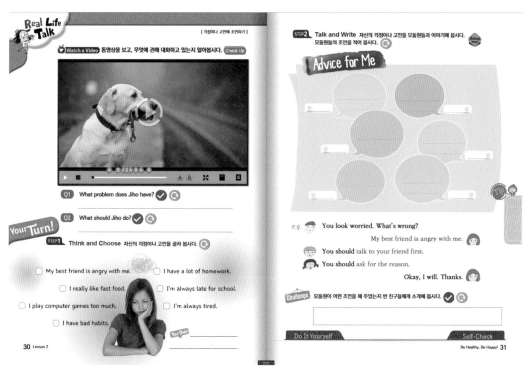

그림 7 보고 말하기
(이병민 외, 2017,
p.45)

그림 8 말하기 통합 활동
(이병민 외, 2017,
pp.30~31)

우리나라 영어 교과서에서는 쉽고 간단한 문장 말하기에서 시작하여 점차 복잡한 말하기 활동을 수행하도록 내용을 구성하고 있다. 또한 말하기 활동에 사전 활동과 사후 활동을 포함하여 학습자가 좀 더 쉽게 말하기 활동을 할 수 있도록 도와준다. 쉬운 말하기 연습을 해본 후 〈〈그림 7〉 참조〉 좀 더 복잡한 말하기 활동을 수행하게 되는데, 이때 말하기 사전 활동으로 '동영상 보기'를 제시하고 있다〈〈그림 8〉 참조〉. 동영상을 시청하는 것은 말하기에 앞서서 언어 입력language input과 예시 대화를 제공하기 때문에 학습자들에게 어떻게 말을 해야 하는지를 알려주어 특히 초급 학습자들의 말하기에 도움을 준다. 또한 동영상 시청은 학습자들의 흥미를 높일 수 있고 말하기에 대한 두려움을 낮출 수 있는 긍정적인 효과를 불러온다. 동영상을 시청하고 난 후 동영상 내용에 대해 이해했는지 간단하게 확인 질문을 함으로써 학습자들이 반응형 말하기를 연습할 기회를 준다. 〈그림 8〉에 나오는 교과서 예시에서는 말하기에 앞서 [Think and Choose]라는 또 다른 사전 활동을 제시하고 있는데 말하기에 앞서 자신의 고민에 대해 생각해 보는 브레인스토밍 활동을 통해 학습자들이 자신이 말할 내용을 미리 한번 생각해 보는 기회를 주는 것이다. 이 활동은 말하기에 대한 비계scaffolding를 형성해주어 초급 학습자들이 말하기 활동에 좀 더 쉽게 참여할 수 있도록 돕는다.

말하기 활동의 마지막에는 모둠 내에서 자신의 고민에 대하여 서로 말해보고 조언해 준다〈〈그림 8〉 참조〉. 말하기 사후 활동으로는 모둠의 조언에 대해 발표를 하거나 그래픽 오거나이저나 노트에 정리를 해본다. 그런 후 자신과 모둠원의 말하기 활동에 대해 자기 평가와 상호 평가를 하고 피드백을 교환한 후 자신이 부족한 부분과 학습이 덜 되었다고 생각하는 부분에 대하여 복습을 할 수 있는 시간을 준다.

④ 말하기 활동의 교수 전략

살펴본 바와 같이 말하기 활동에는 다양한 유형, 분량, 수준이 있는데, 학습자의 수준과 학습 목표에 따라 적절하게 선택하고 배치해야 한다. 가장 보편적인 방법은 짧고 쉬운 활동부터 시작하여 길고 복잡한 활동으로 전개하는 것이다. 이 방법은 좀 더 실제적이고 복잡한 말하기 활동을 하기 전에 기본적인 의사소통 기능을 익힐 수 있는 기회를 제공하기 때문에 특히 초급 학습자에게 유용하다. 우리나라 영어 교과서에서 말하기는 대체로 듣기를 통해 학습자가 목표 의사소통 기능에 대한 언어 입력을 받은 후, 짧고 쉬운 집중적 말하기 활동을 수행하고, 마지막으로 실제 상황과 비슷하고 학습자가 좀 더 자유롭게 연습할 수 있는 활동으로 진행하는 방식으로 이루어져 있다.

말하기는 표현언어이므로 학습자의 수준이 드러나는 언어기능이다. 따라서 말하기 활동을 구성할 때는 학습자의 수준을 고려하는 것이 중요하다. 학습자의 영어능력 수준이 낮다면 다음과 같은 전략을 활용한다.

- **간단하고 짧게 구성하기**
- **쉽게 구성하기** 학습자의 정의적 안정감을 위해서는 i-1, 즉 학습자의 현재 수준보다 한 수준 낮춰서 말하기 활동을 구성하는 것도 도움이 된다. 자신의 수준보다 약간 쉬운 수준의 말하기 활동은 학습자에게 자신감

을 부여하고 발화를 가능하게 한다.

- **친숙한 주제와 의사소통 기능 활용하기** 되도록 교과서에서 자주 접한 주제와 의사소통 기능을 활용하여 학습자가 쉽게 발화할 수 있도록 돕는다.

- **정확성 활동과 유창성 활동을 균형 있게 분배하기** 정확성 활동을 좀 더 많이 포함하되, 유창성 활동을 배제하지 말아야 한다.

- **준비할 시간 부여하기** 말하기에 앞서 주제와 말할 내용에 대해 생각해보고 구성할 수 있는 충분한 시간을 준다.

- **말하기 사전 활동을 활성화하기** 브레인스토밍, 그래픽 오거나이저와 같은 사전 활동은 말하기를 좀 더 쉽게 할 수 있도록 해준다.

- **언어 입력 제공하기** 듣기나 읽기를 통하여 언어 입력을 미리 제공하여 말하기에 연계할 수 있도록 한다.

- **배경지식 활성화하기** 말하기 활동에 활용될 의사소통 기능이나 주제, 어휘, 문법 등에 대한 학습자의 배경지식을 활성화시킨다.

- **힌트와 비계 제공하기** 예시 대화, 단어, 표현, 그림 등으로 말하기 활동에 대한 힌트나 비계를 제공한다. 이때 주의해야 할 것은 처음에 제공한 비계는 학습이 진행될수록 서서히 줄여나가야 하며, 마지막에는 학습자가 비계나 교사의 도움 없이 스스로 과업을 완성할 수 있도록 해야 한다는 것이다.

- **오류에 대한 피드백** 하위 학습자들에게는 모든 오류에 대한 지적을 하게 되면 자신감을 상실할 수도 있고 한 번에 모든 오류 교정이 다 이루어지는 것도 아니므로, 너무 많은 피드백이나 오류 교정보다는 총체적이고 중요한 중대 오류global error에 집중한다.

상위 수준 학습자를 위한 말하기 활동 구성에서는 다음과 같은 전략을 활용할 수 있다.

- **유창성 기반 말하기 활동** 정확성 기반 말하기 활동에서는 학습자가 자유롭게 원하는 말을 할 기회가 적다. 상위 수준 학습자에게는 자신의 생각과 의견에 대해 말할 수 있는 유창성 기반 말하기 활동의 기회를 주는 것이 필요하다. 특히, 토론은 상위 수준의 학습자가 도전의식을 가질 수 있는 좋은 활동이다.
- **정확한 발화 유도하기** 유창성 기반 말하기 활동을 한다고 하여 유창성에만 초점을 두라는 의미는 아니다. 유창성이 어느 정도 확보가 되어 있는 학습자는 더 정확하고 정교하게 말하는 능력을 신장시킬 수 있는 활동도 함께 병행해야 한다.
- **상위 전략 향상시키기** 상위 학습자들은 말할 때 문장뿐만 아니라 담화 수준에서도 조직적으로 구성할 수 있는 능력을 키워야 한다. 말한 내용에 대해 피드백을 주거나 자신이 말한 것을 다시 듣고 분석하는 기회를 갖는 것이 도움이 된다. 사회문화적 상황을 포함하고 있는 동영상을 보여주고 맥락을 파악하게 하는 활동이나 목표 언어의 문화에 대한 토론 활동 등은 다양한 문화적·상황적 요인을 고려하여 말할 수 있는 능력을 향상시키는 데 효과적인 활동이다.

말하기 교수 시 유의점을 요약하면 다음과 같다.

① 발화를 할 수 있는 기회를 많이 제공하라.

② 다양한 상황에서 말하기 연습을 하라.

③ 실제적 맥락을 제공하라.

④ 진정성 있는 언어를 사용할 수 있도록 하라.

⑤ 멀티미디어 자료를 포함하여 실제적인 자료를 활용하라.

⑥ 다른 언어기능, 특히 듣기와 연계하라.

⑦ 학습자의 말하기에 대한 내적 동기를 높여라.

⑧ 학습자의 불안감을 낮추어라.

⑨ 적절한 피드백을 제공하라.

3
토론 및 활동

1) 다음 용어의 뜻을 써 보시오.

   a. 의사소통 능력(communicative competence)

   b. 집중적 말하기(intensive speaking)

   c. 반응형 말하기(responsive speaking)

   d. 수행오류(performance error)

   e. 화석화(fossilization)

2) 우리나라 학습자들의 영어 말하기 문제점이 무엇인지 진단하고 극복할 수 있는 방안을 토론해 보시오. 본문에서 언급한 말하기의 어려움 중 한국 학습자에 해당하는 것은 어떤 것이 있으며, 그 외에도 어떠한 문제와 어려움이 있는지 논의해 보시오.

3) 본문에 나오는 〈그림 8〉 말하기 활동을 기본으로 말하기 수행 평가 문항과 채점 기준을 만들어 보시오. 채점 기준의 근거를 설명해 보시오.

4) 멀티미디어와 기술을 활용하여 학습자의 말하기 동기와 흥미를 높일 수 있는 말하기 학습 활동을 만들어 보시오.

5) 아래와 같은 의사소통 기능을 활용하여 말하기 활동을 하려고 합니다. 다양한 학습자들의 수준을 고려하여 말하기 활동을 세 가지 수준별로 구성해 보시오. 말하기 활동의 수준별 구성에서 고려하여야 할 점은 무엇인지 논의해 봅시다.

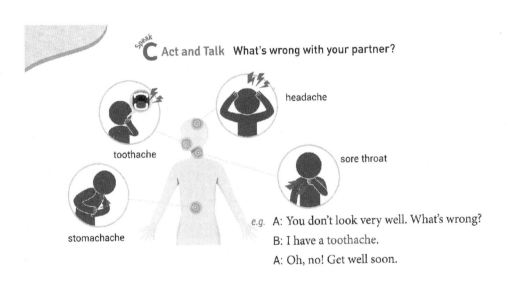

그림 9 (이병민 외, 2017, p.28)

참고문헌

이병민, 이상민, Kim Christian, 고미라, 김수연. (2017). *Middle school English 1*. 서울: 동아출판.

Brown, H. D. (1994). *Teaching by principles*. Englewood Cliffs, NJ: Prentice Hall.

Burns, A., & Joyce, H. (1997). *Focus on speaking*. Sydney: National Center for English Language Teaching and Research.

Canale, M., & Swain, M. (1980). Theoretical bases of communicative approaches to second language teaching and testing. *Applied Linguistics*, 1, 1–47.

Chaney, A. L., & Burk, T. L. (1998). *Teaching oral communication in grades K-8*. Boston: Allyn & Bacon.

Nunan, D. (1991). *Language teaching methodology*. London: Prentice Hall.

Nunan, D. (1994). *ATLAS*. Learning–centred communication. Boston: Heinle & Heinle.

Nunan, D. (2003). *Practical English language teaching*. Singapore: McGraw–Hill.

Savignon, S. (2001). Communicative language teaching for the twenty–first century. In M. Celce–Murcia (Ed.), *Teaching English as a second or foreign language* (pp.13–28). Boston, MA: Heinle & Heinle.

Savignon, S. (2002). *Interpreting communicative language teaching: Contexts and concerns in teacher education*. New Haven: Yale University.

Xi, X., Higgins, D., Zechner, K., & Williamson, D. M. (2008). Automated scoring of spontaneous speech using SpeechRaterSM v1. 0. *ETS Research Report Series*, 2, i–102.

3장

읽기 지도론

수업 전 토론

이 단원을 학습하기 전 혹은 학습하는 동안 다음과 같은 내용을 생각하고, 조원들과 토론해 보시오.

– 영어 읽기를 왜 배우는가? (영어 읽기의 목표)

– 영어 독해를 능숙하게 한다는 것은 무슨 의미인가?

– 왜 독해를 어려워하는 학습자가 많은가?

– 우리나라 영어 독해 지도 방식은 효과적인가?

– 영어 독해 교수법에서 더욱 강조되어야 할 것은 무엇인가?

– 학생들이 영어 읽기를 즐겁게 할 방법은 무엇인가?

1

읽기 이론

① 읽기란?

"No tears in the writer, no tears in the reader. No surprise in the writer, no surprise in the reader." – Robert Frost

읽는다는 것은 글에서 의미 있는 어떤 것을 얻어내는 활동이다. 글을 읽음으로써 얻어내는 것은 즐거움, 호기심 충족, 정보, 상대방의 생각 등 다양하지만 글쓴이의 마음으로부터 내 마음으로 의미가 전달되는 상호작용의 과정이다.

1) 기본 읽기 과정

읽기의 과정은 생각보다 복잡하다. 글쓴이의 생각과 전달 내용은 텍스트라는 언어 매개체로 기호화 되어서 전해진다. 읽는 이는 이 기호화된 글을 해독해야 한다. 이러한 과정 후에 그 내용이 비로소 의미가 되어 읽는 이의 마음에 전달된다.

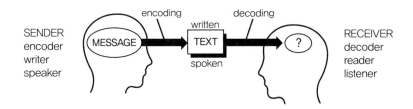

그림 1 읽기의 기본 과정
(Nuttall, 2005, p.4)

이러한 읽기 과정을 보다 분석적으로 들여다보면 훨씬 더 복잡한 읽기 지식과 기술들이 요구된다. 먼저 읽기를 잘하기 위해서는 내용적, 형태적인 배경지식schema이 필요하고, 문법, 철자, 어휘 등의 언어지식이 필요하다. 그 외에 문자 해독 기술decoding skill, 문자 인식 기술, 어휘·문장·단락의 내용 이해, 감상, 비판적 평가, 속독 등의 읽기 기술reading skill이 요구된다.

2) 읽기의 상호작용 과정

읽기는 글쓴이의 생각이 글 읽는 이에게 전달되는 일방향의 과정이 아니며 쌍방향의 상호작용이다. 저자가 전달하려고 하는 의도를 독자가 이해하는 과정은 매우 능동적이다. 영어 읽기를 위하여 언어 지식과 기술을 갖추고 있더라도 이러한 상호작용이 부족하다면, 작가가 의도하는 바를 정확하게 파악하지 못하고, 읽는 과정이 더디거나 읽고도 머릿속이 정리가 되지 않는 어려움을 느끼게 된다. 그러면 독자가 읽기 과정에서 어떤 능동적인 상호작용을 하는가?

저자와 독자 간에 글로써 전달하려는 바를 주고받으려면 전제되어야 할 것이 있다. 이를 협동 원칙cooperative principle이라고 한다. 저자와 독자가

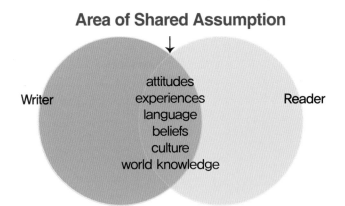

Area of Shared Assumption

Writer　attitudes　experiences　language　beliefs　culture　world knowledge　Reader

그림 2 저자와 독자가 공통
　적으로 가지고 있는
　공유 가정의 영역
　(Nuttall, 2005, p.7)

상호 공유하는 영역이 있다는 전제를 **공유 가정**shared assumption 이라고 한다. 이는 말하기뿐만 아니라 읽기에도 참여자 간의 상호 소통을 위해서 반드시 공통적으로 존재해야 하는 무언의 코드이다. 〈그림 2〉와 같이 글쓴이와 읽는 이 간의 소통을 위해서는 언어, 문화, 세상지식, 경험 등에서 공통적인 코드가 있어야 한다. 작가가 글을 쓸 때는 자신이 타겟으로 하는 독자가 자신과 같은 공유 가정을 가지고 있을 것이라는 **전제**presupposition로 글을 쓴다. 만일 이러한 작가의 전제가 틀렸다면 작가의 의도는 독자에게 잘 전달되지 않는다.

'아바타'의 굴욕··· SF 징크스 넘지 못해

1월 역대 세계 흥행 최고기록을 경신한 3D 블록 버스터 아바타는 지난달 BAFTA 시상식에 이어 '허트로커'와의 맞대결에서 완패했다. 두 영화는 BAFTA에서도 나란히 8개 부문에 노미네이트 됐지만 '허트로커'가 작품, 감독, 각본 등 주요 6개 부문상을 가져간 반면 '아바타'는 시각효과 등 2개 부문 수상에 그쳤다. 세계 영화 산업의 구세주로까지 평가 받았지만 시각적 기술 혁신과 관련된 상만 받은 것이다.

앞의 기사에서 글쓴이는 독자에 대해 어떠한 전제를 가지고 글을 썼을까 생각을 해보자.

여기에서의 글쓴이(신문 기자)의 전제는 무수히 많다. 몇 가지만 예로 들면, 우선 독자가 '블록버스터' '3D' '노미네이트' 등과 같은 외래어에 친숙할 것이라는 언어 지식의 전제가 있다. 또한 'SF 징크스'(국제영화제에서 공상과학 장르의 영화는 상을 못받는다는 징크스)라는 의미가 무엇인지에 대한 배경지식을 공유한다는 전제가 있다.

반면 독자는 글을 읽을 때 저자와 공유 가정을 가진다는 협력 원칙에 입각한 예측prediction을 하게 된다. 위의 신문기사를 예로 생각해보면, 기사를 쓴 기자와 공유 가정이 비교적 유사한 독자가 능동적인 상호작용을 하면서 기사의 제목을 읽는다면 "아! 영화 아바타가 그렇게 흥행을 했지만 영화제에서 상은 못 받았군. 역시 SF 영화가 작품성을 인정받기는 어려워. 그럼 무슨 영화가 상을 받았지?"와 같은 예측을 하며 기사 본문을 읽게 된다.

이러한 작가의 전제와 독자의 예측이 조화롭게 상호작용을 한다면 독자는 읽기에 성공하겠지만, 이러한 상호작용이 항상 원활할 수는 없다. 작가는 글을 읽을 불특정 독자의 공유 가정을 정확히 파악하기 어려운 경우가 많고, 읽는 이 역시 작가의 전제와 다른 공유 가정을 가지고 있거나, 그 전제에 입각한 능동적인 글 읽기 노력을 하지 않을 수 있다. 제2언어로서 영어를 읽는 경우는 작가와 독자의 공유 가정이 매우 다를 수 있으므로, 전제와 예측에 있어 더욱 심각한 불균형이 있게 된다. 이것이 바로 외국어 읽기를 어렵게 만드는 주된 이유가 될 수 있다.

3) 읽기의 이해 과정

듣기의 이해 과정과 마찬가지로 텍스트를 이해해 가는 읽기 과정에서도 읽는 이는 목적에 따라 두 개의 서로 다른 과정을 거치게 된다. 이 과정은 모국어 읽기에 능숙한 사람이라면 무의식적으로 자연스럽게 진행되는 과정이며, 각 과정은 상호 보완적이다.

① 상향식 과정(bottom-up processing)과
하향식 과정(top-down processing)

상향식 과정은 읽기를 글자, 단어, 문장구조 등 작은 언어단위부터 치밀하고 꼼꼼하게 읽어나가서 전체 의미를 쌓아나가는 과정이다. 단어와 문장 그대로의 의미를 정확히 해석하는 것을 일차적인 목표로 한다. Nuttall(2005)은 이러한 과정으로 글을 읽는 독자를 돋보기를 사용하여 숲속 길의 풀과 꽃을 자세히 살피는 생물학자의 모습에 비유하였다. 그러면 이러한 상향식 읽기 과정은 어떠한 읽기 목적으로 사용될까? 우선 하나하나의 정보가 모두 중요한 학술서적 읽기나 작가의 언어유희와 스토리를 충실히 따라가며 감상하는 시, 소설과 같은 문학작품을 생각할 수 있다. 또한 내용이 어려워서 잘 이해가 가지 않는 어려운 텍스트를 최대한 이해해보기 위해 다시 꼼꼼히 한 줄 한 줄 다시 읽는 경우도 이에 해당한다.

이와는 반대로 하향식 과정은 첫 문장부터 차례로 자세히 읽기보다는 전체 요지나 주제 등을 먼저 파악한 후 중요한 부분을 좀 더 자세히 읽어가는 방식이다. 하향식 읽기 방식은 좀 더 내용 중심의 글 읽기에 가깝다. 이전 읽기 경험에서 쌓인 스키마, 읽기 전략 등을 적극적으로 사용하면서 내용을 예측하고 추론하여 읽기 목적을 달성하는 방식이다. Nuttall(2005)은 이러한 하향식 읽기를 하는 사람을 하늘에서 숲을 내려다보는 독수리에 비유하였다. 독수리의 관점에서 보는 숲은 땅에서 보는 것과 달리, 전체 숲의 크기와 자연의 형태, 다른 인근 지형과의 조화 등을 보게 된다. 우리가 모국어로 글을 읽는 대부분의 경우는 이러한 하향식 읽기 과정을 거친다. 예를 들어 인터넷에서 자료를 검색하여 읽거나, 뉴스 기사 등을 읽을 때 혹은 분량이 많은 실용서적을 읽을 때 하향식 읽기를 한다는 사실을 알 수 있다.

② 읽기 과정의 상호작용(interaction of reading processes)

앞서 말했듯이 읽기 과정은 글쓴이가 읽는 이에게 일방향적으로 전달하는 과정이 아닌 양자의 상호작용 과정이다. 이러한 읽기 과정의 상호작용의 관계는 다각적으로 설명 가능하다. 첫째, 상향식 과정과 하향식 과정의 상호작용이다(Nuttall, 2005). 글을 읽을 때 독자는 읽기 목적에 따라 의식적, 무의식적으로 서로 다른 읽기 과정을 번갈아 가면서 사용한다. 하나의 텍스트 안에서도 수시로 읽는 목적에 따라 이 두 가지 과정을 넘나들면서 글을 읽는다. 둘째, 스키마와 텍스트의 상호작용이다(Rumelhart, 1977; Stanovich, 1980). 독자는 글을 읽으면서 수시로 자신이 알고 있는 배경지식과 읽는 내용을 관련 지으며 이해를 시도한다. 즉 글을 읽다가 생각하고 다시 다음 텍스트를 읽는 식이다. 스키마와 텍스트의 상호작용이 서로 연결이 잘 되어야 성공적으로 글을 이해할 수 있다. 셋째, 작가와 독자의 상호작용이다(Grabe, 2009; Nystrand & Himley, 1984). 글쓴이는 글을 쓰면서 독자를 항상 염두해 둔다. 타겟으로 삼은 독자가 자신의 글을 잘 이해할지 자신에게 동의할지, 이 내용을 좋아할지를 계속적으로 고민하면서 내용을 구성하고 어휘를 고르게 된다. 또한 독자 역시 글을 읽으면서 그 글의 작가에 대해 계속 생각한다.

② 읽기 능숙도와 영어 읽기 기술(reading skills)

1) 읽기 능숙도의 과정

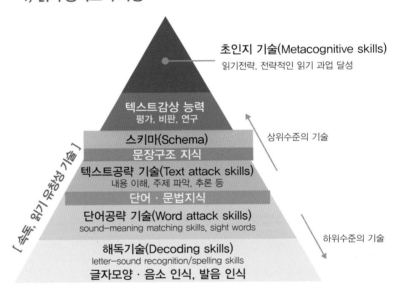

그림 3 읽기 능숙도 과정

읽기 능력의 발달은 어떠한 과정을 거치게 되는가? 읽기 능숙도reading proficiency의 과정을 도식화해 보면 〈그림 3〉과 같이 정리할 수 있다. 읽기 능력을 발전시키는 데는 엄격한 규칙이 있는 것이 아니며 동시적으로 이루어지거나 순서가 뒤바뀔 수도 있다. 대체로 읽기능숙도는 〈그림 3〉

과 같은 기술과 지식을 하위 수준decoding skills부터 상위 수준metacognitive skills으로 순차적으로 습득하면서 향상된다.

〈그림 3〉에서 제시된 것처럼 읽기 능숙도는 읽기 기술skills과 읽기 지식knowledge으로 구성된다.

2) 읽기 기술

읽기 기술은 분류하는 방법이 학자마다 다르지만, 크게 다섯 가지로 분류할 수 있는데, 하위 기술부터 열거하면 '글자 해독 기술, 단어 공략 기술, 텍스트 공략 기술, 초인지 기술, 유창성 기술'이 그것이다. 이를 하나씩 살펴보면 다음과 같다.

① 글자 해독 기술(decoding skills)

제2언어 읽기에서의 글자 해독 기술이란 대개 영어 알파벳을 읽고, 단어의 글자 조합을 발음하며, 스펠링을 이해하는 능력을 포함한다. 성인 외국어 학습자의 경우에는 이미 모국어를 학습한 경험을 바탕으로, 각각의 알파벳 글자를 식별하고, A를 "에이"로 읽을 수 있는 능력을 가지게 되는데 이를 글자 해독 기술로 이해하면 된다. 그러나 글자를 익히기 전 아동의 경우 동그라미와 직선의 모양에서 영어의 'O'와 'L'을 식별해내는 능력인 음소 정자법phonemic orthography부터 익혀야 한다.

음소 인식(phonemic awareness)

알파벳 하나하나의 형태와 소리를 이해하는 과정 다음에 필요한 기술은 음소 인식 능력이다. 음소 인식은 성인 외국어 학습자에게는 이미 형성되어 있는 기술로 모국어로 읽기를 시작하는 유·아동은 반드시 한 번은 습득하여야 하는 기술이다. 음소 인식이란 구두 언어로 말을 배우기 시작한 아동이 단어를 듣고 이것이 분절 가능한 각각의 소리의 조합이라는 사실을 아는 것이다. 예를 들어 'dad'를 듣고 /d æ d/로 소리가 나누어진다는 사실을 인식하는 것이다. 유아들에게 /t/ 소리가 나면 박수를 치도록 하고, 'story' 'east' 'tomorrow' 등의 단어를 천천히 발음하여 주면 영어 음소 인식 능력이 있는지 여부를 알 수 있다.

파닉스(phonics)

파닉스 기술은 음소 인식보다 한 단계 더 높은 읽기 기술이다. 한 단어는 분절되는 소리의 조합으로 이루어져 있음을 알고, 들은 소리를 분절해서 인식할 수 있는 능력이 음소 인식인 반면에, 파닉스는 글로 써놓은 단어를 보고 각 소리를 하나로 연결하여 발음하는 능력이다. 특히 영어 파닉스 기술은 모국어를 사용하는 아동의 경우조차도 자연스럽게 습득되지 않는 경우가 많아서 파닉스의 기본 규칙인 음소 패턴을 별도로 연습시키는 경우가 많다. 예를 들어 '__ at'라는 음소가 '/æt/' 발음되는 것을 반복적으로 연습시키기 위해 'cat,' 'pat,' 'bat,' 'mat' 등의 단어를 제시하고, 'fat'를 혼자 읽어보게 하는 활동을 할 수 있다. 파닉스 기술은 L2 학습자의 가장 기초적인 읽기 기술이라고 할 수 있으며, 기본 파닉스 체제를 이해하고 익히게 되면, 영어 단어를 소리 내어 읽을 수 있다는 점에서 매우 중요한 기술이다. 그러나 영어 단어는 예외가 많아 파닉스 체제만으로는 완벽하게 읽을 수 없고, 단순한 글 읽기일 뿐 이해와는 무관하며, 개별 아동의 인지발달에 따라 파닉스를 익힐 수 있는 시기가 매우 다르다는 점을 간과해서는 안 된다. 파닉스는 배우기보다 다양한 방식으로 영어 철자에 노출되면 추후에 자연스럽게 터득하게 되는 경우도 많으므로 만일 의도적으로 훈련할 때에는 학습자의 인지적인 준비 상태를 살펴보는 등의 각별한 주의가 필요하다.

철자(spelling)

소리와 글자의 관계를 인식하는 기술이라는 점에서 파닉스와 유사하지만, 철자는 쓰기와 연관된다는 점에서 생산적인 기술productive skill이다. 단어를 듣거나 보고 난 다음 철자를 떠올리거나 쓸 수 있는 능력은 읽기에 도움이 된다. 철자를 자연스럽게 익히는 우연적 학습incidental learning에 규칙 등을 익히고 암기하는 의도적 학습deliberate learning이 추가되면 학습 속도가 빨라진다. 길고 복잡한 단어의 철자를 익히기 위해 철자 규칙이나 글자 조합 시스템을 알아두는 것이 좋은데 이러한 체계를 배워 단어의 철자를 학습하는 것을 체계 학습system learning이라고 하고(예: resist, resistance, irresistible, irresistibly) 짧고 분절이 되지 않는 단어를 통째로 외우는 것을 항목 학습item learning이라고 한다(예: dog, after, school).

② 단어 공략 기술(word attack skills)

단어 공략 기술은 음소해독 기술의 연장으로 기호에 불과했던 글자의 조합인 단어를 의미로 이해하는 능력이다. 읽기 텍스트에 있는 단어를 보고 뜻을 이해하는 능력으로 아래의 여러 가지 능력이 포함된다.

사이트 워드(sight words)

단어를 보고 한눈에 뜻과 발음을 떠올릴 수 있는 단어를 사이트 워드라고 한다. 사이트 워드가 많을수록 읽기의 유창성이 좋아진다. 따라서 사이트 워드는 단어 해석 기술의 기본이라 할 수 있다. 관사, 전치사, 단음절, 빈출 단어는 대부분 사이트 워드로 볼 수 있으며, 읽기 경험이 풍부한 사람일수록 사이트 워드가 많은 것이 일반적이다. 성공적인 읽기 학습자의 경우는 주로 2~3개의 단어 뭉치word chunk를 한눈에 알아보는 경우가 많으므로 읽기 속도가 빠르다. 읽기를 배우기 시작하는 아동을 단어에 자주 노출시키거나 이미지로 형상화 된 단어를 제시하면 사이트 워드를 증가시키는 데 도움이 된다.

Fry's First 100 words

1. the	21. at	41. there	61. some	81. my
2. of	22. be	42. use	62. her	82. than
3. and	23. this	43. an	63. would	83. first
4. a	24. have	44. each	64. make	84. water
5. to	25. from	45. which	65. like	85. been
6. in	26. or	46. she	66. him	86. called
7. is	27. one	47. do	67. into	87. who
8. you	28. had	48. how	68. time	88. am
9. that	29. by	49. their	69. has	89. its
10. it	30. words	50. if	70. look	90. now
11. he	31. but	51. will	71. two	91. find
12. was	32. not	52. up	72. more	92. long
13. for	33. what	53. other	73. write	93. down
14. on	34. all	54. about	74. go	94. day
15. are	35. were	55. out	75. see	95. did
16. as	36. we	56. many	76. number	96. get
17. with	37. when	57. then	77. no	97. come
18. his	38. your	58. them	78. way	98. made
19. they	39. can	59. these	79. could	99. may
20. I	40. said	60. so	80. people	100. part

그림 4 사이트 워드의 예

단어의 중요도/난이도 식별

읽기 중에 새로운 단어를 접할 때 눈여겨서 봐두어야 할 단어와 그렇지 않은 단어를 구별할 수 있는 것도 읽기 능력에 필요한 기술이다. 단어를 보고 앞으로 자신이 사용해야 할 것으로 판단되는 단어active words인지, 중요하지만 의미만 알아두면 되는 단어receptive words인지 중요하지 않아서 기억해 둘 필요가 없는 단어throwaway word인지 구분하는 것이다. 또한 어려운 텍스트를 읽는 중에 모르는 단어를 접했을 때 이를 무시하고 핵심내용에 주력하는 것도 단어해석 기술이다.

단어 뜻 유추(inferencing word meaning)

책을 읽을 때 모르는 단어가 나오는 것은 일반적이다. 아무리 읽기 능력이 좋은 사람일지라도 영어 단어의 의미를 모두 알고 책을 읽는 것이 아니므로, 책을 잘 읽으려면 단어 실력뿐만 아니라 모르는 단어가 나왔을 때 자동적으로 그 뜻을 유추하는 기술이 뛰어나야 한다. 유추 기술이 부족하면 읽기 속도가 느려지고 읽기의 어려움을 느끼게 된다. 모르는 단어의 뜻을 추측할 때 많은 경우 단어의 **형태적 단서**morphological clue로 유추하게 된다. 예를 들어, 'broony'라는 실제로 없는 단어를 보고 형태적인 단어로 sunny나 gloomy를 떠올리며 형용사일 것으로 추측하는 것이다. 혹은 'pilable'이라는 단어를 볼 때 'pile'이라는 단어를 떠올리고 관련된 의미일 것으로 유추할 것이다. 또한 **구조적인 단서**structural clue를 토대로 단어가 명사 앞에 있다면 형용사라고 추측하게 되고, 주어나 조동사 다음에 있다면 동사일 것으로 추측하게 된다. 물론 단어의 뜻 파악에 형태적, 구조적인 단서로만은 부족하며 **문맥상의 단서**contextual clue를 유념하여 의미를 유추하는 능력도 필요하다. 읽기 과정은 적극적인 상호작용의 과정이므로 읽는 사람은 작가의 의도와 맥락을 파악하는 한편, 다음을 예측하면서 글을 읽으므로 맥락 안에서 낯선 단어의 대략적인 의미를 이해할 수 있다.

③ 텍스트 공략 기술(text attack skills)

텍스트 공략 기술은 단어를 넘어 문장단위, 구·절 단위의 읽기 기술이다. 텍스트 공략 기술은 매우 다양한데, 먼저, 상향식bottom-up 읽기에서 언어 단위인 단어, 문장의 구조와 응집성cohesion에 집중하여 문장의 의미를 이해하는 기술이다. 둘째, 문장 단위보다 더 확장된 담화 단위의 맥락을 이해하는 기술이다. 담화 단위 맥락은 각각의 문장의 뜻과 행간의 의미, 숨겨진 맥락상의 뜻을 포함한다.

문장 단위 텍스트 공략 기술

우리나라 독해 수업에서 가장 일반적으로 지도하는 기술로 복잡하고 어려운 문장의 뜻을 정확하게 이해하기 위해서 **문장구조**syntax를 분석하여 파악하는 방법이 있다. 또한 문장 단위 텍스트 공략 기술은 문장 내 **응집장치**cohesive devices가 지시하는 바를 파악해서 이해하는 기술이기도 하다. 문장 내에서 내용의 응집력을 강화시켜주는 장치로는 아래 문장과 같이 대명(동)사, 생략ellipsis, 어휘 응집(유의어 등)이 있는데 이들 장치가 지시하는 바를 파악하는 능력이 필요하다.

응집 장치 cohesive devices의 예

- Josh will jump if he is ready. (대명사)
- Is this kiwi ripe? It seems so. (대명사)
- Mary ate some cookies, and Robert [blank] some jellies. (생략)
- There was a snake under the bush. The serpent was truly unique. (유의어)

또한 문장 내 **담화 표지**discourse markers를 유념하여 문장 관계를 예측하거나, 전후 관계를 파악하는 읽기 기술도 중요하다. 문장 내 담화 표지는 독자에게 사건의 순서(예: then, first, next, at once), 저자의 관점(예: moreover, therefore, in fact, nevertheless), 저자의 담화 구성 방식 등에 대한 단서(나열, 예시, 요약)를 제공한다.

단락(담화) 단위의 텍스트 공략 기술

문장 하나하나의 해석을 넘어서 담화상, 단락의 문맥상 이 문장의 **기능적 가치**functional value가 무엇인지를 이해하는 기술이다. 예를 들어, 단어의 뜻을 정의하려는 것인지, 일반화를 시키는 것인지, 예시를 들어주려는 것인지, 결론을 내리려는 것인지 등 작가가 부여한 문장의 기능적 가치를 파악하면서 글을 읽을 수 있는 능력이다.

- The scale is a set of numbers used to measure the level of something.(정의)
- There are two types of acid, organic and inorganic.(분류)
- History repeats and that is why we learn it.(주장 혹은 설명)
- Don, not surprisingly, did all of his own work from design to construction.(평가)

문장 간의 관계에서의 **일관성**coherence을 파악하는 것 역시 주요한 텍스트 공략 기술이다. 일관성이란 앞뒤 문장(단락) 간 사고의 연결 관계를 말하는데 대부분의 좋은 글은 이러한 관계가 분명하며, 독자들이 이러한 일관성을 파악하면 이해가 쉽다. 대개 일관성 있는 글의 전후 단락 관계는 '일반론 ⇨ 구체화', '진술 ⇨ 예시', '문제점 ⇨ 해결안', '질문 ⇨ 답변', '주장 ⇨ 상반된 주장' 등과 같다.

그 외에도 담화의 **논리적 구성**logical structure의 흐름을 따라가는 기술, 저자의 **전제**presupposition 혹은 숨은 의도를 유추하는 기술, 글의 **함의**implication를 파악하는 기술, 다음의 내용이나 결말 등을 사전에 예측하는 기술 등도 상위의 텍스트 공략 기술이다.

읽기 기술은 학자에 따라서 매우 다양하게 분류하고 있으며, 독립적인 단위의 기술로 보는가 하면 계층화된 등급으로 보기도 한다. Gordon (1982)의 '세 가지 읽기 능력'의 분류에 제시된 읽기 기술은 다음과 같다.

〈표 1〉 세 가지 읽기 능력

Reading skills development		
Names of letters	Vowel diagraphs	Root words
Introduce words	Silent letters	Prefix and suffix
consonants	Plurals	Synonyms
Vowels	Compound words	Antonyms
Sight words	Context clues	Homonyms
Blends	Contractions	Multiple meaning
Word division	Rhyming words	Pronunciation Key
Consonant diagraphs	Hard and soft 'c'and 'g'	Word definitions
Reading comprehension development		
Categorizing	Summarize	Figurative language
Sequencing	Predict outcomes	Literacy forms
Follow directions	Recognize emotions	Evaluate characters
Read for facts	Make inferences	Evaluate settings
Retell story	Reliability of source	Factual conclusions
Main idea	Compare and contrast	Fact, fiction, and opinion
Key words	Make judgements	
Reading research and study skills		
Alphabetize	Classify books	Atlaes, maps, graphs
Table of contents	Information from various	Cross-referencing
Dictionary skills	sources	Use of index
Encyclopedia	Use of glossary	

(Gordon, 1982)

첫 번째 읽기 기술은 가장 낮은 단계로 기본 알파벳, 자음·모음, 어근, 접두사, 접미사, 동의어·반의어 등 철자와 단어 단위에서의 읽기 능력을 말한다. 두 번째 읽기 이해 능력은 다양한 종류의 글에 대한 이해와 보다 심도 있는 이해를 위한 요약, 재구성, 내용 평가, 내용에 대한 의견 정립 등을 포함하고 있다. 셋째, 읽기를 통한 연구·학습 능력은 색인, 사전, 참조자료 찾기, 정보 검색 능력 등의 학술적인 목적으로 읽기를 할 때 요구되는 능력을 별도로 제시하였다.

④ 초인지 기술(metacognitive skills)

지금까지 소개한 모든 읽기 기술은 뇌의 인지 활동으로 습득되는 인지 기술cognitive skill에 해당한다. 습득된 인지 기술은 읽기 과정에서 무의식적, 자동적으로 적용되어 성공적인 읽기 이해를 돕는다. 반면 초인지 기술은 내가 적용하는 읽기 기술에 대해서 이해하고, 독자 스스로 의도적으로 계획하고 조정하는 능력이다. 초인지 기술은 성공적인 읽기에 있어 매우 중요한 상위 기술로 제2언어 학습자에게 지도할 필요가 있다. 독자는 자신이 하는 읽기 행위에 대한 이해와 읽기 기술에 대한 지식metacognitive knowledge이 있어야 초인지 기술을 사용할 수 있다. 실제 생활에서의 글 읽기는 모두 목적이 있으므로, 목적 지향적인 글을 읽기 위해서는 초인지 기술이 매우 중요하다. 초인지 기술에는 다음과 같은 예가 있다.

- **계획하기** 읽기 목적을 파악하여 주어진 시간 내에 읽기 목적을 달성할 수 있는 계획을 세운다(예: 중요하지 않은 부분은 지나가고 주제 파악을 먼저 하기).

- **이해 점검** 읽기 과정 중에 자신이 잘 이해하고 있는지 확인해보는 것이다(예: 앞으로 가서 다시 읽어보거나, 전후 맥락을 살피기).
- **잘못 이해한 부분 바로잡기** 읽는 도중에 잘못 읽은 부분을 파악하여 다시 이해한다.
- **수정하기** 읽고 잘못된 부분을 수정한다(예: 주로 작문 후 점검 시에 수정을 목적으로 하는 의식적인 글 읽기).
- **요약하기** 요약을 목적으로 주요 내용과 주요 표현, 키워드에 주목하여 읽는다.
- **평가하기** 단순히 내용 이해 차원이 아닌, 작가의 주장·입장 등에 대한 견해, 글의 내용이나 작문 수준에 대한 평가를 목적으로 읽는다.

읽기 전략reading strategies은 초인지 기술 중 하나이다. 읽기 기술reading skills과 읽기 전략은 읽기 과정에서 거의 동일한 행위를 하는 것으로, 그 차이는 기술을 무의식적으로 적용하느냐 아니면 의도적으로 활용하느냐에 있다. 다년간의 독서 경험과 노력으로 영어 읽기 능력이 좋은 영어 학습자가 자신의 수준에서 편하게 읽을 수 있는 영어 독서를 하는 경우 자신도 모르게 다양한 리딩 스킬을 사용하여 글을 읽을 것이다. 반면, 도전적이고 어려운 읽기 과제(예: 영어 원서를 읽으며 수업 토론 준비하기, 혹은 수능 독해 시험보기)를 수행하여야 하는 경우에는 의식적으로 읽기 전략을 수립하여 글을 읽게 된다. 다양한 읽기 전략과 읽기 전략 지도는 다음 장에서 소개하기로 한다.

⑤ 유창성 기술(fluency skills)

읽기 유창성이란 주어진 시간 안에 더 많은 글을 이해하는 능력이다. 무한대의 텍스트 정보를 다루어야 하는 21세기 현대 사회에서 유창성 기술은 무엇보다 중요하다. 유창성 기술은 세 가지로 설명할 수 있다. 첫째, 읽기 속도reading speed이다. 유창한 읽기는 빠른 속도로 읽을 수 있는 능력이다. 읽기 속도는 통상 분당 몇 단어를 읽을 수 있는가를 측정하는데 WPM(word per minuite)이라는 단위로 표기한다. 모국어 기준으로 읽기 능력이 뛰어난 경우 대략 250~300wpm 정도이며, 외국어 학습자의 경우에는 이보다 낮은 수준이 일반적이다. 읽기 속도 측정에는 반드시 이해도 점검이 병행되어야 한다. 속도는 빠르나 텍스트 이해도가 현저히 낮으면 유창하다고 볼 수 없다. 최소 60~70% 이상의 이해도를 유지하는 수준에서 속도를 측정해야 한다.

둘째, 읽기 전략reading strategies이다. 빠르게 읽으려면 주어진 읽기 목표에 대한 이해가 분명해야 하며, 이에 맞는 읽기 기술을 최대한 활용해야 성공적인 읽기 수행이 가능하다. 우리가 잠시 휴식시간을 이용하여 인터넷 뉴스를 볼 때는 첫 줄부터 한 단어 한 단어 문장구조를 생각하며 정확히 읽지 않는다. 먼저 제목을 보고, 전체적으로 훑어보면서 중요하지 않은 부분은 건너뛰고 핵심사항만 파악하고 넘긴다. 빠르게 읽으려면 핵심사항을 파악하고, 스키마를 바탕으로 읽기 스킬을 적극적으로 활용하는 고도의 전략이 필요하다.

셋째, 다독extensive reading이다. 유창성 기술은 풍부한 읽기 경험에서 습득되는 것이다. 많이 읽지 않고서 빨리 읽는 것은 불가능할 것이다. 읽기 입력이 많은 경우에 사이트 워드가 많아지고, 한 번에 읽을 수 있는 단어수

가 늘어날 것이다. 다음의 〈그림 5〉는 아이 트랙커eye tracker라는 프로그램
으로 글을 읽는 독자의 시선을 추적한 것이다. 그림을 보면 글을 읽을 때
독자는 좌측에서 우측으로 일정한 라인을 그리며 시선을 이동하지 않고,
동그란 점으로 표현된 것처럼 한곳에 머물렀다가 몇 개의 단어를 건너뛰
고 한 단어에 머무르는 형태를 보인다는 사실을 알 수 있다. 책을 빠르게
읽는 독자는 느리게 읽는 독자보다 이 점프 구간의 폭이 넓다. 즉 다독으
로 단어와 단어뭉치(상용구, 연어, 고정어 등)에 친숙하여 사이트 워드를 많이
보유한 독자가 읽기 속도가 빠르다는 사실이 증명된 것이다.

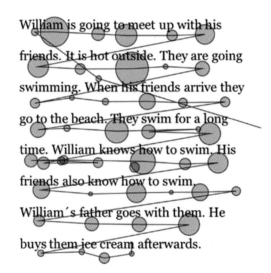

그림 6 아이 트랙커로 본
독자의 시선 이동
(eye movement)

3) 읽기 지식

읽기 지식은 읽기 능숙도에 있어서 매우 중요한 요소이다. 읽기 기술
만으로 읽기를 잘할 수 없으며, 읽기 지식이 함께 동반 학습되어야만 높은

수준의 읽기 능숙도에 도달할 수 있다. 독자가 반드시 습득해야 할 세 가지 읽기 지식을 살펴보면 다음과 같다.

① 단어문법(word grammar)

어휘력은 읽기에 있어 매우 핵심적인 요소이다. 많은 단어를 알고 있으면 읽기는 수월할 수밖에 없다. 읽기를 잘하기 위한 어휘 지식은 뜻, 발음, 철자뿐만 아니라 단어문법을 포함한다. 단어문법은 단어의 품사, 문장 안에서의 역할 등을 말한다. 문맥이나 문장 위치에 따라 변화하는 단어의 의미에 대한 이해도 중요한 읽기 지식이다.

② 문장구조(sentence structure)

문장의 주술관계, 종속절의 구조와 기능 이해 등 문장의 구조를 파악할 수 있는 문법 지식이 읽기의 정확성을 높이는 데 중요한 역할을 한다.

③ 스키마(schema)

앞서 읽기 과정에서 설명한 것과 같이 스키마는 읽기의 기본 토대로 언어지식과 마찬가지로 매우 중요하다. 스키마는 목표 문화, 배경지식이라고 불리는 내용 스키마content schema와 텍스트, 철자, 어휘 친숙도, 문장구조, 장르, 응집력, 일관성 등에 대한 지식인 형태 스키마form schema로 나눌 수 있는데, 스키마가 풍부한 L2 학습자는 다른 언어기술이 다소 부족하더라도 높은 이해도를 보이기도 한다.

읽기 지도

읽기는 우리나라 학교 현장에서 가장 많이 지도하는 영역이지만 지도 방식의 개선과 학습자 실력 향상에 있어서 교사들이 종종 한계를 느끼게 되는 언어기능이기도 하다. 이는 우리의 영어 수업과 영어 평가에 뿌리 깊게 고착화되어 있는 정독intensive reading 위주의 문법 번역식 교수법grammar translation method이 다양한 읽기 지도 방식을 시도하기 어렵게 하고, 한정된 읽기 기술 훈련에만 집중하게 만든 결과이다. 이러한 점을 극복하기 위하여 '무엇을 위하여 읽기를 지도하는가?', '영어읽기를 잘한다는 것은 과연 무엇인가?' 등 보다 근본적인 질문을 스스로에게 던져볼 필요가 있겠다.

① 읽기 지도의 원리

모국어 읽기와 외국어 읽기 교육은 근본적으로 다른 점이 많다. 이미 말을 할 수 있는 상태에서 읽기를 배우는 모국어 읽기의 경우 글자 해독이 가능한 이후부터는 내용에 주로 초점을 맞추고 독서를 지도한다. 반면 읽는 내용에 대한 문법 지식과 어휘력이 부족한 외국어 학습자의 경우에는 집중적인 어휘·문법 지도가 병행되어야 하며 어휘 수준이 통제된 텍스트를 사용하고, 읽기 전 활동도 제공되어야 한다. 그러면 내용과 형식은 읽기 지도에 있어 각각 어느 정도의 비중을 차지하도록 해야 할까? Williams(1986)가 최초로 제안하였고, Nation(2009)에 의해 재조명된 효과적인 읽기 지도 원리를 보면 새로운 관점에서 이에 대한 답변을 제시한다. Nation(2009)은 외국어 수업에서 다음과 같은 네 가지 유형의 읽기 지도를 동일한 비중으로 계획하는 것이 효과적이라고 하였다.

1) 의미초점 입력(Meaning – focused input)

목적형 읽기 활동이다. 여기서 목적은 언어 학습이 아닌 의미 파악이다. 의미 중심 읽기의 예로는 ① 재미 혹은 감상을 위한 독서, ② 정보 수집 혹은 지식 습득을 위한 읽기, ③ 글을 쓰기 위한 읽기 등을 들 수 있다. 의미초점 입력을 위한 독서는 쉽고 읽기에 편안해야 하므로, 읽기 내용의 어휘는 이미 대부분 알고 있거나 추측 가능한 것이 좋다. 다독extensive reading, 신문, 잡지 읽기, 인터넷 검색 활동 등이 여기에 해당한다.

2) 의미초점 출력(Meaning – focused output)

목적형 읽기라는 점에서 의미초점 입력과 유사하나 다른 언어기능(예: 말하기, 쓰기)의 산출물을 내는 것이 활동의 목적이다. 즉 읽기를 하는 목적이 쓰기 활동을 위한 사전 활동이라면 이는 의미초점 출력 유형에 해당한다. 쓰기나 말하기 활동을 할 목적으로 읽기를 먼저 시키면, 학습자는 내용과 표현을 더 주목하면서 읽게 되는데, 이는 내용 위주의 글 읽기와는 매우 다르다. 이 유형의 예로는 질문 읽고 답쓰기, SNS 대화 나누기, 독후감 쓰기 등을 들 수 있다.

3) 언어초점 학습(Language-focused learning)

우리 영어 수업에서 가장 익숙한 정독 활동 유형이다. 주로 문법·어휘 지식과 스킬을 익히는 것을 목적으로 읽기를 연습한다. ① 문법구조를 익히고, ② 어휘를 학습하고, ③ 전략을 훈련하고, ④ 이해를 점검하기 위한 문제를 푸는 등의 활동이 바로 언어초점 학습의 예로 들 수 있다. 대부분의 우리나라 교과서 읽기 활동은 언어초점 학습 유형에 해당한다고 볼 수 있다.

4) 유창성 개발(Fluency development)

우리 영어 수업에서 거의 다루지 않는 활동 유형이다. 읽기의 속도를 향상시키기 위한 것을 목적으로 한다. 유창성을 향상시키기 위해서는 흥미를 가지고 쉬운 책을 많이 읽어야 한다는 점에서 모든 다독 활동이 여기에 해당한다. 앞서 설명한 바와 같이 유창성 개발 활동의 예는 ① 자신이 읽고자 하는 글(책)을 혼자 묵독silent reading하며 읽는 연습, ② 교과서를 큰 소리로 반복적으로 읽는 연습, ③ 시간을 재고 속독하는 연습, ④ 스키밍skimming, 스캐닝scanning 전략 연습 등이다.

② 읽기 지도 절차

듣기와 마찬가지로 읽기 지도는 읽기 전, 읽기 중, 읽기 후 단계로 나누어 지도하는 것이 일반적이다.

1) 읽기 전 단계

학습자에게 읽기 지문에 몰입하여 읽기에 집중하도록 하는 것을 목적으로 지도한다. 읽기 전 활동은 독자의 읽기 전 전략 훈련이기도 하다. 몇 가지 예시를 소개하면 다음과 같다.

- **읽기 목적 설정하기** Setting a purpose 왜 글을 읽는지 목적을 설정한다. 예를 들어 새로운 정보 학습, 전체 스토리 요약, 주요 표현 확인, 주인공의 성격 파악 등 글을 읽기 전에 읽어야 하는 이유를 부여하는 것이다.
- **내용 예측하기** Making predictions 제목을 보고 전체 내용을 예측하거나, 특정 사실 혹은 결말, 삽화에 대한 설명 등 내용에 대한 예측을 하게 함으로써 호기심을 불러일으킨다.
- **질문 던지기** Asking questions 교사가 사전에 질문을 던져서 읽기 내용에 대해 생각을 해보게 하는 것이다. 읽은 후 알 수 있는 내용을 묻는 것이 일반적이며, 상상한 답이 맞았는지 스스로 읽으면서 확인하게 된다.
- **배경지식 제공하기** Building background knowledge 지문과 관련된 익숙하지 않은 주제나 타문화에 대한 지식을 제공함으로써 읽기의 이해도를 높인다.
- **새로운 어휘 검토하기** Previewing the vocabulary 새로 나온 어려운 어휘를 사전에 학습시켜 읽기의 어려움을 줄여준다.

- **(주제 파악 위해) 전체 훑어보기** Skimming 상향식 읽기보다 하향식으로 읽는 연습을 통하여 읽기 유창성을 기른다.
- **(특정 정보 검색 위해) 훑어보기** Scanning 목적에 부합하지 않는 부분을 건너뛰어 필요한 정보만 얻어내도록 지도한다.

2) 읽기 중 단계

각종 읽기 기술을 최대한 활용하여 다양한 리딩 스킬을 향상시키도록 지도한다. 앞서 소개한 글자 해독 기술, 단어 공략 기술, 텍스트 공략 기술이 모두 여기에 해당되므로 학년과 읽기 능숙도에 따라 선별적으로 사용할 수 있다. 우리나라 교실 수업에서는 형태 중심적 텍스트 공략 기술에 치중하여 지도하는 경향이 있어서 혼자 읽거나, 학생 스스로 추론이나 예측을 하는 등 능동적인 읽기 전략을 훈련할 기회가 적다. 그러나 읽기 중 단계에서 학생들의 읽기 능동성을 키워줄 수 있도록 기술과 전략을 지도하는 것이 중요하다. 몇 가지 예를 소개하면 다음과 같다.

- **주제 찾기** Finding a main idea 읽기의 기본 목적으로 주제를 파악하는 목적을 상기하면서 적극적으로 글의 주제가 어디에 제시되는지 찾도록 지도한다.
- **추측하기/추론하기** Guessing/Inferencing 단어의 뜻, 앞으로의 내용, 저자의 의도, 결말 등에 대해 계속적으로 추측하며 읽도록 한다.
- **글의 구조 파악하기** Recognizing text organization 서론-본론-결론, 단락의 기능, 일관성 등 전체적인 글의 구조와 논리 전개를 파악하며 글을 읽는다.
- **담화 표지 찾기** Looking for discourse markers 단락의 기능이나 논리의 흐름

을 파악하기 위해서 담화 표지를 눈여겨 보도록 한다.

- **어휘 지식 검토하기** Monitoring vocabulary knowledge 사전에 학습했거나, 이미 알고 있던 단어의 지식이 맥락상 맞는지 등을 검토한다.

- **조용히 읽기** Reading silently 교사와 함께 읽지 않고, 개별적으로 묵독하도록 지도한다. 묵독을 시작하기 전에 묵독의 목적과 시간 등을 설정한다.

- **읽기 전 질문에 대한 답 찾기** Searching for answers to your pre‐reading questions 읽기 전 활동과 연관시키는 활동으로 교사의 질문이나 스스로 품었던 질문에 대해 답을 찾아가며 읽도록 한다.

- **사전에 예측한 내용 확인하기** Confirmation of your predictions 사전에 예측했던 것이 맞는지 읽은 내용과 비교해가면서 읽는다.

3) 읽기 후 단계

읽기 후 활동을 하는 이유는 읽은 내용의 이해를 확인하고 독해로 알게 된 지식을 상기시켜 학습 내용을 강화시키려는 것이 목적이다.

- **그래픽 오거나이저로 내용 복습하기** Using a graphic organizer for reviewing texts 읽기 지문의 내용, 주제, 구성을 그래픽 오거나이저를 활용하여 재점검하고 확인한다. (추천 읽기 웹자료 참고)

- **이해도 평가하기** Checking reading comprehension 지문에서의 전반적인 주요사항에 대해 이해도를 점검한다.

- **어휘, 표현, 문법 검토하기** Discussing vocabulary, target expressions, grammar in the text 지문에 나온 단어, 주요 표현, 문법 등을 검토하고 학습한다.

- **목표 어휘·표현·문법을 활용한 작문하기** Follow‐up writing with target

languages 학습한 어휘 표현을 실제 사용하여 습득에 이를 수 있도록 실제적인 상황이 부여된 작문 과업을 제시한다.

- 읽기 전 질문에 대한 답 검토하기 Discussing answers to pre-reading questions 읽기 전 활동과 제시된 질문의 답을 함께 토의한다.

- 사전에 예측한 내용 검토하기 Confirmation of predictions 사전에 예측했던 것이 맞는지 이해한 내용을 토대로 토의한다.

③ 정독과 다독

정독과 다독은 읽기 목적과 학습 관점에 따른 상반된 입장의 읽기 지도 방식이다. 이 두 가지 읽기 지도 방식은 상호 보완적인 측면이 강하므로, 모두 중요하다. 한쪽으로 지나치게 기울어진 읽기 지도 방식으로는 학습자의 균형 잡힌 읽기 능력도 발달을 기대하기 어렵다.

1) 정독(Intensive Reading, IR)

정독은 읽기와 더불어 집중적인 형태 학습을 통하여 어휘, 문장구조, 스킬 등에 익숙해짐으로써 단기간에 효율적으로 읽기 능력을 향상시키는 지도법이다. 정독의 기본 목적과 특성을 정리하면 다음과 같다. 첫째, 정독의 목표는 이해의 정확성accuracy에 있다. 정확한 의미와 문장구조 분석을 지도함으로써 지문을 명확히 이해하는 능력을 길러준다. 둘째, 다소 도전적인 어려운 지문을 해석함으로써 몰랐던 표현과 문장구조를 이해하도록 지도한다. 대개의 정독용 교재는 학습자의 읽기 수준보다 높게 하고 시

그림 7 정독(좌)과 다독(우)

간을 들여 정확히 학습시켜야 하므로, 지문의 길이는 상대적으로 짧다. 셋째, 기술과 전략을 적극적으로 지도한다. 학습자는 교사의 질문이나 교재에 제시된 이해도 평가에 따라 다양한 읽기 기술을 연습하고 이해도를 확인한다. 정독은 우리나라 학교 영어 수업에서 전형적으로 활용되는 방식이다. 정독의 기본 목적은 읽기 훈련에 있다. 정독을 통하여 집중적으로 학습한 다량의 어휘와 문법, 그리고 읽기 기술을 익히기 위한 활동은 미래의 영어 글 읽기에 효과적으로 도움을 줄 것이라는 생각에서 비롯되었다.

정독의 가장 큰 문제점은 이러한 집중적인 훈련 방식이 학습자의 읽기 학습 동기를 저하시킨다는 점이다. 진정한 '읽기'는 없고, '읽기 연습'만 하는 읽기 수업에서 학습자는 왜 지루하고 어려운 읽기를 지속해야 하는지 이유를 찾지 못하고, 수능시험을 마치면 더 이상 영어 읽기는 하고 싶지 않다는 생각을 가지게 한다. 또한 읽는 즐거움을 경험하지 못하는 문제뿐만 아니라, 영어 읽기란 잘 읽는 사람과 못 읽는 사람을 구분하는 평가 수단으로 인식하게 되는 부작용이 있다. 이는 모국어 읽기인 독서를 인식하는 방식과는 상반되며, 국제어로서의 영어를 배워 글을 통한 의사소통에 어려움을 없게 하고자 하는 궁극적인 교육 목표에 어긋나는 것이다. 이 외에도 형태 학습에 치중한 읽기는 읽기 속도를 줄이고, 짧고 적은 지문을 깊게 다루므로 언어의 투입이 부족하고, 읽기 내용에는 주된 관심이 없다는 단점도 있다. 이러한 단점은 읽기 학습에 중요한 스키마 확장의 장애요인이 될 수 있다.

2) 다독(Extensive Reading, ER)

다독은 책을 내용 중심으로 가급적 많이 읽힘으로써 장기적으로 읽기에 능숙한 학습자를 만드는 지도법이다. 다독의 목적과 주요 특성을 정리하면 다음과 같다. 첫째, 다독의 목표는 책을 즐겁게 많이 읽혀서 읽기의 유창성fluency을 길러주는 것이다. 빨리 읽을 수 있으면 내용에 몰입할 수 있고, 읽기의 즐거움도 느끼게 된다. 둘째, 스스로 선택한 책을 읽는 것이다. 다독을 위해 신문이나 인터넷 글 등 다양한 텍스트를 읽을 수 있지만 기본적으로 이야기책 등의 문학작품을 추천한다. 교과서나 교사가 지정한 지문을 읽는 것이 아니라 학습자 본인이 관심이 가는 책을 스스로 고르도록 많은 책을 제공한다. 셋째, 텍스트의 수준은 본인의 읽기 수준보다 낮은 것을 권장한다. Day와 Bamford(2009)는 Krashen의 입력가설 개념과 대비하여 읽기 교재 수준을 "I minus 1(i-1)"(Day & Bamford, p.16) 정도가 되어야 한다고 주장하였다. 즉 다독의 핵심 키워드는 "쉽고 재미있는 책을 빨리 많이 읽기"이다.

학습자에게 즐거움을 주고 읽기의 본질에 더 가까운 다독 교수법이 국

내에 정착되지 못하는 주요 원인은 다음과 같은 것으로 파악된다. 첫째, 다독 교수법은 우리의 외국어 학습 패러다임과 잘 맞지 않는다는 점이다. 영어 학습은 단어·문법 암기와, 부단한 독해 연습으로 얻어지는 것이라는 인식이 강한데 비해 다독은 '학습'보다는 놀이에 가깝다. 우리나라 학습자는 교사의 강의와 지도가 없고, 이해도 점검이나 평가가 없는 외국어 학습에 익숙지 않고, 불편해 하는 경향이 있다(Kim과 Kim, 2016). 둘째, 우리나라 교육과정 내에서 소화하기 어렵다. 단기 읽기 성취도를 평가하기보다는 감상에 초점을 맞추는 다독은 객관적인 평가 기준을 세우기 어렵다. 셋째, 단기적으로 가시적인 읽기 실력 향상을 기대하기 어렵다. 어휘·문법 학습이나 읽기 이해도 확인 등은 단기적인 성과가 가능하지만, 다독은 꾸준히 오래 독서 경험을 쌓는 가운데 우연적 학습incidental learning을 이루는 것이기 때문에 다년간 지속하기 위한 인내가 필요하다. 그 외에 다독 지도를 적용하는 과정에서의 장애요인으로 영어도서 보유를 위한 비용의 문제나, 다독 경험이 없는 영어 교사의 비전문성, 한국인 학습자의 학습 자율성의 부족, 영어 능력과 인지 능력의 불일치로 인한 교재 선정의 어려움 등을 꼽을 수 있다.

④ 읽기 활동의 예시

1) 문자 해독 기술

우리나라 학습자들은 초등학교에서 문자 해독 기술 습득이 충분히 되지 못한 채 중학 영어로 진입하면서 읽기에 대한 어려움을 느끼고 영어에 대한 자신감을 상실하는 경우가 많다. 실제로 초등학교 교육과정에 기초 문해력을 위한 문자 해독을 위한 활동을 체계적이고 집중적으로 지도하지 않는데, 중학 영어에서는 이미 문자 해독 기술이 완성된 것을 전제하고 수업을 진행하는 경우에 학습자의 읽기 어려움은 지속될 것이다. 따라서 영어 교과서에서 충분히 다루지 못하는 단어 발음하기, 큰 소리로 읽기 훈련, 철자 익히기 등을 주기적으로 지도함으로써 학생들의 기초 문해력을 강화해 줄 필요가 있다.

① 파닉스 지도

〈활동유형〉

문자 해독 기술, 상향식 읽기, 형태 중심 학습, 중학 1~2학년

〈활동절차〉

1. 파닉스 규칙 및 활동을 위한 자료는 웹 검색 등을 통해 쉽게 구할 수 있다(추천 읽기 웹자료 참고, 272쪽). 단원별 새로운 단어가 나올 때 단어의 발음을 지도하면서 해당하는 자음이나 모음 발음의 파닉스 규칙을 짚어준다.

   (예: A교과서 중 1학년 3단원 새로운 단어 delicious의 예

   파닉스 규칙: delicious /dəliˈʃəs/ cious의 c는 i와 함께 올때 /ʃ/로 발음하고, cious로 끝나는 단어는 /ʃəs/로 발음한다.

2. 같은 음운환경을 지닌 다른 단어를 추가로 제시하고 (추천 웹자료 참고, Rhyme dictionary 활용) 천천히 함께 읽는 연습을 한다. 이때 의미는 중요하지 않으므로 나머지 단어를 뜻까지 학습해야 한다는 부담을 주지 않는다.

（예: delicious, spacious, precious, ambitious）

3. 전체 학생이 큰 소리로 함께 네 개의 단어를 반복하여 읽도록 한다.

4. 교사가 새로운 단어를 칠판에 적고 학생들에게 발음을 해보도록 시킨다. （예: gracious）

② 읽고 외워서 쓰기 (Nation, 2009)

〈활동유형〉

문자 해독 기술, 철자 기술, 상향식 읽기·쓰기, 의미초점 출력, 중학 1~2학년

〈활동절차〉

1. 교과서 단원 읽기를 마친 후 학생들에게 본문을 약 5분간 각자 다시 읽도록 한다(전문이 너무 긴 경우에는 일부분만을 다룰 수도 있다). 읽은 후에 내용을 외워서 나눠준 워크시트에 적어야 한다는 것을 사전에 알려준다.

2. 학생들이 5분간 집중하여 내용을 자세히 보면서 읽는다.

3. 책을 덮고 기억이 나는 대로 본문을 적는다. 기억이 나지 않는 부분은 건너뛰고 끝까지 적어보도록 독려한다(워크시트에 힌트로 일부 문장이나 단어를 사전에 적어둘 수도 있으나, 빈칸 채우기 형태가 되지 않도록 한다).

4. 다시 교과서를 펴고 약 2~3분간 지문을 확인하며 읽도록 한다. 워크시트에 지문을 그대로 베끼지 않도록 한다.

5. 다시 교과서를 덮고 외운 내용으로 본문을 완성한다. 이 과정은 지문의 길이와 학생들의 능력에 따라 반복할 수 있다.

6. 완료한 후에 짝과 바꾸어 내용과 스펠링의 오류를 검토한 후 자신이 잘 몰랐던 부분을 확인한다.

2) 단어와 텍스트 공략 기술

앞서 배웠듯이 단어와 텍스트 공략 기술은 단계별로 매우 다양하며 주로 읽기 중에 사용하게 된다. 그러나 읽기를 하는 동안 교사가 단어의 뜻과 문장 내 역할 및 해석을 앞서서 설명하게 되면 집중력을 떨어뜨리고 읽기 기술을 향상시키는 데 오히려 방해가 될 수 있다. 단어와 텍스트 공략 기술 중에서 그 중요도에 비해 영어 수업에서 잘 지도하지 않는 활동을 중심으로 몇 가지 예시를 소개한다.

① 맥락으로 단어의 뜻 추측하기

〈활동유형〉

단어 공략 기술, 하향식 읽기, 의미초점 입력, 전 학년

〈활동절차〉

1. 교과서 단원의 읽기 전 활동 후 본문을 학습하기 전 학생들에게 본문을 각자 묵독하면서 읽도록 한다(읽기 전 활동으로 본문 단어를 다루지 않는다).

2. 각자 본문의 내용에 집중하면서 읽는 동안 모르는 단어에 동그라미 표시를 하고 그 뜻을 추측하여 연필로 적어두도록 한다.

3. 묵독 시간이 끝나면 각자 동그라미 친 단어를 짝과 함께 비교·확인하고 추측한 뜻을 서로 이야기한다.

4. 짝 활동이 끝난 후 전체 학생에게 동그라미 친 단어가 무엇이었는지, 그 뜻이 무엇이라고 생각하는지 물어본다. 이때 학생들의 추측에 대한 즉답을 하지 않는 것이 좋고 본문을 함께 읽으면서 확인해 보는 것이 읽기에 대한 호기심을 길러줄 수 있다.

5. 본문 지문을 함께 읽으면서 단어의 맥락상의 정확한 뜻을 알려주어 스

스로 확인하도록 한다. 추측한 뜻이 틀렸다면 연필로 적은 내용을 지우고 수정하도록 한다.

② 질문 – 답변 – 응답(Question – Answer – Response, Grabe, 2009)

이 활동은 읽기 수업에서 다양한 읽기 기술 향상에 유용하게 사용할 수 있는 방법으로 교사 중심적인 강의 수업에서 학생 스스로 읽기에 몰입할 수 있는 기회를 제공한다. 이러한 QAR 지도법 훈련을 통해 학생들은 개별 읽기 상황에서도 질문을 스스로 던질 수 있게 되어 초인지 기술로 발전된다.

〈활동유형〉

텍스트 공략 기술, 초인지 기술, 상향식 혹은 하향식, 언어초점 학습, 전 학년

〈활동절차〉

1. 교과서 본문을 교사가 미리 해석해 주지 않고 학생들에게 질문을 한 후 읽어서 답을 찾게 한다. 질문은 다양하게 제시될 수 있는데 예시는 다음과 같다.

> - "제목으로 볼 때 무슨 내용일까?" (내용 예측)
> - "이글의 핵심 주제는 어느 단락에 있을까?" (주제 찾기)
> - "본문에 나오는 OOO이란 뭘까? 이것에 대해 전에 들어본 적이 있는 사람?" (유추 및 스키마 활성화)
> - "주인공의 성격은 어떤 거 같아?" (이해 및 유추)
> - "지금 읽은 내용은 이전 단락과 무슨 관련이 있을까?" (기능적 가치, 일관성)
> - "지금 이 문장에서 이 단어 OOO는 뜻이 좀 다르게 쓰였는데 무슨 뜻인 것 같아?" (어휘 점검)
> - "이제 다음 단락에서는 무슨 얘기가 나올 거 같아?"(내용 예측)
> - "여기서 얘기하는 에너지 절약 방법이 과연 실천 가능할까?" (이해 및 텍스트 평가)

2. 질문은 한 번에 한 가지씩만 던지고 학생들 스스로 묵독하여 답을 찾도

록 한다.

3. 하향식 읽기 연습을 위한 질문을 먼저 묻고, 이후 본격적인 본문 해석을 위해 첫 단락으로 돌아가서 질문을 시작한다. 질문 후에는 학생 스스로 단락을 묵독한 후 답을 말하게 한다. 이러한 문답식의 읽기를 본문을 모두 끝낼 때까지 반복적으로 한다.

4. 질문을 한 후에는 반드시 지정된 시간 동안 기다려주어야 하며, 누구든지 사전에 답을 먼저 말하는 일이 없도록 규칙을 세운다. 교사는 학생들에게 적절한 방법으로 자신의 답을 말해볼 기회를 준다.

3) 스키마 구축 및 활성화

스키마가 중요하다는 사실은 대부분의 교사가 인지하고 있고, 실제 수업에서 스키마를 활성화 시켜주는 사전 활동은 교과서에 가끔 제시되지만 스키마를 형성시켜주는 활동은 부족하다. 앞서 설명한 바와 같이 배경지식은 스킬보다 내용의 이해에 있어 더 효과적인 경우가 많다. 따라서 배경지식이 풍부한 독자가 되도록 지도하는 것은 매우 중요하다.

① 수능 주제별 조별 발표

보다 체계적으로 배경지식을 쌓기 위한 활동을 수능 준비와 연결시키면 학생들의 참여를 유도할 수 있다. 수능에서 다루는 주제인 역사, 철학, 미술, 음악, 심리, 과학 등의 주제를 세부적으로 나누어 분류한다. 이는 모둠별 수행 평가 활동으로 적합하다.

〈활동유형〉

읽기 지식, 다독, 스키마, 하향식, 의미초점 투입, 고등 1~3학년

〈활동절차〉

1. 학기 초에 교과서 단원 주제나 수능 교재를 바탕으로 주제를 학급조의 숫자만큼 설정한다. 주제는 "회화"보다는 "고전미술" 혹은 "르네상스시대의 미술" 혹은 "시대별 대표 화가" 등이 적당하다. 조별로 주제를 고르고 발표 날짜를 정한다.

2. 주제를 맡은 조는 교사의 지도하에 그 주제에 관한 영어 지문을 수집하여 읽는다. 영어 지문은 관련된 내용의 수능 기출문제와 웹 검색을 통한 각종 기사, 동영상 등도 가능하다. 지문의 갯수나 탐구할 내용의 범위는 교사가 사전에 구체적으로 지정한다.

3. 조별로 분석한 수능 지문 내용과 주제에 관련된 내용을 요약하여 발표 슬라이드를 만든다. 발표를 위한 템플릿을 사전에 지정한다. 발표 템플릿에 포함되어야 하는 내용 예시는 다음과 같다.

> - 주제에 해당하는 핵심 지식
> - 핵심 지식에서 소개할 개념 및 용어 설명(반드시 영어로 작성, 한글 주석 제공)
> - 핵심 지식을 소개할 이미지와 영상(문화 학습, 기억 강화)
> - 수능지문과의 관련성(기출 지문 소개)
> - 주제 연관 단어 정리 리스트
> - 복습 퀴즈

4. 발표는 사전 읽기 활동으로 약 10분 정도 시간을 지정하고, 발표 후에 발표 자료는 유인물로 나머지 학생들과 공유한다.

5. 모인 발표 자료의 주요 내용과 연관 어휘는 수업이나 평가를 통해 복습할 기회를 갖는다.

② 마인드 맵(mind map / semantic map, Grabe, 2009, p.87)

스키마 활성화를 위한 활동으로 사전 읽기 활동으로 적합하다. 학습자가 알고 있는 배경지식을 최대한 끌어내어 실제 읽기에 도움이 되도록 하고 관련 어휘를 복습하고 추가로 배울 수 있는 기회로 활용하면 좋다. 맵 활동을 위한 웹 2.0 도구들을 사용하면 효과적이다(추천 웹자료 중 visuWord 혹은 bubble.us 참조).

〈활동유형〉

읽기 지식, 스키마, 하향식, 의미초점 투입, 전학년

〈활동절차〉

1. 본문에 나오는 문화적 개념, 주제와 하위 주제, 연상되는 단어, 단어의 의미, 유사어·반의어 등을 위한 마인드맵을 구상한다.

2. 학생들에게 질문을 던져 최대한 학생들의 머릿속의 배경지식을 활성화 하도록 돕는다.

   해당 주제와 관련된 단어를 우리말로 밖에 떠올리지 못할 경우에 교사가 해당 단어를 알려주어 학습을 도울 수 있다.

3. 워크시트로 학생들이 직접 종이에 그리게 하거나, 교사의 TV 화면의 내용을 기록해 두도록 하고 복습 자료로 활용하도록 한다.

Semantic Map

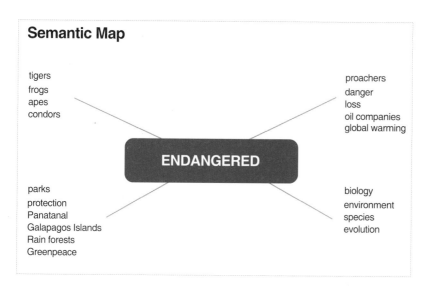

tigers
frogs
apes
condors

proachers
danger
loss
oil companies
global warming

ENDANGERED

parks
protection
Panatanal
Galapagos Islands
Rain forests
Greenpeace

biology
environment
species
evolution

Word Map

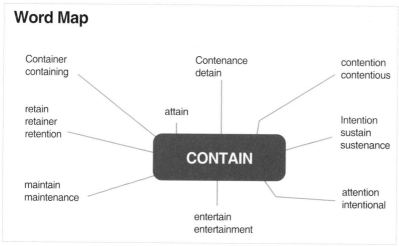

Container
containing

Contenance
detain

contention
contentious

retain
retainer
retention

attain

Intention
sustain
sustenance

CONTAIN

maintain
maintenance

attention
intentional

entertain
entertainment

⑤ 유창성 기술 및 다독

앞서 소개한 것처럼 유창성 기술은 우리나라 영어 수업에서 가장 등한시 되고 있는 영역이다. 그러나 읽기 유창성이 부족하면 독서를 즐길 수도 없고, 수능 등 읽기 시험에서도 시간 부족으로 어려움을 겪게 된다. 읽기 속도를 향상시키기 위한 다양한 접근법이 있으나 교실 수업에 적용할 수 있는 간단한 활동을 예시로 소개한다.

① 소리내어 읽기(reading-aloud), 짝 활동 (Nation 2009)

구두 읽기 유창성 활동으로 교과서 지문을 활용하여 짧은 시간 내에 마칠 수 있는 읽기 활동이다. 1회 이상 반복 함으로써 유창성을 향상 시킬 수 있다.

〈활동유형〉 유창성 기술, 상향식, 언어초점 학습, 전학년

〈활동방법〉

1. 본문의 내용을 짝과 함께 한 단락씩 번갈아 가면서 끝까지 읽는다.

2. 다시 단락을 서로 바꾸어 끝까지 읽는다.

* 읽다가 틀리면 짝이 빼앗아 읽는 방법으로 읽을 수도 있다.

* 제일 빨리 읽는 팀이 손을 들고 포인트를 받는 게임 형식도 가능하다.

* 반복적으로 읽되, 시간을 지정하여 점차 줄여나가는 활동도 가능하다(4-3-2, Nation, 2009, p.67).

* 잘 읽을 수 있는 학생과 읽기 어려움이 있는 학생을 짝지어 부족한 학생이 읽지 못하는 부분을 능숙한 학생이 대신 읽어주는 형태로 진행하는 것도 효과적이다(Nation, 2009, p.67).

My Issue Log

Issue Number _____ Date: _____

Title _____

Source (Web Address) _____

Brief Summery _____

_____

What you learned _____

Key expressions: _____

_____

_____

② 이슈 기록지(Issue Log)

우리나라 영어수업에서 적용 가능한 교실용 다독 활동으로 수행 평가로
적합하다.

〈활동유형〉 유창성 기술, 하향식, 다독, 의미초점 투입, 전학년

〈활동방법〉

1. 학기 초에 자신의 진로나 관심사와 관련된 주제를 하나씩 정하도록 한다.

2. 자신의 주제와 관련된 뉴스기사나 웹 검색을 통한 실제 자료를 스스로

선택하여 읽도록 한다. 너무 어려운 텍스트를 피하도록 하고, 지문 길이도 교사가 학생 수준에 맞춰 지정한다. 읽기 자료는 가급적 새로운 정보를 담은 내용으로 고르게 한다.

3. 일정기간(예: 한 달)에 한 번씩 내용 요약과 배운 영어 표현을 정리한 기록지Issue Log를 작성하게 한다.

4. 기록지를 학기 말에 모아 수행 평가 자료로 활용한다.

* 기록지 중 하나를 선택하여 개별 발표를 하도록 할 수 있다.

3

토론 및 활동

1) 다음 용어의 정의를 정리해 보시오.

a. 전제(presupposition) vs. 예측(prediction)

b. 읽기 기술(reading skills) vs. 읽기 전략(reading strategies)

c. 문자해독 기술(decoding skills), 단어 공략 기술(word attack skills), 텍스트 공략 기술(text attack skills)

d. 다독(extensive reading) vs. 정독(intensive reading)

e. 유창성 기술(fluency skills)

2) 다음의 그림은 우리나라 중고등학교 학습자가 토로하는 영어 독해의 고민입니다. 이번 단원에서 배운 읽기의 특성과 읽기 능숙도(지식과 기술) 등을 고려하여 어려움의 원인을 진단하고, 어떠한 읽기 활동 및 접근법을 적용하여 지도하는 것이 좋을지 논의하여 보시오.

지문의 모르는 단어 때문에 이해가 안되요.

영어독해란 따분하고 어려운 ... 이거 안 해도 대학갈 수 있으면 좋겠다.

독해문제 풀 때 항상 시간이 모자라요. 너무 읽기가 느려요.

뜻은 고사하고 교과서 텍스트의 단어를 어떻게 읽어야 되는지도 몰라서...

한참 읽었는데 머리에 남는 게 없어요. 집중이 안 돼요.

그림 8 한국 중고등학생의 독해 고민

Genre: Personal Essay

Have you done volunteer work? How did you feel?

Volunteering: A Joyful Experience

Read the text quickly and write down how long you spent on it.

Many people around us are in need of help. That is why volunteer work is necessary. Do you think volunteering is difficult or boring? It is not the case. Let's meet three young volunteers and read their stories.

Namaste, Kumari!

Kim Minji

Q1 What kind of volunteer work was Minji's brother doing?

At the beginning of summer vacation, my brother asked me to help him at a community welfare center. He was a volunteer teaching Korean to immigrants at the center. I was interested but was not sure I could do it. I had always felt nervous about meeting people from other countries. However, my brother encouraged me, so I decided to give it a try.

On the day when I first started volunteering, the students gave me a warm welcome. Some said, "Hwan-yeong-hae-yo." My brother introduced me to the class and asked me to help a student named Kumari. She came from Nepal. She bowed to me saying, "Namaste," with her palms held together. When I helped her write down words in Korean, her eyes lit up with joy. She was enthusiastic about learning Korean, and I felt great joy in teaching. This led me to keep coming back to class.

Q2 How did Kumari greet Minji?

Q3 Why was Kumari learning Korean?

Soon we became friends and learned more about each other. She said she was learning Korean to read books to her son. I was pleased that I could help make her dream come true. When the vacation finished, I could not do the volunteer work any longer. On the last day, she gave me Himalayan black tea with a thank you note written in Korean.

Did You Know?
Himalayan Black Tea
네팔과 부탄의 접경 지역인 히말라야산맥의 고지 대에서 생산되는 홍차로, 부드러운 맛과 향이 유명합니다.

I still get in touch with Kumari through email. Looking back, the volunteering experience taught me a lot. I came to understand people from different cultures better. Also, I experienced the joy of teaching. Next vacation, I want to go back to the center and feel that joy again.

Speak to You
What do you think is a benefit of teaching Korean to immigrants?

* volunteer [ˈvɑləntɪr] * It is not the case. 그렇지 않다.
* community welfare center 사회 복지관 * immigrant [ˈimiɡrənt]

* bow [baʊ] * palm [pɑːm] * enthusiastic [inˌθuːziˈæstik]
* come true 이루어지다 * get in touch with ~와 연락하다 * look back 되돌아보다
* come to ~하게 되다

116 Unit 5

For a Better World 117

(김태영 외, 2017, p.116~117)

3) 앞의 그림은 고등학교 1학년 영어 교과서 읽기 본문입니다. 아래의 읽기 본문의 내용과 형식을 잘 살펴본 후 학생들에게 가장 적절할 것으로 생각되는 읽기 전 활동, 읽기 중 활동, 읽기 후 활동을 251쪽에 제시된 읽기 지도 절차에 맞추어 제안해 보시오.

4) 요즘은 e-book, 온라인 어린이동화, e-매거진, 블로그 등 온라인으로 검색 가능한 각종 읽기 자료가 무궁무진합니다(추천 웹자료 참조). 이러한 다양한 실제 자료를 어떻게 활용할 수 있는지 구체적으로 생각해 봅시다. 특히 기존의 영어 독해 수업에서 부족하기 쉬운 부분을 해결하기 위한 방안을 제안해 보시오.

기존 수업의 문제점 (구체적인 교과서 단원 예시)	적용 가능한 온라인 자료 예시들	문제점 해결을 위한 구체적인 활용 방안

5) 독해 능력이 매우 부족한 하위 학습자들이 모여 있는 수업 교실을 가정해봅시다. 현재의 교과서 수준을 따라가기 어려워하고, 수업 집중조차 하기 힘든 학생들입니다. 지금까지 배운 내용을 토대로 이들 학습자들의 읽기 능숙도 수준을 진단하고, 무엇을 어떻게 지도할지 수업 설계 방안을 토론해 보시오.

참고문헌

김태영, 이동환, 김영미, 양현, 정지영, 김수진, Peter E. Nelson. (2017). *High school English I*. 서울: 천재교육.

Brown, D. (2007). *Teaching by principles: An interactive approach to language pedagogy*. White Plains, NY: Pearson Longman.

Day, R. R., & Bamford, R. (2009). *Extensive reading in the second language classroom*. Cambridge: Cambridge University Press.

Kim, D. O., & Kim, H. (2015). Voices from Korean EFL teachers who first experienced extensive reading: A case study. *Studies in English Education, 20*(2), 75-108.

Gordon, W. M. (1982). *The reading curriculum: A reference guide to criterion-based skill development in grades K-8*. New York: Praeger Publishers.

Grabe, W. (2009). *Reading in a second language: Moving from theory to practice*. New York: Cambridge University Press.

Hudson, T. (2007). *Teaching second language reading*. Oxford: Oxford University Press.

Nation, I. S. P. (2009). *Teaching ESL/EFL reading and writing*. New York: Routledge.

Nuttall, C. (2005). *Teaching reading skills in a foreign language*. Oxford: Macmillan Education.

Nystrand, M., & Himley, M. (1984). Written text as social interaction. *Theory into Practice, 23*(3), 198-207.

Paris, S. G., Wasik, B. A., & Turner, J. C. (1996). The development of strategic readers. In R. Barr, M. Kamil, P. Mosenthal, & P. D. Pearson (Eds.), *Handbook of reading research*, pp. 609-640. New York: Routledge.

Rumelhart, D. E. (1977). *Introduction to human information processing*. New York: John Wiley & Sons.

Stanovich, K. E. (1980). Toward an interactive-compensatory model of individual differences in the development of reading fluency. *Reading Research Quarterly, 16*(1), 32-71.

Williams, R. (1986). "Top ten" principles for teaching reading. *ELT Journal, 40*(1), 42-45.

추천 읽기 웹자료

- Youtube Phonics https://www.youtube.com/results?search_query=phonics

- IXL Phonics https://www.ixl.com/ela/phonics

- ABC Fast Phonics with Cartoons and Sounds http://www.abcfastphonics.com/

- Phonics Blooms.com https://www.phonicsbloom.com/

- Rhyme Zone https://www.rhymezone.com/

- Rhymer: Free Rhyming Dictionary https://www.rhymer.com/

- Visuwords https://visuwords.com/

- Bubbl.us : Brainstorm and mind map online https://bubbl.us/

- Storyline Online https://www.storylineonline.net/

- Extensive Reading Central https://www.er-central.com/

- Ready to Read http://www.indypl.org/readytoread/?p=6150

- Children's Storybook online http://www.magickeys.com/books/

- Time for Kids https://www.timeforkids.com/

- Kids Times http://www.kidstimes.net/

- National Geographic Kids https://kids.nationalgeographic.com/

4장

쓰기 지도론

단원 학습 목표

1) Understanding L2 Writing

– 쓰기의 정의를 이해할 수 있다.

– 문자언어의 특성을 파악하고 음성언어와의 차이점에 대해 설명할 수 있다.

– 쓰기의 평가 방법과 피드백을 이해하고 실제로 적용할 수 있다.

2) Teaching Writing

– 쓰기 활동의 유형을 알아보고 효과적인 쓰기 교수법을 활용할 수 있다.

– 쓰기에 대한 학습자 동기를 높일 수 있는 쓰기 교수 전략을 적용할 수 있다.

수업 전 토론

1. 말하기와 쓰기의 차이점에 대해 토론해 보시오.

2. 자신의 쓰기 경험을 고찰해 보시오. 영어로 어떤 글을 써본 경험이 있습니까? L1 글쓰기가 L2 글쓰기에 영향을 미친다고 생각합니까? 어떤 점에서 그런지 생각해 보시오.

3. 쓰기에서 가장 중요한 것은 무엇이라고 생각하는지 그리고 그 이유는 무엇인지 토론해 보시오.

쓰기 이론

① 쓰기 학습의 정의

1) 쓰기와 쓰기 학습에 대한 이해

쓰기는 언어의 다른 기능과 마찬가지로 의사소통의 한 종류mode이다. 즉, 쓰기란 자신의 생각, 의견, 느낌이나 감정 등을 글로 표현하는 의사소통 수단 중 하나이다. 말하기와 달리 쓰기는 대화의 상대와 면대면face-to-face으로 소통하지 않는다는 특성 때문에 쓰기가 의사소통 수단이라는 것을 인지하지 못하는 경우가 많다. 그러나 20세기 후반부터 발달한 ICT 기술은 쓰기에 큰 변화를 가져왔다. 인터넷 상의 의견 교환과 소셜 네트워크상의 의사소통은 거의 실시간에 가깝게 이루어지고 있으며, 이는 저자와 독자 간의 시공간 차이를 좁히게 되었다. 예전에는 쓰기가 교육, 직업, 비즈니스 등과 같은 주로 공적인 영역에서 많이 활용되었으나, 인터넷 시대에 들어서면서 쓰기는 개인생활과 사회생활 영역으로 크게 확장되었다. 사람들은 이메일이나 소셜 네트워크를 통해서 서로 연락을 하고 생각과 정보를 공유하게 되었다. 그 결과 과거에 비하여 쓰기의 역할이 증대

되고, 쓰기를 통하여 자신의 생각과 의견을 알리고 자신의 이미지를 만들어나가는 기회가 확대되었다. 인터넷 상에서는 엄청난 양의 정보와 의견이 영어로 전달되고 있기 때문에 공용어로서의 영어의 사용 또한 증가시켰다. 따라서 21세기 글로벌 시대에서 영어 쓰기는 자신의 생각을 더 많은 독자들에게 전달하는 중요한 수단으로 자리 잡게 되었다.

쓰기는 모국어로도 쉽지 않은 과업이다. 모국어 습득 시에도 음성언어는 특별한 노력을 들이지 않고도 자연스럽게 습득할 수 있는 반면, 문자언어는 의식적으로 그리고 교육을 통해서 배워야 하는 언어기능이다. 모국어로 쓰기도 어려운데 외국어로 쓰기가 어려운 것은 당연하다. 특히, 앞에서 언급한 바와 같이 L2 쓰기는 다양한 쓰기 전략, 내용적 지식과 더불어 L2 능력이 요구되며, 자신의 글이 공유될 공동체의 기대와 기준, 앞으로 자신의 글을 읽을 독자까지도 염두에 두어야 하는 복잡한 기술이기 때문에 더욱 어렵게 느껴지는 것이다.

흔히 L2 학습자는 교실에서의 쓰기 활동을 더욱 어렵고 지루하게 느낀다. 그 주된 이유 중 하나는 수업 중 쓰기 활동에서 쓰기의 목적과 독자가 결여되어 있기 때문이다. 실생활에서의 쓰기는 안부를 전하기 위해 쓰는 편지, 사건을 알려주고자 쓰는 기사, 지식을 전달하고자 하는 설명 등과 같이 글의 목적이 있다. 반면, 교실에서의 쓰기는 교사의 지시에 따른 활동이거나 학습을 위한 연습인 경우가 대부분이다. 게다가 교실에서의 쓰기는 독자도 없다. 상호 피드백을 위해 다른 학습자가 읽어주는 경우를 제외하면 교사만이 독자가 되는데, 이때 교사는 단순한 독자가 아니라 성적을 부여하는 사람이기 때문에 학습자들은 자신의 목소리를 내기보다는 교사의 관점에 부합하는 글을 쓰게 된다. 결과적으로 목적과 독자가 없는 교실 활동으로서의 쓰기는 학습자에게 어렵고 재미없는 활동이 되기 쉽다. 게다가 L2 능력까지 부족하다면 쓰기는 L2 학습자에게 더욱 부담스러운 활동이 될 것이다.

우리나라 중·고등학교 영어 수업에서는 쓰기 활동이 활성화되어 있지 않으며, 수업 중에 쓰기를 생략하는 등 비중 있게 다루어지고 있지 않다. 우리나라 교실에서는 L2 쓰기뿐만 아니라 모국어 쓰기도 중요하게 다루어지고 있지 않아서 학습자가 모국어나 L2로 쓰기를 해볼 기회가 많지 않다. 그 이유는 우리나라 교실 현장에서 아직 쓰기의 중요성에 대한 인식이 낮고, 쓰기가 수능과 같은 중요한 시험에 포함되어 있지 않기 때문이다. 또한 교사 입장에서도 일일이 평가하거나 피드백을 주기 어려운 교실 상황도 쓰기 활동이 활성화되지 못하는 또 다른 이유이다.

2) 쓰기와 말하기의 차이점

쓰기도 말하기와 마찬가지로 자신의 의견과 감정을 타인에게 전달하는 의사소통 수단의 일환이다. 쓰기는 그러나 단순히 말을 문자로 바꾸어 놓은 것이 아니다. 말하기와 쓰기는 다음과 같은 차이점이 있다.

- **시공간의 차이** 말하기는 화자와 청자가 같은 시공간에 있기 때문에 서로 오해가 생기면 곧바로 묻고 해결할 수 있는 여지가 있다. 그러나 쓰기는 저자와 독자가 같은 시공간에 있지 않기 때문에 저자는 최대한 자신의 생각을 명확하고 효과적으로 글로 전달함으로써 독자가 자신의 생각을

이해할 수 있도록 해야 한다. 쓰기의 비동시성으로 인해 L2 학습자가 글의 내용과 형식, 언어 등에 대해 시간을 두고 생각을 하거나 찾아볼 수 있다는 것은 쓰기가 가진 장점이다.

- **형식성** formality 쓰기는 말하기보다 더 형식적이고 복잡하다. 즉, 쓰기에는 대체로 더 어려운 형식적인 단어와 복잡한 문장이 사용된다. 또한 쓰기는 문자로 표현되기 때문에 스펠링이나 구두점과 같은 관습을 지켜야 한다.

- **영속성** permanence 말하기는 녹음을 하지 않는 한 말을 하고 나면 사라지는 반면, 쓰기는 대체로 영속적이다. 따라서 영속성이 없는 말하기에 비해서 쓰기에서는 오류에 대해서도 더욱 엄격하며, 정확한 언어의 사용이 더 많이 요구된다.

② L2 쓰기 학습에 대한 관점

L2 쓰기를 어떻게 볼 것인가에 대해서는 다양한 관점이 존재하는데, 대표적으로는 인지적 관점cognitive perspective과 사회문화적 관점sociocultural perspective이 있다(Wiegle, 2014).

1) 인지적 관점

인지적 관점에서는 쓰기를 L2 능력L2 proficiency 뿐만 아니라 다양한 쓰기 기술이 복합적으로 작용하는 고난도의 인지 기술로 본다. 즉, 쓰기에는 주제와 관련된 배경지식과 내용에 대한 지식, 명확한 사고, 주제문 작성,

주제와 주장을 뒷받침하는 문장 구성, 독자를 설득하는 기술, 조직적으로 글을 구성할 수 있는 능력과 같은 다양한 쓰기 기술과 전략이 요구된다. 이 관점에 의하면 쓰기 전략과 사고는 L1에서 L2로 전이transfer가 가능하다. 그렇기 때문에 L1 쓰기를 잘하는 학습자라면, 그렇지 못한 학습자보다 L2에서도 쓰기를 더 잘할 가능성이 높다.

2) 사회문화적 관점

사회문화적 관점에서는 쓰기를 구성주의constructivism에 근거하여 설명한다. 구성주의 관점에서 학습이란 자기가 속하고자 원하는 사회에서 기능적인 일원이 될 수 있도록 준비하는 것을 말한다. 이러한 구성주의의 학습 이론에 근거하여 사회문화적 관점은 쓰기를 "개인적인 인지기술보다는 특정 담화 공동체 내에 위치한 문해적 활동(writing is seen as part of a socially and culturally situated set of literacy practices shared by a particular community, p.223, Wiegle)"으로 설명한다. 따라서 L2 쓰기를 배운다는 것은 L2 공동체 내에서 기능적인 일원이 되는 과정을 뜻한다. 더욱이 인터넷 시대에 들어서면서 사람들은 자신의 관심과 필요에 따라 온라인 공동체, 게시판, 소셜 네트워크 등 과거에 비해 더 다양한 담화 공동체에 속하게 되었다. 이러한 공동체에서는 문화, 특성, 독자에 따라 각기 다른 종류의 쓰기와 쓰기 전략이 요구된다. 결론적으로 기술의 발달로 인하여 21세기에서 쓰기는 더욱 복잡하게 분화되고, 이러한 시대에서 L2로 쓰기를 한다는 것은 자신이 속한 온/오프라인의 다양한 담화 공동체의 일원으로서 그 공동체 안에서 의사소통을 할 수 있다는 것을 의미한다.

③ 쓰기 전략

1) L1 쓰기와 L2 쓰기

연구결과에 의하면 L1과 L2 쓰기는 여러 영역에서 차이가 있다고 알려져 있다. Silva(1993)는 L2로 글을 쓸 때 학습자는 덜 계획적이고, 오류가 많아 덜 정확하고, 덜 유창하며, 내용을 조직화하고 전달하는 데 덜 효과적이라고 하였다. 다시 말해서 L1에 비해서 L2 쓰기가 훨씬 더 어렵고 덜 성공적이라는 것이다. Silva에 의하면 L2 쓰기에서 학습자는 L1 쓰기 초보자와 같은 특징인 문장 수준의 지엽적인 오류 수정에만 매달리는 한편, 글의 내용이나 조직과 같은 더 의미 있는 오류는 간과하는 것으로 조사되었다.

L2 쓰기를 잘하기 위해서는 단순히 L2 언어능력만 요구되는 것이 아니다. L2 능력 외에도 다양한 쓰기 기술과 전략이 요구된다. 쓰기 기술과 전략에는 문제 해결 전략, 목표 정하기, 계획하기, 글의 조직화, 독자에 대한 인식, 자신의 글에 대한 평가, 수정 전략 등이 포함된다. L2 언어능력의 향상은 상당한 시간이 소요되는 반면, 쓰기 기술과 전략은 그보다 더 단기간에 발달할 수 있다(Roca de Larios, Murphy & Martin, 2002). L1의 쓰기 전략은 L2로 전이가 가능하므로 학습자가 L1 쓰기에 대한 경험이 많거나 L1 쓰기 기술이 좋다면, L2 쓰기 또한 빨리 향상될 가능성이 높다. 그러므로 L1 쓰기에 대한 학습자의 스키마를 불러 일으켜서 L2로 전이가 일어날 수 있도록 하면 L2 쓰기에 효과적이다.

2) 읽기와 쓰기의 연계

읽기는 쓰기 향상에 필수적인 요소이다. 많은 학자들이 읽기와 쓰기가 연계되어 있으며, 읽기 없이 쓰기가 발달할 수 없다고 주장하였다(Horning & Kraemer, 2013). 연구에 의하면 독서를 많이 하는 학습자가 쓰기를 더 잘하는 것으로 나타났는데, 그 이유는 독서를 통하여 풍부하고 정확한 언어를 익힐 수 있으며, 이와 함께 내용과 배경지식도 흡수할 수 있기 때문이다. 우리가 알고 느끼고 생각하고 있는 것을 글자로 표현하는 것이 쓰기라고 보면, 언어와 내용에 대해 많이 아는 사람이 글을 더 잘 쓸 수 있는 것은 당연하다. 또한 읽기 중에는 학습자가 독자로서의 역할을 하게 되는데, 이때 독자로서의 경험이 자신의 글의 독자를 이해하는 데 도움이 된다. 쓰기에 도움이 되는 연계 활동으로는 다음과 같은 것들이 있다.

- 읽기 사전 활동으로 주제에 대한 자신의 생각을 써보기
- 읽기 중에 저자의 생각의 흐름을 짚어보고 요약하기
- 저자가 어떤 스타일과 톤을 사용하고 있는지 분석하기
- 글에서 가장 마음에 드는 부분을 고르고 그 이유 설명하기
- 같은 글을 자신이 쓴다면 어떻게 쓰고 싶은지 생각해보기
- 바꾸고 싶은 부분을 선택하여 다시 써보기

3) 글을 잘 쓰는 사람(Good writer)의 특징

쓰기를 잘하기 위해서는 글을 잘 쓰는 사람의 특징을 살펴보고 전략을 모방하는 방법도 효과적이다. 글을 잘 쓰는 사람의 특징은 다음과 같이 요약된다.

- 자신의 생각을 명확하고 논리적으로 표현한다.

- 글의 중심 생각에 초점을 맞추고 불필요한 정보를 언급하지 않는다.

- 정확한 어휘와 문법을 사용한다.

- 수정에 힘을 쏟는다.

- 쓰기와 생각하기를 반복하며 진행한다.

- 표면적이고 지엽적인 오류 수정보다는 내용과 글의 조직과 같은 전반적 수정에 초점을 맞춘다.

- 독자의 요구와 관심을 이해하여 반영한다.

- 글을 쓰는 데 있어서 유창하다. 즉, 생각을 쉽게 글로 옮긴다.

- 독서를 즐기고 독서로부터 배운다.

- 다른 사람의 글에서 논리적 전개 방법이나 언어 사용 등을 배운다.

④ 쓰기의 과정

언어의 정확성이 강조되던 때의 쓰기 수업에서는 결과물로서의 쓰기 product-based writing가 강조되었다. 결과물로서의 쓰기에서는 정확한 문법과 적확한 어휘의 사용과 같은 언어의 정확성, 그리고 쓰기에 대한 규정된 틀과 규칙을 지키는 것을 가장 중요하게 여겼다. 이와 달리 과정으로서의 쓰기process-based writing에서는 결과물뿐만 아니라 글을 쓰는 과정에도 초점을 맞추기 때문에 글쓰기 사전 단계와 수정 과정도 중요하다. 과거 결과물 중심의 쓰기 관점에서 탈피하여 과정 중심의 쓰기 관점으로 옮겨온 가장 큰 이유는 학습자들이 쓰기의 과정에 주의를 기울일수록 더 나은 결과물로 이어질 수 있기 때문이다. 과정 중심의 쓰기에서는 쓰기를 크게 쓰기 전pre-writing 단계, 쓰기writing 단계, 쓰기 후post-writing 단계로 나눈다. 쓰기 전 단계에서 학습자가 무엇에 대하여 쓰고 싶은지, 즉 주제와 내용을 먼저 생각한다. 이 단계에서는 자신이 말하고자 하는 것을 가장 효과적으로 전달할 수 있는 방법과 글의 조직화에 대해서도 미리 계획을 세운다. 그런 후 쓰기 단계에서는 자신의 생각과 느낌을 가장 적절하게 표현할 수 있는 언어적 요소를 찾고, 전 단계에서 수립한 계획에 맞추어 조직화하여 글을 완성한다. 쓰기 후 단계에서는 좀 더 나은 결과물을 도출하기 위하여 교사나 동료 학습자에게 피드백을 받고 수정을 반복하는 과정을 거치게 된다. 과정 중심 쓰기에서 기억해야 할 것은 너무 과정에만 몰입하다가 자칫하면 결과물을 생성하지 못하는 경우가 있다는 것이다. 따라서 과정과 결과물 사이에서 적절한 균형점을 찾는 것이 중요하다.

1) 쓰기 전 단계(Pre-writing)

쓰기 전 단계에서는 쓰기에 대한 학습자의 흥미와 관심을 불러일으키고 주제에 대한 스키마를 형성하기 위한 다양한 활동을 제공한다. 주제와 관련하여 읽기나 동영상 보기, 토론, 브레인스토밍, 루프라이팅loop writing(브레인스토밍의 쓰기 버전으로, 생각나는 것들을 재빠르게 적어보는 활동), Wh-questions에 대답해보기, 자료 찾아보기 등의 활동이 쓰기 전 단계에 속한다. 주제뿐만 아니라 쓰기에 필요한 언어 재료, 즉, 어휘나 문법을 미리 배우거나 연습을 해볼 수도 있다. 무엇을 어떻게 쓸 것인가에 대한 계획을 세우고 개요와 중심 문장을 적어보는 활동도 효과적인 쓰기를 위한 사전 활동이다.

계획은 쓰기 전 단계에서 가장 중요한 활동으로, 쓰기 결과물의 질에 많은 영향을 미친다. 계획 단계에서는 우선 쓰기의 목적과 독자, 그리고 글의 목적에 따른 글의 종류와 스타일에 대해 생각해 보아야 한다. 경우에 따라서는 내용에 대한 조사와 공부가 필요할 수도 있다. 내용이 많거나 복잡한 경우에는 주제문과 뒷받침하는 내용을 간략하게 적어서 생각을 정리하는 것도 효과적인 글쓰기에 도움이 된다.

2) 쓰기 단계(Writing/Drafting)

쓰기 단계는 주제에 대한 구체적인 내용과 구성에 초점을 맞추어 초안을 쓰는 단계이다. 이때 쓸 내용에 대한 아이디어가 생겼다면 빨리 써나가는 것이 효과적이다. 너무 언어의 정확성에 얽매이다보면 생각이 끊기게 되어 글이 자연스럽지 못하며, 글쓰기에 대한 동기도 잃을 수 있다. 따라서 이 과정에서는 언어의 정확성보다는 유창성에 더 초점을 맞추어 써나가는 것이 바람직하다. 쓰는 동안 자신의 글을 읽을 독자를 상상하고 그 독자에게 자신의 생각을 전달한다는 느낌으로 써내려나가는 것이 좋다.

3) 피드백 받기(Receiving responses)

수정하기에 앞서 동료 학습자나 교사가 피드백을 주는 단계이다. 피드백은 구두나 문자로 전달할 수 있다. 교사가 오류를 지적하는 방법에는 직접적 오류 수정과 간접적 오류 수정이 있다. 직접적 오류 수정은 오류를 바로 고쳐주는 방법이고, 간접적 오류 수정은 오류에 밑줄만 긋고 대안을 제시하지 않음으로써 학습자가 스스로 오류를 수정하도록 기회를 주는 것이다. 오류 수정 시에 모든 오류를 수정하거나 너무 많은 오류에 대해 피드백을 주면 학습자 부담이 커지게 되어 위축감을 느끼고 쓰기에 대한 자신감을 잃을 수 있다. 따라서 오류의 빈도와 중요도에 따라 적절한 양의 피드백을 제공하는 것이 효과적이다. 예를 들어, 문장에서 주어나 동사를 쓰지 않는 오류는 관사를 쓰지 않는 오류보다 더 심각하므로 우선적으로 처치가 되어야 한다. 또한, 오류 수정과 같은 부정적인 피드백뿐만 아니라 긍정적인 피드백도 함께 제공하면 학습자가 쓰기에 대해 자신감을 가질 수 있다. 최근 들어서는 학습자 간의 상호 피드백이 점차 중요하게 여겨지고 있는데, 상호 피드백은 나와 비슷한 수준의 동료가 내 글을 읽고 의견을 준다는 점에서 학습자가 더 편안하게 받아들인다는 장점이 있다.

4) 수정(Revision)

글의 내용이나 조직, 논리적 전개 등에서 수정을 하는 단계이다. 이 단계에서는 자신의 글을 한 발 물러나 읽어보고, 말하고자 하는 내용이 제대로 전달되고 있는지, 매끄럽지 못한 부분이 있는지, 지금보다 더 효과적으로 전달할 수 있는 방법이 있는지 등을 살펴본다. 불필요하거나 반복적인 부분은 삭제하고, 보완해야 할 부분은 추가하며, 논리적인 글의 전개를 위해 문단이나 문장의 위치를 바꾸어 보기도 하고 수정한다. 수정 과정에서는 너무 지엽적인 오류local errors(예: 구두점이나 철자 오류)보다는 전체 내용에 영향을 미치는 중대 오류global errors에 더 초점을 맞추어 수정한다.

5) 교정(Editing)

수정이 전반적인 사항을 고치는 데 초점을 둔다면, 교정 과정에서는 지엽적인 오류를 수정한다. 어휘나 문법의 정확성을 확인하고 스펠링, 구두점이 올바르게 사용되었는지를 살펴보는 과정이다. 사소한 오류 수정을 위해서는 체크리스트를 활용하거나 친구와 함께 서로 바꾸어 읽어보며 교열proofreading하는 것이 효과적이다.

6) 쓰기 후 활동(Post-writing)

쓰기 후 활동은 완성된 쓰기 결과물을 가지고 하는 활동으로, 출판, 전시, 온라인에서의 공유, 소리내어 읽기, 책자 만들기, 대본 작성 후 공연하기 등이 포함된다. 이러한 쓰기 후 활동을 함으로써 자칫 지루하게 느껴질 수 있는 교실 쓰기 활동에 생동감을 부여하고, 학습자에게 쓰기에 대한 흥미와 동기를 고취시킬 수 있다.

⑤ 쓰기 평가

교사나 동료가 완성된 글을 평가하는 과정이다. 평가 시에는 평가 기준에 따라 채점하는 기준 평가(rubric 또는 checklist) 방식, 쓰기 컨퍼런스, 포트폴리오 등을 활용할 수 있다. 기준 평가 방식으로 가장 보편적인 방법으로는 총체적 평가holistic evaluation와 분석적 평가analytic evaluation가 있다. 총체적 평가는 글에 대한 전반적인 느낌과 효과성을 평가하는 것으로 TOEFL 쓰기 평가 기준이 대표적인 예이다. TOEFL 쓰기 평가 기준에서는 피평가자의 글에 대해 6점 척도로 전반적인 평가를 실시한다. 이와 달리 분석적 방법은 쓰기를 여러 영역으로 나누어 평가하는 방식이다. 총체적 평가의 경우 평가 시간은 짧게 소요되지만 세밀하게 평가하기는 어려운 단점이 있으며, 분석적 평가의 경우 평가 시간은 상대적으로 많이 소요되나 객관적이고 체계적으로 평가할 수 있다는 장점이 있다. 분석적 평가의 영역에는 내용, 조직, 문법이나 어휘와 같은 언어의 정확성, 글의 스타일, 의사소통의 효과성 등이 포함될 수 있다. 중등 영어 쓰기 평가에는 총체적 평가와 분석적 평가가 모두 쓰이고 있는데, 분석적 평가에서는 과제 완성, 내용, 구성, 언어 사용과 같은 영역을 포함한다(〈표 1〉).

〈표 1〉 쓰기 평가 채점 기준표

영역	점수	설명
과제 완성	4	완벽하게 과제를 수행하였다
	3	과제를 양호하게 수행하였으나 완벽하지는 않다
	2	과제 완성 정도가 빈약하다
	1	과제 내용을 전달하지 못하였다
내용	4	주제가 명료하며 주제의 논의에 깊이가 있다
	3	관련 내용이 거의 완벽하고 관련성 있는 내용을 전달하였다
	2	다소 관련성이 있으나 주제가 잘 전달되지 않았다
	1	내용의 관련성이 없고 전혀 전달이 되지 않았다
구성	4	글이 명료하며 전개가 논리적이다
	3	전개가 비교적 논리적이나 구성이 약하다
	2	주요 아이디어는 있으나 논리적이지 못하다
	1	주요 아이디어 구성 및 전개가 논리적이지 못하다
언어 사용 (정확성)	4	정확한 어휘와 문법을 사용하였다
	3	어휘와 문법에서 오류가 약간 발견되었으나 메시지 전달에 영향을 미치지 않았다
	2	어휘와 문법에서 다수의 오류가 발견되어 메시지 전달에 부정적 영향을 주었다
	1	어휘와 문법에서 오류가 심각하여 글을 이해하기 어려웠다

〈표 1〉은 우리나라 중학교 영어 교과서에 실린 쓰기 평가의 예시로서, 중학교 1학년 학생의 쓰기 수준에 맞추어 3점 척도로 평가 기준을 제시하

고 있다. 대부분의 우리나라 영어 교과서의 지도서에서 단원별 쓰기 활동의 종류와 주제에 맞추어 이러한 평가 기준표를 제공하고 있으므로 평가시 이를 활용하거나 필요에 따라 수정을 하여 사용할 수 있다. 또한 평가주체에 따라서 교사, 동료, 자기 평가를 시행할 수 있다. 최근 들어서는 우리나라에서도 쓰기 평가의 주체를 다양화하는 시도를 하고 있는데, 영어교과서의 쓰기 활동에도 동료 평가란과 자기 평가란을 제공하는 경우가많다.

【 중학교 1학년 영어교과서 쓰기 채점표 】

점수	글의 구성	어휘, 문법	구두점	과제 수행
3	☐ 중심 주제에 집중하고 글의 흐름이 논리적이고 잘 조직됨.	☐ 적절한 어휘를 사용함. 어순이 완벽함.	☐ 철자, 대문자, 문장부호에 오류가 없음.	☐ 조건을 모두 충족하여 과제를 수행함.
2	☐ 중심 주제가 하나 있지만 주제에서 벗어난 문장이 있음.	☐ 적절하지 못한 어휘를 사용함. 어순이 불완전한 문장이 일부 있음.	☐ 철자, 대문자, 문장부호에 오류가 있으나 의미 전달은 됨.	☐ 과제는 수행했지만 조건을 일부 충족하지 못함.
1	☐ 하나의 주제에 집중하지 않고, 주제와 관련 없는 문장이 많음.	☐ 생략된 어휘가 있음. 어순이 자주 틀림.	☐ 철자, 대문자, 문장부호에 오류가 많아 의미 전달이 안 됨.	☐ 과제는 수행했지만 조건을 하나도 충족하지 못함.

날짜 _____   총점 _____ / 12   평가자 _____

(이병민 외, 2017, CD-Rom)

2

쓰기 지도

① 교실에서의 쓰기 활동

쓰기는 L2 학습자에게, 특히 초급 학습자에게는 어려운 언어기능이 므로 쓰기에 대해 자신감이 낮은 중등 학습자들이 많다. 따라서 처음부터 너무 어려운 과업을 주기보다는 처음에는 쉽고 간단한 과업, 그리고 교사의 통제가 큰 과업에서 시작하여 점차적으로 학습자 스스로 통제하는 쓰기 활동으로 전환하면서 자신감을 가지고 쓰기에 임할 수 있도록 지도한다.

1) 통제작문 활동(Controlled writing)

통제작문 활동은 교사나 교재에 의해 전적으로 통제가 되는 쓰기 활동으로서, 가장 초보적인 쓰기 수업에서 주로 하는 활동이다. 통제작문 활동을 통해서 학습자는 언어의 정확성과 구두점 사용법을 배우고 앞으로의 쓰기 활동을 준비하게 된다. 통제작문 활동에는 정답이 존재하므로, 학습자가 자유롭게 생각을 쓸 수 없는 반면, 큰 부담 없이 쓰기를 수행할 수 있다. 받아쓰기, 따라 쓰기, 오류 고쳐 쓰기, 받아적기식 쓰기(dictocomp: 텍스트를 읽거나 듣고 난 후 기억나는 단어를 가지고 텍스트를 재구성하는 쓰기 활동) 등이 통제작문 활동에 속한다. 그 외에도 아래와 같은 활동이 있다.

- **문장의 시작과 끝 맞추기**

  I went to the shop.　　　　　a. to study for the exam.

  I got up early.　　　　　　　b. to buy a pen.

- **대체 활동** 가르치고자 하는 문장을 주고 학습자가 단어나 구를 선택을 할 수 있도록 하는 활동이다. 예를 들어 아래와 같이 〈그림 1〉의 설명에 적합한 단어를 고르는 활동이다.

  The [cat/dog] is [in/next to] the box.

그림 1

- **단어 재배열하기** 조각난 단어를 재배열하여 문장을 만드는 활동이다.

  I [school, after, shopping, went].

2) 유도작문 활동(Guided writing)

유도작문 활동은 통제작문 활동보다는 학습자가 자유롭게 쓸 수 있는 부분이 많아지긴 하나 여전히 교사나 교재의 통제가 개입되는 쓰기 활동이다. 교사가 주제를 제시하고 쓰기에 포함되어야 하는 주요 내용 및 단어, 그리고 문법을 학습자에게 알려주기도 한다. 통제작문 활동과 달리 다양한 답이 가능하다.

- **빈칸 채우기** Fill in the blank 빈칸을 채워 문장이나 글을 완성하는 활동으로, 여러 개의 단어나 그림을 보기로 줄 수 있으므로 학습자의 수준에

맞추어 활동을 만들 수 있다.

- **문장 완성하기** Complete sentences 문장의 일부만 주고 문장을 완성하게 하는 활동이다. 빈칸 채우기처럼 단어나 그림으로 힌트를 줄 수도 있고 학습자가 자유롭게 문장을 완성할 수도 있다.

  ex. I like _____.

- **부분 바꿔쓰기** Change sentences 특정 문법 요소를 가르치기 위해서 문장의 부분만 바꾸어 쓰도록 하는 활동이다. 예를 들어, 미래형을 가르치고자 할 때 다음과 같은 활동을 한다.

  I went to the department store yesterday.

  I _____ the department store tomorrow.

- **평행글 쓰기** Parallel sentences 모범글을 제공하고 학습자의 상황에 맞게 쓰도록 하는 활동이다. 유도작문 활동 중 가장 어려운 활동이지만, 학습자가 자신의 생각을 쓸 수 있기 때문에 흥미를 느낄 수 있는 활동이다 (〈그림 2〉 참조).

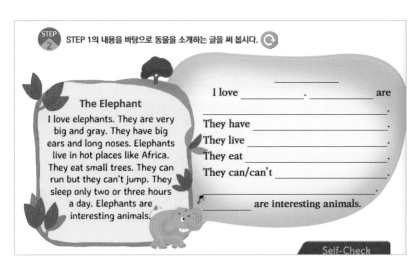

그림 2 평행글 쓰기
(이병민 외, 2017, p.54)

3) 자유작문 활동(Free writing)

학습자가 통제된 쓰기 활동과 유도된 쓰기 활동을 통해서 어느 정도 쓰기에 대한 기술을 익히고 자신감이 생겼다면 자유작문 활동의 기회를 주는 것이 좋다. 자유작문 활동에는 다양한 활동이 가능한데, 학습자의 수준과 교육 여건을 고려하여 가장 적합한 활동을 선택하는 것이 중요하다.

- **그림 묘사하기** 간단한 그림 하나를 묘사하거나, 만화처럼 여러 장면이 연속적으로 나오는 그림을 묘사하는 활동이다. 이 활동은 인물 묘사하기, 현재 진행형을 연습하기, 행동 묘사하기 등의 활동으로 영어 교과서에 자주 등장한다.
- **다음에 이어질 이야기 만들기** 이야기를 끝까지 읽지 않고 다음 이야기를 상상하여 글을 쓰는 활동이다. 읽기와 연계되어 있기 때문에 읽기에서 언어 입력을 받을 수 있다는 장점이 있다.
- **이야기의 관점 바꾸어 써보기** 학습자가 이미 알고 있는 유명한 동화의 내용을 관점을 바꾸어 써보는 활동이다. 예를 들어, Three Little Pigs를 돼지의 입장에서가 아니라 늑대의 입장에서 이야기를 써 보는 것이다. 이때 원래 동화만큼 길게 쓸 필요가 없고 늑대의 변을 짧은 글로 구성하는 것으로 충분히 좋은 쓰기 활동이 될 수 있다.

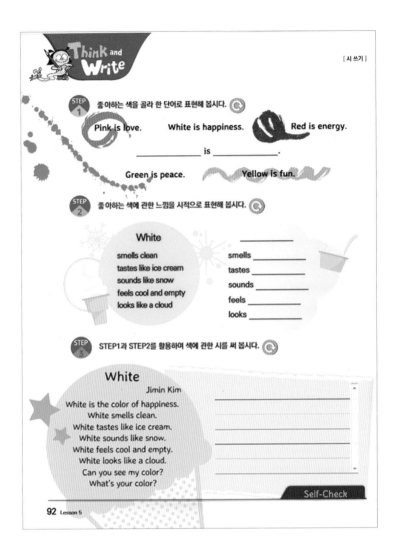

그림 3 시 쓰기 활동
(이병민 외, 2017, p.92)

- 간단한 시 쓰기 학습자의 언어능력이 높지 않아도 하이쿠Haiku와 같이
  짧고 쉬운 시 쓰기에 도전해 볼 수 있다. 하이쿠는 마음속에 떠오르는
  이미지를 아래의 예시와 같이 세 줄 이내에 간단히 표현하는 시이다.

A mountain village

under the piled-up snow

the sound of water[•]

• http://examples.yourdictionary.com/examples-of-haiku-poems.html#JZ8VujxZZSXZ52BL,99

시 쓰기는 중학교 영어 교과서에도 가끔 실리는 쓰기 활동이다. 〈그림 3〉에서와 같이 쓰기 전 활동을 통해서 학습자가 시를 쓸 수 있도록 유도하고 모범글을 제시해 주면 어렵지 않게 시 쓰기에 도전해 볼 수 있다.

4) 협력 쓰기 활동(Collaborative writing)

쓰기라고 하면 혼자 하는 활동이라고 생각하기 쉬운데, 협력 쓰기도 얼마든지 가능하다. 협력 쓰기 활동은 여러 가지 장점이 있다. 첫째, 쓰기가 단순히 문법이나 어휘 연습 활동이 아니라 의사소통을 위한 언어기능이라는 것을 깨닫게 하는 데 도움이 된다. 둘째, 혼자서 쓰는 지루함 대신, 동료와 함께 하는 즐거운 활동이 될 수 있으므로 쓰기에 대한 학습 동기를 높일 수 있다. 셋째, 여러 명이 함께 참여하기 때문에 글의 내용과 언어가 풍부해진다. 넷째, 동료로부터 쓰기에 대한 기술이나 전략, 언어 등을 배울 수 있다. 협력 쓰기 활동의 예시는 다음과 같다.

• **포스트잇 릴레이** 포스트잇에 한 문장을 쓴 후 보드에 붙인다. 포스트잇에 있는 문장을 보고 다음 학생이 이어지는 이야기가 되도록 포스트잇에 문장을 쓴 후 처음 문장 옆에 붙인다. 이야기가 끝날 때까지 이 과정을 반복한다.

- **설문조사 결과 보고서** 주제를 정한 후 해당 주제에 관해 궁금한 것을 질 문으로 만든다. 질문을 설문항목으로 만들어서 친구들에게 조사한 후 결과를 요약해서 쓴다.

- **위키 글쓰기** 위키는 협력으로 글을 쓰기에 적합한 도구이다. 위키란 여 러 사람이 협동하여 한 개의 글을 작성·수정·삭제·첨가할 수 있으며, 수 정 전의 모든 버전을 볼 수 있는 히스토리history 기능이 있는 도구인데, 인터넷에서 검색하면 무료로 사용할 수 있는 다양한 위키를 찾을 수 있 다. 사람들이 개별적으로 글을 쓰는 게시판과 달리, 위키는 여러 사람들 이 하나의 글을 함께 완성하며, 타인의 글을 삭제하거나 수정, 추가하는 것이 모두 가능하다. 따라서 한 문장을 쓰면 그 이후에 다른 학습자들이 계속적으로 그 문장에 이야기를 추가하여 발전시키는 활동이 가능하다. 또한, 내용이 맞지 않거나 문법이나 어휘, 스펠링이 틀린 경우, 또는 글 의 전개가 논리적이지 않은 경우를 발견하면 수정하거나 삭제할 수 있 다. 이런 과정을 통해서 자신이 어느 부분에서 틀렸는지 알 수 있으며 다 른 학습자로부터 언어와 글쓰기 기술을 배울 수 있다. 위키 글쓰기에서 주의해야 할 것은 글이 끝맺음이 잘 안 될 수 있으므로, 기간을 정해놓고 써야 하며 마지막에는 글을 끝내고 다듬는 과정이 필요하다는 점이다. 위키 외에 구글 문서를 활용하여도 협력 글쓰기를 할 수 있다.

5) 테크놀로지를 활용한 쓰기 활동

테크놀로지를 활용하면 쓰기 활동을 더 재미있게 할 수 있다. 특히 인 터넷을 활용하면 글을 서로 공유할 수도 있으며, 실제적인 독자를 생성할 수도 있다.

- **게시판과 소셜 네트워크** 온라인 게시판을 활용하면 쓰기 활동에서 실제적인 독자를 확보할 수 있다. 실제적인 독자가 없는 교실 쓰기 활동에서는 독자를 상상하여 글을 쓰는데, 이런 상황에서는 실제적 쓰기 활동이 되기 어렵다. 반면, 게시판에 글을 올리면 실제적인 독자가 생기게 되어 학습자의 동기를 유발할 수 있다. 또한 타인이 자신의 글을 읽을 것이란 기대감으로 인해 언어와 내용에도 더 노력을 기울이게 되며, 수정도 더 많이 하는 경향이 있다. 글을 공유하고 서로 피드백을 주고받는 것은 언어적, 정서적으로 도움이 된다.

- **하이퍼텍스트 쓰기 활동** 하이퍼텍스트란 한 텍스트에서 다른 텍스트나 페이지로 연결되는 기능을 말하는데 이런 하이퍼텍스트 기능을 활용하여 재미있는 쓰기 활동을 할 수 있다. 하이퍼텍스트는 문서, 파워포인트, 블로그 등에서 손쉽게 쓸 수 있는 기능인데 이 기능을 이용하여 가지치기 이야기 글을 써본다. 예를 들어, 신데렐라의 이야기를 재구성한다면 신데렐라가 12시 종이 칠 때 ① 궁전을 빠져나오는 경우, ② 궁전에 머물러 있는 경우와 같이 두 가지 경우로 나누어 이야기를 만들고, 이 두 가지 경우를 하이퍼텍스트로 처리한다. 독자는 하이퍼텍스트를 클릭함으로써 둘 중 한 가지 이야기를 읽게 된다. 섹션별로 몇 번에 걸쳐 하이퍼텍스트를 삽입하면 여러 가지의 이야기로 가지가 쳐진다. 이 활동은 쓰기뿐만 아니라 독자에게 읽는 재미도 부여할 수 있다. 분량이 많을 시에는 협력 학습으로 진행하여도 좋다.

- **디지털 스토리텔링** 최근에는 컴퓨터나 모바일폰을 이용하여 손쉽게 동영상을 만들 수 있는데, 이런 도구를 활용하여 디지털 스토리텔링을 해본다. 자신이 관심 있는 주제에 대해 글을 쓴 다음에 메시지를 더욱 효

과적으로 전달할 수 있는 이미지나 사운드를 삽입한다. 디지털 스토리텔링 과제를 통해서 학습자는 미디어의 소비자를 넘어서 생산자로서의 역할을 해볼 수 있다.

우리나라 영어 수업 시간에 이루어지는 쓰기 활동은 문법 능력을 강화하기 위해서 활용되는 경우가 많아서 L2 학습자가 창의적 글쓰기를 할 기회가 적다. 그러나 학습자는 창의적 글쓰기를 통해 뜻밖에 쓰기의 재미를 발견할 수 있다. 창의적 글쓰기를 무조건 어렵다고 생각하기보다는 도전할만한 과제로 생각하고 학습자에게 기회를 주어야 한다. 학습자의 L2 쓰기 능력이 향상될수록 쓰기 지도는 교사 중심에서 점점 탈피하고, 덜 통제적이고 더 창의적이고 자유로운 쓰기로 나아가야 한다. L2 쓰기 능력 향상을 위해서는 학습자가 다양한 장르에서 쓰기를 해볼 수 있는 기회를 주고, 이를 통해 쓰기 전략을 발전시킬 수 있도록 도와야 한다.

② 쓰기 수업을 위한 계획

Raimes(2002)는 효과적인 쓰기 수업을 위해서는 체계적이고 조직적인 계획이 필요하다고 강조하였다. Raimes가 제안한 쓰기 수업 계획을 위한 10개의 단계를 바탕으로 우리나라 중·고등학교 쓰기 수업 계획 단계를 다음과 같이 제시한다.

Step 1: 쓰기의 목표와 한계점에 대해 생각하라(Ascertaining goals and institutional constraints)

쓰기 수업 계획에서 가장 먼저 생각해야 할 것은 수업의 목표이다. 쓰기 수업의 목표를 문법과 구두점, 철자 등의 정확성, 즉 언어의 정확성에 둘 것인가? 혹은 자신의 생각을 표현하는 의사소통 수단으로서의 글쓰기에 둘 것인가? 쓰기 수업에서는 언어적 목표뿐만 아니라 정의적 목표도 포함할 수 있다. 예를 들어 L2 학습자들은 쓰기에 대해 자신감이 결여되고 자신의 목소리를 쓰기에 반영하지 못하는 경향이 있다. L2 학습자들이 쓰기를 통하여 어떻게 자신을 표현할 수 있는지, 어떻게 쓰기에 대한 자신감을 고취할 수 있는지와 같은 정의적 목표를 포함하는 것은 L2 학습자의 쓰기 한계점을 극복하는 데 도움이 된다. 또한 우리나라 쓰기 활동은 목적과 대상이 결여된 비실제적인 연습으로서의 쓰기 활동이 되는 경향이 많은데, 쓰기 활동 또한 의사소통 방법의 일환이라는 것을 깨닫도록 도와주어야 한다. 쓰기 학습 목표를 세울 때는 교육과정이 요구하는 성취 기준과 교과서의 쓰기 학습의 유형과 수준도 고려하여야 한다. 학습자가 미래의 직업 및 학업에서 어떤 종류의 쓰기를 하게 될 것인지에 대한 고려도 필요하다.

Step 2: 이론적 원칙을 결정하라(Deciding on theoretical principles)

쓰기 수업에 앞서 다음과 같은 이론적 원칙을 우선적으로 결정하여야 한다. 첫째, 어떤 글을 모범글로 사용할지, 그리고 그 글을 어떻게 사용할지 결정한다. 예를 들어 모범글을 모방할 것인지, 또는 비판적으로 분석을 할 것인지 생각해 보아야 한다. 둘째, 쓰기 교수에서 형식과 정확성에 초점을 맞출 것인지, 내용과 유창성에 초점을 맞출 것인지 결정을 해야 한다. 셋째, 과정 중심 쓰기 수업을 운영할 것인지 또는 결과 중심의 쓰기 수업을 운영할 것인지에 대하여 결정을 해야 한다. 이는 교육과정과 학습자의 언어능력에 맞추어 결정을 해야 하는 부분이다. 우리나라 영어교육에서는 때로 지나치게 언어의 정확성을 강조하는데, 이렇게 되면 쓰기에 대한 동기와 자신감을 상실하게 될 우려가 있다. 그러므로 자신감과 흥미를 고취시키기 위해서는 언어능력이 낮은 학생들에게도 자신의 생각을 자유롭게 표현해 볼 수 있는 기회를 주는 것이 쓰기에 대한 자신감과 흥미 고취 측면에서 필요하다.

Step 3: 글의 내용을 계획하라(Planning content)

읽기와 마찬가지로 쓰기 과제에서도 학습자의 흥미와 동기를 고취시킬 수 있는 주제를 선정하는 것이 매우 중요하다. 개인적인 경험, 사회문화적인 문제, 그리고 역사·과학·문학·예술과 같은 다양한 주제를 줄 수 있는데, 중요한 것은 학습자의 인지적 수준과 관심에 적합한 주제를 골라야 한다는 것이다. 쓰기는 사고의 도구이며, 쓰기를 통해서 언어를 배울 수도 있기 때문에 글을 작성하는 동안 학습자는 자신의 생각을 정리하고 언어를 정제하게 된다. 또한 자신이 아직 L2로 표현할 수 없는 것이 무엇인지도 깨닫게 된다. 학습자가 쓰기를 의사소통의 도구로 여길 수 있도록 하려면 쓰기를 문법 연습의 도구로만 다루지 말고, 구체적인 대상과 쓰기의 목적을 갖추어 줌으로써 학습자가 자신의 생각과 느낌을 표현할 수 있는 도구로 사용할 수 있도록 도와야 한다. 우리나라 영어 교과서에는 쓰기 주제가 미리 제시되어 있는 경우가 대부분이기는 하나, 수업 시간에 이

따금씩 학습자들이 관심을 가질 만한 주제에 대하여 써볼 수 있도록 하는
것은 쓰기 학습에 대한 동기와 흥미를 고취시킬 수 있는 좋은 방법이다.

Step 4: 쓰기 요소의 중요성에 대해 생각하라(Weighing the element)

과거 영어 교육에서는 쓰기를 문법 연습용으로 주로 활용하였다. 그러
나 쓰기는 문법을 넘어서 내용, 조직, 독창성, 정확성, 유창성, 응집성, 장
르 등 다양한 요소로 구성되어 있다. 쓰기를 잘한다는 것은 이러한 요건들
을 모두 충족시킨다는 의미이므로, 쓰기 교육에서는 학습자가 이러한 쓰
기의 요소를 잘 배워나갈 수 있도록 도와주어야 한다. 이 모든 요소를 한
꺼번에 학습하기는 어렵기 때문에, 쓰기 수업의 목적에 따라 더 중요한 요
소라고 생각되는 것을 우선적으로 가르치는 것이 효과적이다. 우리말로 쓰
기를 한 경험을 떠올리게 해주는 것도 학습자의 쓰기 전략에 도움이 된다.

Step 5: 교수요목을 만들라(Drawing up a syllabus)

L2 학습 교수요목으로는 대표적으로 구조별structural, 기능별functional,
주제별topical, 상황별situational, 언어기능별skill-based, 과업별task-based 교수요
목이 있는데 쓰기를 효과적으로 가르치기 위해서는 학습자의 수준과 수
업의 목적에 맞게 쓰기만을 위한 교수요목을 따로 구성하는 것이 필요하
다. 우리나라 중등 영어 교육에서는 이미 교과서에서 쓰기의 주제와 문법
이 선정되어 있어서 개별 교사가 따로 쓰기의 교수요목을 짜는 경우는 드
물다. 그러나 사용하고 있는 영어 교과서의 쓰기 활동을 그대로 따르더라
도 쓰기가 단순히 문법을 연습하는 도구로만 쓰이지 않고, 학습자가 주어
진 주제에 관하여 자신의 생각을 쓸 수 있도록 돕기 위해서는 별도로 쓰

기 교수요목을 작성하는 것이 좋다.

Step 6: 교재를 선정하라(Selecting materials)

우리나라 영어 수업에서는 쓰기 교재를 따로 선정하지 않고 영어 교과서에 포함된 쓰기만 학습하는 경우가 대부분이다. 그러나 특별한 목적으로 쓰기 수업에서(예: 방과후 수업) 교재를 선정하는 경우에는 학습자의 수준과 관심을 반영한 교재를 선정해야 한다. 쓰기 교재를 선정할 때는 주제, 쓰기의 유형, 자신의 생각을 쓸 수 있는 기회, 협동학습, 수정할 수 있는 기회 등이 충분히 제공되는지를 보아야 한다. 다양한 주제와 유형을 다루고 있는지, 그리고 브레인스토밍이나 그래픽 오거나이저와 같은 쓰기 전 단계 활동을 통해 자신의 생각을 만들어낼 수 있는 기회를 제공하고 있는지 등을 확인하고 교재를 선정해야 한다. 따로 교재를 선정하지 않는 경우에는 다양한 실제 자료, 즉 동영상, 영화, 애니메이션, 짧은 글, 그림, 사진 등을 활용하여 학습자들이 흥미를 가지고 다양한 글을 써볼 수 있게 해주는 것이 좋다.

Step 7: 활동과 역할을 준비하라(Preparing activities and roles)

쓰기를 통해 학습자가 능동적으로 새로운 언어를 배울 수 있는 기회를 주어야 한다. 그러기 위해서는 단순 반복적인 연습보다는 다양한 실제적인 쓰기 활동을 하는 것이 좋다. 학습자가 다양한 쓰기 활동을 접해 보는 것은 쓰기에 대한 흥미를 고취시키는 데 도움이 된다. 특히 요즘은 멀티미디어와 인터넷을 활용하여 다양하고 재미있는 쓰기 활동이 가능하므로 이러한 활동을 교과서 쓰기와 접목시켜서 해보는 것이 좋다. 예를 들어 교과서에 나온 주제를 활용하여 블로그나 게시판, 또는 소셜 네트워크상에서 글을 써보거나 동영상 스크립트를 써보는 활동을 해볼 수 있다. 언어능력이 낮은 학생들에게는 쓰기 활동 중에 겪게 될 어려움을 고려하여 언어 입력을 충분히 주어야 한다. 주제에 대한 배경지식을 활성화하고 다양한 비계를 제공하며 학습자 수준에 맞추어 다양한 활동을 제시하는 것이 효과적이다.

Step 8: 피드백의 종류와 방법을 선택하라(Choosing types and methods of feedback)

학습자의 쓰기 능력을 향상시키기 위해서 피드백은 필수적이다. 앞서 설명한 바와 같이 피드백은 구두와 문자, 직접적·간접적 피드백 등 다양한 종류가 있다. 학습자의 수준과 수업 환경에 따라 피드백의 효과가 달리 나타나므로, 교사는 학습 환경 등을 고려하여 가장 효과적인 피드백을 활용하여야 한다.

Step 9: 쓰기 수업을 평가하라(Evaluating the course)

쓰기 수업 후 수업이 효과적이었는지 교사가 스스로 평가를 해보는 것이 다음 쓰기 수업을 계획하는 데 도움이 된다. 수업 평가를 위해서는 학습자들에게 설문지를 돌리거나 인터뷰를 실시한다. 수업에 대한 평가는 다음 쓰기 수업에 반영하여 부족한 부분을 보완하는 데 도움을 준다.

Step 10: 성찰하라(Reflecting the teacher's experience)

마지막으로 교사 스스로 쓰기 수업에 대한 느낌과 평가를 정리해 본다. 수업은 학습자뿐 아니라 교사도 참여하므로 교사의 느낌과 경험 또한 중요하기 때문이다. 가장 중요한 것은 교사가 연구자의 태도(a teacher as a researcher)를 가지고 자신의 수업을 평가하여 부족한 부분을 꾸준히 개선해 나가는 것이다.

3 쓰기 활동 과정의 예시

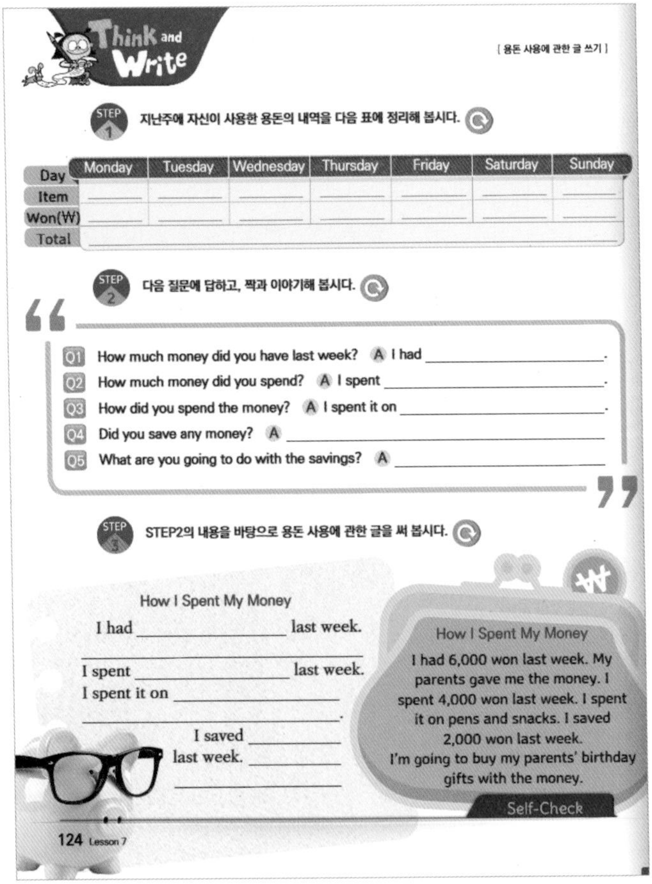
Think and Write

[용돈 사용에 관한 글 쓰기]

STEP 1 지난주에 자신이 사용한 용돈의 내역을 다음 표에 정리해 봅시다.

Day	Monday	Tuesday	Wednesday	Thursday	Friday	Saturday	Sunday
Item	______	______	______	______	______	______	______
Won(₩)	______	______	______	______	______	______	______
Total							

STEP 2 다음 질문에 답하고, 짝과 이야기해 봅시다.

Q1 How much money did you have last week? A I had ______________.

Q2 How much money did you spend? A I spent ______________.

Q3 How did you spend the money? A I spent it on ______________.

Q4 Did you save any money? A ______________

Q5 What are you going to do with the savings? A ______________

STEP 3 STEP2의 내용을 바탕으로 용돈 사용에 관한 글을 써 봅시다.

How I Spent My Money

I had ______________ last week.

____

I spent ______________ last week.

I spent it on ______________

______________.

I saved ______________

last week. ______________

____

How I Spent My Money

I had 6,000 won last week. My parents gave me the money. I spent 4,000 won last week. I spent it on pens and snacks. I saved 2,000 won last week.
I'm going to buy my parents' birthday gifts with the money.

Self-Check

124 Lesson 7

그림 4 용돈에 대한 글쓰기 (이병민 외, 2017, p.124)

앞서 밝힌 바와 같이 쓰기에서는 결과물뿐만 아니라 과정도 중요하기 때문에 우리나라 영어 교과서에서도 과정 중심의 쓰기 교수법으로 쓰기 활동을 제시하고 있다. 앞의 〈그림 4〉의 예시를 살펴보면, 쓰기 활동이 세 단계로 나누어 제시되어 있다. ① 용돈 사용 내역을 표에 정리해보는 활동, ② 표를 바탕으로 짝과 함께 질문하고 답해보는 활동, 그리고 ③ 최종 결과물인 자신의 용돈 사용에 대한 글쓰기로 구성되어 있다. ①과 ②와 같이 쓰기 전 단계 활동은 최종 글쓰기에서 무엇을 쓸 것인지에 대해 생각해 보게 한다. 또한 글쓰기에 필요한 언어 재료를 미리 연습하고 글쓰기에 대한 스키마와 비계를 형성하게 해주어 영어 능력이 낮은 학습자도 글을 쓸 수 있도록 도와준다.

영어 교과서에서는 쓰기 후 단계에서도 다양한 활동을 제시하고 있다. 예를 들어 학습자가 쓴 글로 미니 책자(〈그림 5〉 참조)나 브로슈어를 만들기도 하고, 보드에 붙여 전시를 하기도 하며, 다른 언어기능과 연계하여 발

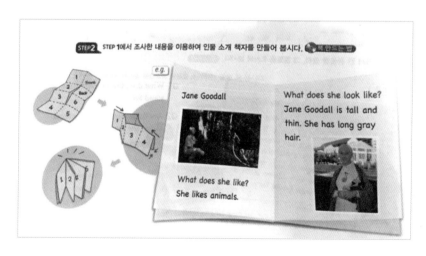

그림 5 인물 소개 책자
만들기(이병민 외,
2017, p.56)

표를 하거나 바꾸어 읽기 활동 등을 제시하고 있다. 앞서 교실에서의 글쓰기가 실제적인 독자와 목적이 결여되어 있다는 점을 지적하였는데, 이러한 쓰기 후 활동은 학습자에게 자신의 글을 공유할 수 있는 기회를 만들어 주어 쓰기에 대한 동기와 흥미를 향상시킬 수 있다.

쓰기 활동 교수에서의 유의점은 다음과 같다.

① 학습자의 흥미를 끌 수 있는 주제를 선택하라.

② 되도록 실제적인 맥락, 목적, 독자가 있는 쓰기 활동을 하라.

③ 언어능력이 낮은 학생도 쓸 수 있도록 충분한 가이드와 비계를 제공하라.

④ 학습자의 배경지식을 불러일으키라.

⑤ 읽기와 쓰기를 연결하라.

⑥ 통제작문과 자유작문 사이에서 다양한 수준의 쓰기 활동을 하라.

⑦ 쓰기의 정확성뿐만 아니라 쓰기의 유창성도 향상시킬 수 있도록 하라.

⑧ 과정과 결과물을 똑같이 중시하라.

⑨ 다양한 방법으로 피드백을 제공하라.

⑩ Good writer의 특징을 활용하라.

3

토론 및 활동

1) 다음 용어를 정의해 보시오.

 a. 쓰기 유창성(writing fluency)

 b. 수정(revision)

 c. 교정(editing)

 d. 과정 중심 쓰기(process-based writing)

 e. 실제적 독자(authentic audience)

 f. 중대 오류와 지엽적 오류(global error vs. local error)

2) L1과 L2 쓰기의 차이점에 대하여 토론하고 L1 쓰기 학습을 L2쓰기에서 활용할 수 있는 방안을 논하시오.

3) 쓰기의 피드백 방법을 나열하고 가장 효과적이라고 생각하는 방법을 골라 그 이유에 대해 설명하시오.

4) 중학교 영어 교과서에서 읽기 텍스트를 선택한 후 텍스트를 활용하여 다음과 같은 부분에 유의하여 쓰기 활동을 구성해 보시오. 학습의 목적, 목표, 학습자들이 읽기에서 받은 언어 입력을 효과적으로 쓰기에서 활용할 수 있는 방법을 설명하시오.

텍스트:

학년:

목표:

쓰기 전 활동:

쓰기 활동:

쓰기 후 활동:

활동 시 유의점:

피드백 방법:

평가 기준:

5) 304쪽(용돈 쓰기 활동)에 실린 쓰기 활동의 수행 평가 체크리스트를 구성해 보시오. 짝과 체크리스트를 바꾸어 보고 다른 점에 대해 논하시오.

참고문헌

이병민, 이상민, Kim Christian, 고미라, 김수연 (2017). *Middle school English 1*. 서울: 동아출판.

Horning, A., & Kraemer, E. (2013). *Reconnecting reading and writing*. Anderson, SC: Parlor Press and the WAC Clearinghouse.

Raimes, A. (2002). Ten steps in planning a writing course and training teachers of writing. In J. Richards & W. Renandya. (Eds.), *Methodology in language teaching*(pp. 306–314). Cambridge: Cambridge University Press.

Roca de Larios, J., Murphy, I., & Martin, J. (2002). A critical examination of L2 writing process research. In S. Ransdell & M. Barbier (Eds.), *New directions in research on L2 writing* (pp. 11–47). NY: Springer.

Seow, A. (2008). The writing process and process writing. In J. Richards & A. Renandya. (Eds.), *Methodology in language teaching*, 11th Edition (pp. 315–320). NY: Cambridge University Press.

Silva, T. (1993). Toward an understanding of the distinct nature of L2 writing: The ESL research and its implications. *TESOL Quarterly*, 27(4), 657–677.

Wiegle, S. C. (2014). Consideration for teaching second language writing. In M. Celce–Murcia, D. Brinton & M. Snow (Eds.), *Teaching English as a second or foreign language*, 4th Edition (pp. 222–237). Boston, MA: Heinle Cengage Learning.

5장

문법 지도론

단원 학습 목표

1) Understanding L2 Grammar Teaching

– 영어 문법 교수와 관련하여 주요 이론에 대해 이해하고 설명할 수 있다.

– 문법 지도 유형에 대해 이해하고 설명할 수 있다.

– 문법 지도와 관련하여 과업 및 맥락 중심 교수 이론의 중요성에 대해 설명할 수
있다.

2) Teaching Grammar

– 단계별 문법 지도의 과정 및 교수 전략에 대해 설명하고 적용할 수 있다.

– 문법 지도와 관련하여 피드백 전략을 살펴보고 이를 구체적으로 적용하는 방안을
제시할 수 있다.

– 4기능과 연계된 통합적인 문법 지도 방안을 만들고 실제 수행할 수 있는 방안을
제시할 수 있다.

수업 전 토론

1. 본인이 과거에 문법을 배울 때 어떤 식으로 배웠는지 생각해 보고 모둠원과 이야
   기해 본 후 공통점이나 다른 점이 있는지 비교해 보시오.

2. 문법을 학습할 때 가장 효과적인 방법과 어렵게 느꼈던 경험에 대해 2~3개씩 각
   각 적은 후에 모둠원과 비교해 보시오.

1

문법 지도 이론

① 문법의 정의 및 지도 이론

영어 교육에서 문법은 매우 기초적인 것으로 항상 여겨져 왔으며 오랫동안 어휘와 함께 아주 중요한 학습 요소로 간주되어 왔다. 그러나 영어 문법과 어휘에 대해 아주 많은 공부를 하여도 이를 활용하여 조리있는 문장으로 만들어 말하거나 쓰지 못한다면 목표 언어를 충분히 습득하지 못한 것이다. 따라서 문법이란 목표 언어와 관련하여 어휘, 어구, 절 등을 의미가 통하도록 조합을 가능케 하는 규칙으로 정의할 수 있다. 구체적으로 문법은 영어의 형태, 음운, 구문 및 의미와 화용의 제반 요소를 다 포함하며 교수자는 이와 같은 제반 문법 내용을 보다 효과적으로 지도하는 방안에 대해 잘 알고 있어야 한다.

1) 접점불가론(Non-interface position)과 접점가능론(Interface position)

언어 학습에 있어서 문법의 중요성은 논쟁의 여지가 없지만 문법을 어떻게 가르쳐야 하는지에 대한 방법의 문제에 있어서는 기존의 문법-

번역식 수업의 만연에 따른 폐해로 인해 많은 이견이 있다. 예를 들어, Krashen(1981)은 학습자에게 지나치게 문법을 명시적 지식으로 가르치는 경우 묵시적 지식implicit knowledge으로 전환될 수 없기 때문에 결국 목표 언어 습득에 도움이 되지 않는다는 접점불가non-interface의 입장을 고수하였다. 이와는 반대로 문법 내용에 대한 명시적 학습 활동과 적절한 비계scaffolding를 통해 학습한 내용이 묵시적 지식으로 전환될 수 있으며 목표 언어 습득에 도움이 된다는 강한 접점strong interface 이론도 제시되었다. 이런 양극단의 이론의 중간적인 입장으로 약한 접점weak interface의 입장은 Krashen의 이론에 동의하면서도 특정 문법에 대한 명시적 학습이 묵시적 지식의 습득에 어느 정도 도움이 되는 것으로 본다.

2) 형태 중심(Focus on forms) 지도와 의미 중심 형태 초점(Focus on form) 지도

① 형태 중심(focus on forms) 지도

영어 교육에서 전통적으로 문법의 지도를 위해 문법 또는 구조적 교수요목grammatical or structural syllabus을 많이 사용해 왔다(Richards, 2001). 이런 교수요목은 명사나 동사, 단순 시제 등을 먼저 제시하는 등 일정한 범위와 순서scope & sequence에 따라 구성되었다. 하지만 이런 교수요목에 나타난 문법 항목의 난이도는 이론적인 근거가 명확한 것이 아니며 일부의 언어 형태소, 품사, 구절에 대한 대조분석이나 변형생성이론에 따른 한정된 연구에서 비롯한 것이다. 따라서 기존의 전통적 수업에서는 제한적인 문법 요소나 규칙을 체계적인 언어 습득론이나 교수 학습론에 근거하지 않고 일방적으로 전달하는 제시presentation-연습practice-발화production라는 기계적인

PPP 방식의 수업을 많이 하였다. 이와 같이 특정 규칙에 대한 설명과 기계적 반복을 통한 주입이나 전달만을 하는 **형태 중심**focus on forms **지도**는 결국 문법에 대한 지식만을 가르치고 배우는 언어구조 중심의 교수·학습의 만연을 가져왔다. 그 결과 문법 규칙을 비맥락적인 구, 절, 문장 등을 통해 배운 학습자는 이를 다양한 담화적 상황에서 잘 활용하지 못하는 경우가 많이 발생하였다.

② 의미 중심 형태 초점(focus on form) 지도

현재는 의사소통을 위한 과업이나 특정 화제나 주제, 기능, 활동, 그리고 학습자의 학습 목표와 수준에 따라 문법 규칙을 직접 가르치기 보다는 **우연적 학습**incidental learning 을 하는 것을 중요시 하는 경향이 있다. 또한 규칙을 알더라도 의미가 잘 전달이 되지 않는 경우 화자 간 **의미 협상**negotiation of meaning이 중요하다. 따라서 우리나라 교육과정에서도 과업을 통한 의미 중심 수업을 강조하면서 필요에 따라 의사소통 중심 상황에서 특정 규칙을 짧은 시간 내에 또는 일정한 수업 기간 내에 나선형으로 **반복**spiral recycling 해서 명시적으로 가르치는 **의미 중심 형태 초점**focus on form **지도**를 권장하고 있다(교육부, 2015). 따라서 2000년대 이후에는 과업 중심, 내용 중심 교수법의 원칙에 따라 의미 중심 형태 초점focus on form으로 문법을 지도하는 것이 주요 흐름으로 자리 잡았고 코퍼스를 활용하는 등 문법 교수·학습에 많은 변화가 일어나고 있다(한문섭과 황종배, 2015; 이제영, 2016).

② 문법 지도의 유형

1) 귀납적–연역적 지도

귀납적 교수inductive teaching방법은 목표 문법 요소가 포함된 문장이나 단락을 활용하여 학습자들이 그 사용 유형이나 특징을 찾아보도록 하는 활동을 제시하고 이를 통해 해당 규칙을 이해하도록 하는 방법이다. 이에 반하여 **연역적 교수**deductive teaching방법이란 문법 규칙을 먼저 설명하고 이에 관한 예시를 제시하는 방법으로, 기존의 전통적 수업에서 주로 교수자의 설명 위주 수업이나 비맥락적인 문장의 과다한 사용으로 인해 많은 비판을 받아 왔다.

2) 명시적–묵시적 지식과 지도

명시적 지식explicit knowledge이란 특정 문법 요소나 규칙에 대한 정확한 이해를 통해 얻어진 지식으로, 이를 위해 문법 사항을 앞에서 언급한 PPP의 방식이나 반복적인 연습을 통해 암기하게 된다. 그런데 이런 지식은 필요할 때 활용하기 위해서는 많은 의식적인 노력이 필요하다. 즉 이런 명시적 지식을 위주로 한 지도 방법에 지나치게 의존하면 학습자는 특정 문법 규칙에 대한 설명을 할 수 있거나 문법 관련 용어에 대한 메타지식은 있지만 실제 담화적 상황에서 이런 규칙의 활용을 잘 못하는 경우가 많다.

묵시적 지식implicit knowledge이란 특정 문법 규칙에 대한 설명보다는 목표언어에 대한 노출이나 문법 사용 경험으로 인해 의사소통 과정에서 자연스럽고 빠르게 활용할 수 있는 지식을 말한다. Long(1991)은 언어 요소를 묵시적으로 지도하는 것은 "의미나 의사소통 중심 수업을 통해 우연히 제시되는 언어 요소에 대해 학습자들의 주의를 기울이도록"(pp.45~46) 하는 것이라고 설명하였다. 따라서 묵시적 문법 지도는 우리가 모국어를 말할 때 꼭 문법을 생각하지 않고 소통하는 것처럼 목표언어에 대한 많은 노출에 기반을 한 의미 중심 과업 활동 등을 통해 간접적이고 우연적인 문법 학습indirect & incidental grammar learning이 이루어지도록 수업을 계획하고 실행하는 것이다.

3) 문법의 활용 능력(Grammaring)

Larsen-Freeman(2015, p.253)은 문법을 단순히 형태만을 배우는 것이 아니라 목표 형태와 의미를 구체적인 상황에 맞게 사용하는 화용의 개념까지 포함하는 문법의 활용 능력grammaring을 제시하였다. 즉 흔히 문법이라는 것이 그 형태(구조)나 의미(의미론) 등에만 초점을 두고 가르치는 것과 달리 상황에 따라 문법 형태form, 의미meaning, 그리고 활용use이 유기적으로 일어나야 하는 것으로 보고 아래와 같은 도표를 제시하였다.

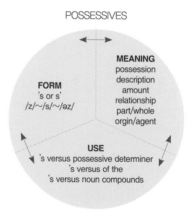

그림 1 Grammaring Model: Form, Meaning, & Use

앞의 〈그림 1〉에서 소유격의 형태form를 배우는 것은 형태구문론morphosyntax적인 면을 말한다. 그리고 이런 형태나 구문론적 요소에 담긴 의미meaning를 파악하는 것은 의미론semantics적인 측면을 말한다. 마지막으로, 화용능력pragmatics이란 형태와 의미를 잘 파악한 후 담화 상황에 맞게 적절히 사용하는 것을 말한다. 하지만 상기의 모형도 여전히 문장 단위에서 특정 문법 요소의 3가지 주요 면모aspects만을 제시할 뿐 구체적인 지도 방법은 교수자가 학습자의 수준, 학습 목표, 학습 맥락에 맞게 적용하는 것이 필요하다.

4) 주목 가설(Noticing Hypothesis) 기반 지도

학습자가 영어를 습득하기 위해 모든 문법 사항을 다 숙지하기에는 너무나 많은 규칙이 있고 이를 실제 활용하기 위해서는 다양한 담화적 상황에서 실제적인 언어 수행의 경험이 있어야 한다. 하지만 명시적 지식으로 배운 문법 사항이 묵시적인 지식으로 축적되어 자동화되기까지는 많은 시간과 여러 변인들이 존재한다. 이에 일부 학자들은 약한 접점가능론weak interface position의 입장에서 목표 문법 지식이나 요소에 주목하기noticing를 제언하였다(Schmidt, 1990; Ellis, 2002). 이는 학습자가 일정한 문장이나 단락에 들어있는 문법 규칙을 의미와 함께 그 형태를 주목함으로써 실제적으로 사용할 수 있도록 내재화internalization 할 수 있다는 것이다. 이 '주목하기' 개념은 Krashen의 감시자 가설monitor hypothesis과 궤를 같이하며 의식 고양consciousness raising이란 용어와 교차적으로 사용될 때도 있다.

2

문법 지도

1 문법 지도의 관점과 원칙

우리나라의 초, 중등 영어교육에서는 교과서를 기반으로 수업을 하는 바 언어 형식이 각 단원마다 2~3개씩 포함되어 학습 내용과 활동이 제시되어 있다. 하지만 이와 관련하여 세부적인 문법 요소의 선정 및 지도는 각 교수자가 직접 해야 하는 경우도 있어 아래와 같은 관점과 원칙을 참고하면 좋을 것이다(Hedge, 2006).

첫째, 문법을 어떻게 보느냐 하는 관점의 문제로, 현재의 의사소통 또는 과업 중심 수업의 맥락에서는 문법을 의미 중심grammar as meaning, 담화적 맥락 중심grammar as discourse, 그리고 의사소통 시 목적에 따라 특정 구어나 문어체를 사용하는 관점grammar as style으로 보아야 한다.

둘째, 문법 요소의 제시에 있어 맥락화, 제시 순서, 전문용어의 사용 여부, 그리고 명시적 지도의 정도에 대해 반드시 고려하고 구체적인 학습 목표와 학습자의 언어 수준에 따라 교수 방법을 조정한다.

셋째, 문법 요소를 분리하여 단편적으로 제시 및 설명하기보다는 어휘와 연계하여 학습자들에게 기본적으로 필요한 어구lexical phrases의 형태나 연어collocation 등의 예시를 제시한다.

넷째, 문법의 연습은 문법 요소의 난이도, 학습자의 준비성과 태도, 사전 학습 배경에 따라 통제적controlled, 반통제적semi-controlled, 그리고 자유로운free 방법으로 한다. 예를 들어 제시-연습-발화(presentation-practice-production; PPP), 정보차 짝 활동information-gap role play, 학습자 중심 과업learner-centered task 등의 방법을 다양하게 활용한다.

② 문법 지도의 단계

우리나라 교과서에서는 흔히 문법과 관련하여 단원 도입부에 주요 언어 형식을 4기능과 연계하여 주요 어구나 표현으로 반영하여 제시하고 있다. 그리고 보다 구체적인 학습을 위해서 언어 형식 또는 문법이라는 독립된 활동을 제시하는 것이 통례이다(아래 토론문제 참고). 이는 문법 요소가 처음에 소개되어 학습자에게 '주목하기'를 할 수 있도록 해주는 것을 의도한 것으로 보인다. 이런 구성 이후에도 목표 문법 요소는 기능과 연계하여 계속 의미있는 반복이 되어야 하는 바, 다음과 같은 5개 단계를 참고하여 배운 문법을 활용하여 출력까지 할 수 있도록 과업 기반의 지도가 필요하다(Richards, 2002, p.157).

그림 2 문법 교수 · 학습의 5단계

〈그림 2〉의 각 단계에서 문법 지도와 관련한 교수 전략 및 주요 사항
은 다음과 같다.

① 입력(input) 단계

- 배워야 할 문법 요소를 적절한 범위 내에서 제공하기

- 다양한 방식으로 노출의 빈도를 증대하기

- 명시적 지도 및 필요한 연습 기회 제공하기

- 귀납적이며 묵시적인 지도 방법 활용하기

- 의식 고양consciousness raising을 통한 언어요소에 주목하도록 유도
  하기

② 흡수(intake) 단계

- 학습해야 할 문법 규칙의 난이도를 적절하게 조절하기

- 목표 문법 사항이 핵심적으로 드러나도록saliency 제시하기

- 충분한 노출과 예시를 위한 빈도수 높이기

- 의사소통 과업에 반드시 필요한 사항을 제시하기

③ 습득(acquisition) 단계

- 목표 문법 사항에 의식적으로 '주목하기noticing'를 유도

- 학습자의 생득적 언어능력의 발달에 기반한 보편문법이론universal
  grammar theory에 의거하여 학습자가 어순, 구와 절의 구조 등에 대한
  규칙을 발견discovering rules할 수 있도록 많은 입력과 형태 초점 중심
  지도 강화

- 문법 사항을 각 조건과 의미에 맞게 선택하고 필요한 경우 수용과 재구성accommodation & restructuring할 수 있도록 다양한 입력과 피드백 제공
- 학습한 문법 사항을 기회가 될 때마다 사용해 보고 또 오류와 수정을 계속해가는 가설 검증 및 계속 사용해 보는 실험적 태도hypothesis testing & experimentation 길러주기

④ 사용(access) 단계

- 학습자가 다양한 담화 상황에서 배우고 있는 규칙을 인지적, 시간적 제한에도 불구하고 즉각적으로 활용이 가능한 단계로 유창성fluency 발달 유도
- 화제, 과제의 난이도, 경험에 따라 규칙 사용의 유창성이 달라지는 유동성이 있는 단계로 심한 경우 퇴보backsliding의 경우도 있으므로 지속적인 학습 유도

⑤ 출력(output) 단계

- 학습자가 자발적으로 또는 제한된 상황에서 의무적으로 목표 규칙을 출력pushed output할 수 있도록 유도
- 의사소통에만 중심을 둔 단순 어휘나 불완전한 문장의 사용이 아닌 학습자의 목표 규칙의 활용에 대한 노력과 발전 여부를 확인하기

이상의 5단계는 물론 학습자의 개인적 배경, 사회문화적 조건, 그리고 의사소통 의지willingness to communicate 등의 요인 등을 고려해야 하며 또한 각 단계의 주요 교수 내용이나 전략이 다른 단계에서도 사용될 수 있다. 그러나 이 단계적 학습 과정에서 중요한 것은 귀납적-연역적, 묵시

적-명시적, 의미 또는 형태 초점 중심의 접근법을 통해 학습자가 제시된 문법 요소에 대해 '주목하기noticing'를 하며, 이를 여러 상황에 사용해 보도록 하는 것이다. 즉 목표 문법의 적절성에 대한 **가설과 실험**hypothesizing or experimenting, **문법적 판단**reasoning, **문장의 구조화와 재구조화**sentence structuring/restructuring 등을 통해 나름대로 규칙에 대한 이해와 사용의 준거를 발견해 나가도록 유도하는 것이다. 아래의 부정문 학습의 과정에 관한 예를 보자.

- 부정어 전치: No can do, You not like this (no, not, do not, does not을 구분하지 않음)

- 일반동사 부정어를 사용하기 시작함: He don't care. I don't can study. (동사의 유형을 구분하지 않음)

- 동사의 구분은 하지만 어법이 맞지 않고 가끔 '퇴보backsliding' 현상을 보임: You didn't finished homework. My sister doesn't likes movies.

상기의 과정에서 비록 오류가 있지만 점점 더 복잡한 규칙을 적용하는 것을 볼 수 있는데 이는 학습자가 계속 자신이 배운 문법 요소를 실험하고 또 인지적인 추론cognitive reasoning를 통해 이를 **자동화**automatizing 시키려는 노력을 보여준다. 이를 통해 궁극적으로 학습자는 목표 문법 요소를 묵시적 지식으로 내재화하고 이를 필요할 때마다 **출력**output 할 수 있게 된다.

③ 과업 중심 문법 지도 활동

문법 지도를 할 때 과업 또는 내용 중심 교수의 맥락에서 하는 경우가 많으며, 이러한 과정에서 아래와 같은 일련의 학습 기회가 반영되어야 한다(Ellis, 2002, 2003).

- 목표 문법 구조에 대한 빈번한 노출과 출력의 기회 제공
- 목표 문법 구조를 의미있게 연습할 수 있는 상황적 맥락 제공
- 과업을 통한 의사소통 활동 중에 필요한 경우 간간히 목표 문법에 대한 명시적 설명을 간단히 제공

상기의 방법은 어떠한 문법 요소일지라도 의미에 초점을 두고 의미 중심 형태 초점focus on form의 지도를 하는 것이 필요하며, 과업/내용 중심 교수법task/content-based language teaching의 맥락 안에서 언어의 유창성을 개발하는 것이 중요함을 나타낸다. 하지만 목표언어에 대한 정확성 개발도 중요하므로 내용 중심 및 과업 수행의 틀 안에서 사전before-수업 중during-사후after 문법지도 단계에서 다음과 같은 활동을 할 수 있다(Richards, 2002).

① 사전 단계에서의 정확성 관련 활동
- 실제 수업 단계에서 사용해야 할 언어 요소를 미리 가르치기(예: 브레인 스토밍, 분류하기, 예측하기 등)
- 과업에 대한 인지적 부하를 줄여주기(예: 리허설하기, 비슷한 과업에 대한 비디오 보기)

- 과업 수행에 대한 계획을 할 시간 제공하기(예: 사용이 예상되는 어휘와 구문 생각하기, 문제 해결에 대한 방법 생각하기, 과업의 수행 시간 분배하기)

② **수업 단계에서의 정확성 관련 활동**

- 모둠보다는 짝 활동이 더 언어 요소에 초점을 두는 경향을 고려

- 과업을 몇 개의 하위 과업sub-task으로 나누어 수행하도록 안내하는 것이 정확성에 영향을 줌

- 과업의 유형과 수행 과정에 따라 정확성에 영향을 주는 점을 고려(예: 스토리텔링, 설문하기, 안내하기)

- 과업 수행의 순서를 달리하여 목표 언어 요소의 사용을 의무화 하거나 더 많은 사용을 하도록 유도하기(예; 계획의 순서, 과업 단계의 중요성의 정도, 과업 수행의 결과 보고 시 특정 언어 표현 사용)

- 결과물의 발표에 따라 정확성을 더 강조할 수 있음(예: 구두발표 후 보고서 내기 등)

③ **사후 단계에서의 정확성 관련 활동**

- 수업 후에 교실 내외에서 과업 결과물 등을 발표 또는 공유를 통한 정확성 배양

- 과업의 수행 반복하기를 통한 정확성 증대

- 동료 발표 등을 보고 특정 언어 및 의사소통 방법 관찰하기

④ 의미 중심 형태 초점(Focus on form) 지도

의사소통을 위해 특정 과업이나 활동 속에서 문법 사항은 묵시적이거나 간접적인 방법으로, 또는 짧은 시간 안에 핵심 사항을 명시적으로 간단히 설명하는 것이 의미 중심 형태 초점focus on form의 지도이다. 다음 예시를 보자.

When he was nearly thirteen my brother Jem **got his arm badly broken** at the elbow. When it healed, and Jem's fears of never being able to play football were assuaged, he was seldom self-conscious about his injury. His left arm was somewhat shorter than his right; when he stood or walked, the back of his hand was at right angles to his body, his thumb parallel to his thigh. He couldn't have cared less, so long as he could pass and punt.

이 단락은 미국청소년들이 꼭 읽어야 하는 베스트 셀러의 하나인 Harper Lee가 쓴 'To Kill a Mockingbird'의 도입부이다. 이 부분에서 밑줄 친 첫 문장을 살펴보자. 상기의 문장을 가지고 단순히 'get+things+p.p.'의 구조를 공부하고 번역을 하고 의미만 가르치는 것은 형태 중심focus on forms의 수업이다. 하지만 이 문장은 소설의 내용에 대한 정보, 분위기 설정 및 앞으로 전개될 내용에 대한 많은 관점을 제시한다. 예를 들어, 팔이 부러진 것을 수동으로 기술한 것은 누군가가 일부러 그랬거나 어떤 중대한 사건이 있었음을 암시하는 것이다. 그리고 이런 일이 13세에 일어났다는 것은 무엇인가 무섭거나 음모가 있으리라는 것을 암시하며, 또한 서양에서 13이란 숫자가 어떤 의미로 사용되는지 배경지식이 있다면 쉽게 이해가 될 수 있는 것이다. 또한 이 첫 문장 뒤에 오는 다른 문장들을 보며 Jem이 과연 어떤 인물인가를 점차적으로 더 알 수 있도록 기술하고 있다. 이와 같이 단순하게 보이는 한 문장이 어떻게 많은 정보를 포함하고 있는지 다양하고 심도 깊은 의미에 초점을 두면서 수동의 의미로 쓰이는 'get' 동사와 과거분사에 대한 주목을 유도한다면 의미 중심 형태 초점focus on form 수업이 되는 것이다.

⑤ 주목 가설 기반 지도

1) 입력 강화 활동

목표 문법 사항과 관련하여 명시적 교수, 입력 횟수 증대, 주요 문법에 대한 줄긋기 또는 굵은 체로 강조하는 입력 강화input enhancement나 관련 자료를 아주 많이 제시하는 입력 홍수input flooding가 있다. 이와 같은 지도법은 목표 문법 사용이 요구되는 과업 주기 등을 사용하여 학습자가 목표 규칙과 이와 관련된 의미 파악을 위해 지속적인 '주목'을 하도록 유도하는 것이다. 예를 들어, 다음과 같이 목표 문법 요소를 학습자에게 강조하기 위해 특정 단어나 어구를 굵은체 또는 밑줄을 넣어 제시하는 것을 입력 강화input enhancement라고 한다.

The arrival of Columbus in 1492 **is** a disaster for the original inhabitants of the American continent. The chief agent of their downfall is disease. With no resistance to new germs, tribes rapidly **succumb** to unfamiliar illnesses on their first brief contact with Europeans – in many cases vastly reducing the number of the Americans without anyone even firing a shot.

Where the tribes **develop** a closer relationship with the new arrivals, they **are** frequently tricked, tormented and massacred by their visitors. Two elements **make** the Europeans both strong and ruthless – their possession of guns, and an unshakable conviction in the rightness of their Christian cause.

(출처: http://www.historyworld.net/wrldhis/PlainTextHistories.asp?historyid=ab05#ixzz5OYIECErL)

상기의 예시는 역사적인 사실이나 사건을 기술할 때 현재 시제로 쓸 수 있다는 문법 규칙을 직접 설명하기보다는 실제적인 자료를 사용하여 위와 같이 제시하고, 현재로 쓰인 모든 동사에 강조를 주어 학습자가 이 규칙에 대해 명확하게 이해할 수 있도록 제공된 것이다. 그리고 이와 같은 입력 상승을 위해 더 많은 자료(역사책, 역사 강의 비디오, 현재형으로 고치는 활동지 등)를 제공하는 경우를 **입력 홍수**input flooding라고 할 수 있다. 이 두 전략은 문법 요소를 반드시 명시적으로 가르치는 것이 아니어서 학습자가 해당 문법의 규칙이나 특징을 바로 찾아내거나 이해하지 못할 수도 있다. 하지만 교수자는 이런 일련의 과정을 통해 실제적인 읽기자료를 활용하여 가르치고 하는 목표 언어의 규칙에 주목할 수 있도록 형태 초점 중심 수업을 함으로써 학습자를 목표 문법 규칙과 사용에 대한 노출을 많이 시킬 수 있다.

2) 딕토글로스(dictogloss) 활동

Ellis(2002)는 학습자가 필요로 하는 문법 사항에 대한 교수를 할 때 앞에서 언급한 **주목 가설**noticing hypothesis에 기반하여 사용할 수 있는 5가지 활동을 예시하고 있다.

- **이해하기를 위한 듣기** 목표 문법 사항이 포함된 음성 자료를 들려주기
- **주목하기를 위한 듣기** 음성 자료를 다시 들려주고 빈칸 채우기 활동gap-fill을 통해 목표 문법 사항에 대해 주의를 기울이도록 유도하기
- **목표 문법 사항 이해하기** 교수자의 도움을 통해 학습자가 듣기 자료 및 활동에 대해 분석하고 해당 규칙을 '발견discovering'하도록 유도하기
- **검토하기** 학습자에게 해당 규칙과 관련된 오류가 있는 읽기 자료를 주고 수정하도록 유도하기
- **활용하기** 학습한 목표 문법 사항을 발화하여 사용하는 활동하기

상기와 같은 활동 과정이 반영된 방법 중의 하나로 교수자가 많이 사용하는 것이 딕토글로스dictogloss이다. 이와 관련된 아래 활동의 예시와 설명을 보자.

- **준비하기** preparation 해당 주제에 대한 언급 및 학습자 사전 배경 확인, 주요 어휘 소개 및 의미 파악하기, 학습 활동에 대한 구체적 안내하기
- **받아쓰기** dictation 준비한 교재(스토리, 뉴스 등)를 제 속도로 읽어주고 학습자는 주요 어휘나 표현 받아 적기를 하고 필요한 경우 반복하여 읽어주기
- **재구성하기** reconstruction 학습자를 모둠으로 구성하여 구술해주는 내용에 대하여 협력하여 쓰기 유도를 하며 이때 원문의 주요 내용과 세부 사항을 충실하게 쓰도록 안내하고 결과물에 대해 어법 등 수정하는 기회를 제공하기
- **분석 및 교정하기** analysis & correction 재구성한 글을 바탕으로 학습자가 자기 분석 및 동료 분석 시행하기, 다른 모둠과 재구성한 글 비교하기, 서로 잘못된 내용과 어법 등을 교정하는 활동 수행하기

이상에서 딕토글로스는 말하기와 쓰기의 결과를 산출하기 위해 사용하는 방법으로, 제시된 활동을 수업의 목적에 맞게 변형할 수 있다. 이 과정에서 교수자는 학습자에게 과업 중에 목표 문법을 확인할 수 있는 기회를 제공해주며 그 과정에서 말하기와 듣기의 기능도 활용할 수 있는 통합적인 활동이 이루어지게 된다. 이런 과정에서 언어기능별 능력 개발을 최대화하기 위해 각 활동의 과정을 조금씩 다르게 할 수도 있다. 예를 들어 쓰기 능력 개발이 초점인 경우 듣고 텍스트를 재구성하는 글쓰기 활동dictocomp을 통해 글의 이해도를 높이고, 목표 문법을 내재화시키고 강화solidification 하도록 학습을 유도할 수 있다. 말하기의 경우는 일단 활동이 시작되어 입력이 시작되면 서로 짝이나 모둠을 통하여 듣기를 통하여 글을 완성하고 발표를 위해 미리 연습하기rehearsal의 과정과 발표 후 자기, 동료, 교사 평가를 통해 자신의 말하기 능력 및 문법 구사 능력에 대해 성찰 단계reflective stage를 제공할 수 있다.

⑥ 문법 지도와 피드백 주기

Ellis(2003)는 문법 지도와 관련하여 수업 전-수업 중-수업 후 과업 과정에서, 학습자가 문법적 오류를 범할 때 사용할 수 있는 피드백 방식을 아래와 같이 제시하고 있다.

- 활동 중 필요한 부분 직접 수정하여 제시하기
- 교수자가 먼저 수정 제시하기

- 학습자가 먼저 수정 제시하기
- 틀린 부분 고쳐 예시하기recast
- 틀리거나 모호한 부분 명료하게 다시 말하거나 표현하도록 요구하기clarification
- 메타 언어적 단서 제공하기metalinguistic cues

이상의 예시 방법은 과업의 단계와 상관없이 교수자가 학습자와 상호작용을 할 때 항상 사용할 수 있다. 하지만 지나치게 지엽적 오류local errors에 대한 피드백을 자주 하기보다는 학습자에게 목표 언어 사용 기회의 증대 및 의사소통에 크게 방해가 되는 중대 오류global errors에 대해 초점을 두는 것이 바람직하다. 또한 특정 오류를 수정할 때 직 간접적인 피드백 전략을 적절히 사용하여 학습자에게 목표 언어 사용의 기회를 제공하도록 구체적인 의사소통 또는 과업 수행의 맥락에서 피드백을 주는 것이 중요하다. 이와 같은 피드백 방법 중 가장 많이 연구되고 쓰이는 방법 중의 하나가 다음에서 예시하는 **틀린 부분 고쳐 예시하기**recast 이다.

T: What did you do on the weekend, Jane?

S: I <u>goed</u> to the museum with my best friend.

T: Oh. You <u>went</u> to the museum. Good. How was it?

S: Yes. I <u>went</u> to the museum and it was fun.

다음은 틀리거나 모호한 부분을 명료하게 다시 말하도록 요구하기clarification의 예이다.

S: During the summer vacation, I am going to see my
  grandmother...I mean I don't know...it is up to....my parents...

T: Hmm. <u>I don't understand. So are you going to see your
  grandmother? When?</u>

마지막으로 메타 언어적 단서 제공하기_{metalinguistic cues}의 예는 아래와 같다.

S: He <u>don't</u> care about the homework and just want to play
  computer games...So I...I...

T: What did I tell you about <u>'the 3rd person' singular?</u>

⑦ 문법 지도와 기능 수업의 통합 활동

이 책의 서론에 기술한 것처럼 2015 영어과 교육과정에서는 언어기능 간의 통합의 중요성을 많이 강조하고 있다. 앞에서 딕토글로스_{dictogloss}를 활용한 기능 연계 수업을 예시하였는데, 이 방법도 문법과 언어기능 간의 연계 지도의 한 방법이다. 언어의 각 요소가 다 중요한 것은 사실이지만 이를 과거의 수업에서처럼 한 요소를 학습하고 난 후에 다른 요소를 가르치는 것은 바람직하지 않다. 즉 언어의 구조상으로는 음소, 발음, 어휘, 구절, 문장, 단락 등으로 구분할 수는 있지만, 반드시 이런 순서로 언어를 배우는 것은 아니다. 따라서 문법 교수도 구체적인 목적을 가지고 의사소통을 하는 담화 적 상황에서 이루어져야 하는 바, 각 기능 수업과 연계하여 통합적으로 교수하는 것이 필요하다. 하지만 아직까지도 이런 원칙은 많이 언급은 되지만 실제로 이런 언어 요소 및 기능 간 통합 수업이 잘 이루어지고 있는지는 확실하지 않다. 다음은 지금까지 상술한 문법을 반영하는 기능 간 통합 수업의 예를 저자가 실제로 사용해본 경험을 바탕으로 하여 제시한 것이다.

1) 가장 좋아하는 영화 제목 맞추기 활동과 의문문 사용

이 활동은 스무 고개 맞추기 활동과 비슷하며 학기 초나 수업의 분위기를 돋우기 위해 사용할 수 있는 간단한 활동으로 짝이나 모둠 또는 반 전체 활동으로 할 수 있다.

기본 문법 사용에 대한 의무를 간단히 주지시킨다. 아래 사례의 경우 반드시 질문을 할 때 (조)동사를 먼저 사용하도록 하되 지나치게 정확한 어법의 사용을 강조하지 않는다.

예) 한 친구가 좋아하는 제목에 대한 키워드나 영화 내용을 물어볼 수 있는 질문 형태 일부를 제시한다. 참여 학생이 너무 쉽게 정답을 알 수 있는 단어나 질문, 주인공 이름이나 막 개봉된 최신 영화나 학습자의 수준에 맞지 않는 영화 등은 피한다. 만약에 좋아하는 영화가 Harry Potter인 경우 학습자의 수준이 낮을 경우 아래와 같은 힌트를 주고, 만약에 수준이 높다면 이런 정보를 일부만 주거나 아주 제공하지 않을 수도 있다.

어휘 예시: Fantasy, school, originally from a novel, made into a series of movies, etc.

문형 예시: When did you watch it?

Is it made in (year, place, setting)?

When was it made?

Is it a(an) (sad, exciting, adventurous, horror) story?

What is your most favorite scene?

What did(didn't) you like about the movie? 등

이상의 예는 **정보차**information gap 를 이용한 말하기 활동으로 다양한 주제 (예: 취미, 책, 좋아하는 교과목, 게임 등)나 자료, 예를 들어 지도에서 특정 건물 찾기, 서로 다른 그림이나 어떤 사건에 대한 상반된 주장 등을 주고 이에 대해 서로 다른 점을 찾아내기를 목표 언어를 사용하여 수행하도록 하는 활동 등도 할 수 있다.

2) 상대방의 입장에서 조언하기 활동과 가정문 사용

다음은 우리나라 학습자들이 실제 시험이나 문법적으로는 공부를 많이 하지만 말하기나 쓰기에서는 거의 사용을 하지 않거나 많은 오류를 보이는 가정문형에 대한 말하기와 쓰기 활동을 유도하는 것이다. 그 개략적 절차는 다음과 같다.

- 에피소드 소개(예: 남자 직장상사 A가 C의 남자친구 혹은 남편인 B를 매우 좋아하고 취미도 거의 같아 항상 주말에 불러내므로, 이 문제를 B의 여자친구(혹은 아내)인 아내 C가 호소하는 상황 제시 등. 이런 예시는 신문이나 인터넷 상에 고민 상담 칼럼 등으로 쉽게 구할 수 있음)
- 서로 다른 입장에서 해결책을 논의하고 아래와 같은 문형으로 각자 쓰기나

말하기 또는 일단 쓰기 후 짝이나 모둠으로 의견을 말해보는 활동으로 유도

　　예) If I were B, I would/wouldn't (should, could, might)~

　　　　If I were C, I would/wouldn't (should, could, might)~

- 직장상사 A가 이 사실을 알게 되어 아래와 같은 생각을 갖고 있을 때 어떤 식으로 말할지 가정해보기 활동

　　예) If I had known that B's girl friend(wife) did not like it, I would (could, might) have pp. (필요한 경우 일부 동사원형 제시)

　　　　If B had told me that~, I would/wouldn't (should, could, might)~

　　　　(상기의 변형으로서 Were I~, Had I known~으로 문장을 시작하도록 유도 할 수도 있다.)

- 학습자의 수준에 따라 이런 문형 뒤에 자신에 대한 답에 대한 부연 설명으로 it is because~ 등으로 더 표현하도록 추가적인 목표 언어 사용을 유도할 수도 있다.

3) 4기능과 통합한 묵시적 문법 지도

이 방법은 Nation(1989)이 제안한 4-3-2 교수 기술을 참고하여 시도한 것으로 아래와 같은 방식으로 진행하고 목표 문법 사항에 대해 학습자 간 스스로 상호작용을 통해 주목하기noticing를 유도하는 것을 목적으로 한다. 그 절차는 다음과 같다.

- 학습자의 흥미와 수준에 맞는 문장이나 단락 또는 짧은 담화의 음성 자료를 선택한다.
- 학습자에게 음성 자료를 들려주고 본인이 이해하는 단어, 구절, 문장을

4분동안 적도록 한다(듣기+쓰기).

- 다시 한번 들려주고 상기 과정을 반복하되 3분동안만 하도록 한다. 이상의 반복 듣기는 활동 진행 상황에 따라 더 반복할 수 있다(듣기+쓰기).

- 각자 적은 단어, 어구 등을 활용하여 듣기의 내용이나 요지를 2분동안 적게 한다. 필요한 경우 음성 자료를 1~2번 더 들려주고 이과정을 반복할 수도 있다(듣기+쓰기).

- 모둠을 형성하고 각자 모둠에서 작성한 문장이나 요지 또는 내용을 자세히 비교하여 최종적으로 완성하게 하고 또한 문법이나 어법을 수정할 기회를 준다(읽기+쓰기). 이때 필요한 경우 특정 부분, 예를 들어 시제, 단·복수, 문장의 응집성 등을 더 주의하도록 상기시킬 수 있다.

- 모둠 대표를 선정하여 결과물을 반 전체가 들을 수 있게 읽도록 한다(통제적 말하기).

- 결과물에 대한 간단한 피드백을 주거나 다른 모둠 구성원이 어떻게 생각하는지 간단한 의견을 말하도록 유도한다. 수업 외 시간에 서로의 결과물을 수정해 줄 수 있도록 블로그나 학내 LMS를 이용하면 학습의 효과를 강화할 수 있다.

3

토론 및 활동

1) 다음의 용어를 설명해 보시오.

a. 귀납적(inductive)/연역적(deductive) 문법지도

b. 의미 중심 형태 초점(focus on form) 지도와 형태 중심(focus on forms) 지도

c. 접점 가능론과 접점 불가론(interface position vs. non-interface position)

d. 주목 가설(noticing hypothesis)과 의식 고양(consciousness raising)

e. 입력 강화와 입력 홍수(input enhancement & input flooding)

2) 현재 2015 개정 영어과 교육과정에서는 언어 형식에 대한 예시를 학년별로 제시하고 있다. 이 제시된 목록을 살펴보고 각 형식의 예시문과 학년별 구분에 대해 어떻게 생각하는지 의견을 나누어 보시오. 그리고 실제로 이를 교과서 개발이나 수업 지도에 반영할 때 어떤 도움이 될 수 있으며 어떤 어려움이나 문제가 예상되는지 생각해 보고 의견을 교환해 보시오.

3) 문법을 가르칠 때 흔히 담화적 맥락 또는 의사소통을 기반으로 하

여 가르쳐야 한다고는 하지만 현장에서는 여전히 전통적 교수 방법인 형태 중심focus on forms의 수업이 계속되는 것도 사실이다. 본인이 경험한 문법 수업이 어떤 식으로 이루어졌는지 그리고 문법을 배울 때 교수자가 어떤 방식으로 피드백을 주었는지 공유해 보시오. 그리고 이 장에서 제시된 피드백 기술을 어떻게 활용할 수 있는지 구체적으로 생각하여 의견을 교환해 보시오.

4) 다음은 영어권 국가 청소년이 많이 읽는 문학 작품의 일부이다.

> There are things you can't back down on, things you gotta take a stand on. But it's up to you to decide what them things are. You have to demand respect in this world, ain't nobody just gonna hand it to you. How you carry yourself, what you stand for—that's how you gain respect. But, little one, ain't nobody's respect worth more than your own.

(출처: Roll of Thunder, Hear My Cry by Mildred D. Taylor, 1976)

• 위 글의 주제는 무엇이며 이 말을 하는 화자가 누구라고 생각이 되는지 서로 의견을 교환해 보시오.
• 위 글은 구어체로 일부 어법에 맞지 않는 부분이 있다. 이 부분을 찾아 문어체로 바꾼다면 글이 '진정성authenticity' 측면에서 어떻게 달라지는지 생각해 보고 서로 의견을 나누어 보시오.
• 위 글의 작가가 구어체를 사용한 이유와 왜 문법이나 어법이 맞지 않게 이런 글을 썼는지 생각해 보고 그 의견을 나누어 보시오.

5) 다음에 제시된 문법 지도 활동을 살펴보고 아래에 대해 생각해 보시오.

활동 A

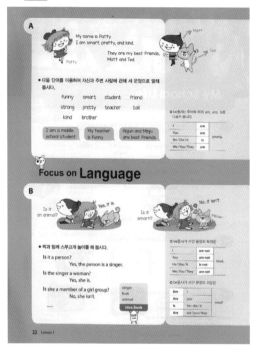

활동 B

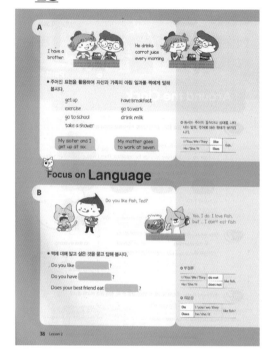

(이재영 외, 2017, p.38)

- 위의 A, B의 활동을 볼 때 가르치고자 하는 목표 문법 사항은 무엇이며 어떤 기능과 연계되어 제시되고 있는지 의견을 나누어 보시오.
- A, B의 활동에서 형태 중심의 문법 내용의 지도, 의미 또는 형태 초점 문법 지도 요소가 어떻게 포함되고 구현되어 있는지 찾아보고 서로의 의견을 교환해 보시오.

예: - 학습자와 가족 그리고 일상적으로 경험하는 일

　　 - 짝과 함께하는 말하기 활동

　　 - 여전히 특정 단어나 구를 대치해 넣은 형식 훈련pattern drilling의 방식

• 상기의 활동을 좀 더 맥락화된 말하기와 쓰기와 연계할 경우 어떻게 활
　동 내용을 재구성할지 생각해 보고 모둠원 간에 의견을 나누어 보시오.

참고문헌

이재영, 안병규, 오준일, 배태일, 김순천, 박성근, 신수진. (2017). *Middle school English 1*. 서울: 천재교육.

이제영. (2016). 메타분석을 통한 영어 교과에서의 문법 교육의 효과 분석. *한국콘텐츠학회논문지, 16*(1), 743–752.

한문섭, 황종배. (2015). 한국 영어 문법교육 연구의 동향과 과제. *영어교육, 70*(5), 81–108.

Ellis, R. (2002). The place of grammar instruction in the second/foreign language curriculum. In Hinkel, E. & S. Fotos (Eds.), *New perspectives on grammar teaching in second language classrooms* (pp. 17–34). Mahwah, NJ: Lawrence Erlbaum Associates, Inc.

Ellis, R. (2003). *Task-based language teaching and learning*. Oxford: Oxford University Press.

Hedge, T. (2006). *Teaching and learning in the language classroom*. Oxford: Oxford University Press.

Krashen, S. (1981). *Second language acquisition and second language learning*. Oxford: Pergamon Press.

Larsen–Freeman, D. (2003). *Teaching language: From Grammar to grammaring*. Boston: Heinle & Heinle.

Larsen–Freeman, D., & Celce–Murcia, M. (2015). *The grammar book: Form, meaning and use for English language teachers* (3rd edition). National Geographic Learning/Cengage Publishing Company.

Nation, P. (1989). Improving speaking fluency. *System, 17*(3), 377–384.

Richards, J. C. (2001). *Curriculum development in language teaching*. New York: Cambridge University Press.

Richards, J. C. (2002). Addressing the grammar gap in task work. In J. C. Richards & Renandya, W. A. (Eds.), *Methodology in language teaching: An anthology of current practice* (pp. 153–166).

Schmidt, R. W. (1990). The role of consciousness in second language learning. *Applied Linguistics, 11*(2), 129–158.

문법 학습 웹자료

Grammarly https://www.grammarly.com/

Purdue Writing Lab https://owl.purdue.edu/

grammar101 https://www.englishgrammar101.com/

British Councile https://learnenglish.britishcouncil.org/en/intermediate-grammar

Grammar Bytes http://www.chompchomp.com/menu.htm

5 Minute English http://www.5minuteenglish.com/vocabulary.htm

Alison Grammar Courses https://alison.com/learn/english-grammar

Oxford English Gammar Course https://elt.oup.com/student/oxfordenglishgrammar/?cc=gb&selLanguage=en

Grammar Gorillas https://www.funbrain.com/games/grammar-gorillas

English Page https://www.englishpage.com/verbpage/verbtenseintro.html

Developing Fluency in Reading - Paul Nation (Part 1) https://www.youtube.com/watch?v=v9rMKSYEp48

Developing Fluency in Reading - Paul Nation (Part 2) https://www.youtube.com/watch?v=-RgcY3Ka97Y

6장

어휘 지도론

1) Understanding L2 Vocabulary Teaching

– 어휘 학습과 관련된 주요 개념, 어휘와 의미와의 관계 등에 대해 이해하고 설명할 수 있다.

– 어휘 지도 유형에 대해 살펴보고 4기능과 연계 지도 방향에 대해 설명할 수 있다.

– 어휘 지도와 관련하여 코퍼스 종류 및 언어자료 기반 지도에 대해 이해하고 설명할 수 있다.

2) Teaching Vocabulary

– 어휘 지도 방향 및 단계 등을 학습하고 이를 실제적으로 활용하는 방안을 제시할 수 있다.

– 어휘 지도와 관련하여 주요 교수 방안에 대해 알아보고 실제 현장에서 적용할 수 있다.

– 코퍼스를 활용한 4기능과 연계한 어휘 지도 방법에 대해 알아보고 지도 계획 구성 및 실행 방안을 제시할 수 있다.

1. 본인이 어휘 학습을 할 때 가장 어렵게 느끼는 점이 무엇인지 구체적으로 생각해 보시오.

2. 어휘를 공부할 때 가장 흔히 사용하는 전략의 목록을 만들어 보고 이 중 효과가 가장 좋다고 생각하는 세 개를 고른 후 모둠원과 서로 이야기해 보시오.

1

어휘 및 어휘 지도 이론

① 어휘의 구성 요소와 지도의 중요성

우리도 흔히 단어, 어휘라는 말을 혼용해서 쓰듯이 영어로도 word, vocabulary라고 의미의 차이가 없이 쓰는 것이 통례이다. 굳이 구분하자면 어휘라는 말이 좀 더 대표성을 가진 것처럼 vocabulary가 더 포괄성이 있다고 볼 수 있다. 또한 어휘 관련 이론이나 연구에서는 lexis, lexicon이라는 용어를 쓰기도 한다. 어휘란 한 개 이상의 형태소morpheme와 음소phoneme로 이루어진 의미가 있는 단어word를 말한다. 오래 전부터 언어 교육에서는 문법과 함께 어휘를 학습의 가장 기본단위로 간주하여 왔으나 이에 대한 체계적인 연구나 실제적인 교수 방법은 1990년대 이후에나 활발하게 이루어졌다(Hedge, 2006; Nation, 1994). Nation(2007, 2008, 2015)은 어휘와 관련하여 의미meaning, 형태form, 활용use으로 분류하고 다음과 같은 세부적인 요소가 있다고 설명하였다.

〈표 1〉 어휘의 세 가지 측면

의미meaning	형태와 의미form&meaning, 개념과 대상concept&referents, 연관성associations
형태form	구어spoken form, 문어written form, 단어 요소word parts
활용use	문법적 기능grammatical functions, 연어collocation, 활용 제한 사항constraints on use

이상에서 보듯이 어휘 지식이란 어떤 단어의 형태와 의미, 접두어, 접미어, 어원은 물론 이 단어의 발음과 철자, 비슷한 다른 단어와의 관계, 해당 단어에 상응하는 모국어의 존재 여부 및 유사성과 차이점, 그리고 어구나 문단에서 어떻게 어법에 맞게 사용해야 하는지 그 방법에 대해 전반적으로 아는 것을 의미한다. 이와 같은 어휘 지식을 가르치기 위한 어휘 중심 교수요목lexical syllabus이 있으나 어휘만으로 교수 및 학습 내용이나 활동을 구성하는 경우는 많지 않았다. 실제로 많은 교수자가 어휘의 중요성을 알면서도 이에 대한 구체적인 교수 지식이나 체계적인 지도에 경험이 많지 않은 경우도 있었다. 하지만 1990년대 이후 통합적 기능 및 교수 방법integrated skills and teaching approach이 강조되면서 문법 교육이 맥락화되고, 또한 코퍼스corpus의 발달로 인해 어휘에 대한 관심이 높아지고 이에 대한 지도가 매우 중요하게 여겨지고 있다. 우리나라 영어과 교육과정에서도 학년군별로 권장 어휘 수를 제시하며 이를 바탕으로 학습 교재의 구성 및 평가를 하도록 하고 있다. 따라서 현재의 의사소통 중심 교육 맥락에서 학습자가 필요로 하는 일반적·학문적 어휘general & academic vocabulary를 보다 의미가 있고 효과적으로 가르칠 수 있는 이론적·방법적인 지식과 경험은 교사에게 매우 필수적인 것이다.

② 어휘 지식, 학습, 의미의 관계

어떤 단어를 듣기와 읽기를 통해 인지하고 이해하는 것을 수용적 지식receptive knowledge이라고 하며, 말하기와 쓰기 등에 활용할 수 있게 배우는 경우를 생산적 지식productive knowledge이라고 한다. 보통 제2언어 학습자의 경우 목표 언어에 대한 이해 능력이 발화 능력보다 더 나은 경우가 많으나 현재의 의사소통 및 과업 중심의 언어 교육에서는 후자를 더 중요하게 간주하고 있다. 또한 어휘 학습과 관련하여 주변 환경이나 학습 과정 속에서 간접적으로 습득하는 경우를 우연적 학습incidental learning이라고 하며 특정한 어휘 목록을 정하여 의도적으로 가르치는 것을 의도적 학습intentional learning이라고 한다.

한 단어에 의미가 하나만 있고 항상 그 의미만으로 쓰인다면 모든 언어의 학습이 더 쉬울 수도 있겠지만 이런 가정은 실제는 불가능하다. 이는 모든 단어가 다른 단어와 결합되어 실제 현실에서 쓰일 때는 외연적denotative, 내연적connotative, 비유적metaphoric, 상징적symbolic 의미 등을 갖기 때문이다. 즉 어휘가 지칭하는 대상이 구체적인 사물, 행동, 사건과 관련된 물리적인 세계에 대한 것이라면 이를 외연적 의미denotative meaning가 있다고 할 수 있다. 이와는 반대로 어떤 어휘와 관련하여 추상적인 태도, 감정 등(예: irritating, satisfied)이 포함되어 화자의 의도 이해 및 해석이 항상 필요한 경우를 내연적 의미connotative meaning라고 한다. 어떤 어휘를 다른 개념이나 현상에 비유해 말하거나 또는 사회문화적 의미를 부가하여 쓰는 경우 이는 상징적인 의미를 갖게 되어 구체적이고 담화적인 맥락을 고려하지 않으면 그 단어나 표현을 정확히 이해하기가 어렵게 된다. 예를 들어 life라는 단어는 표면적으로는 인생, 삶의 뜻이 있지만 이 단어가 savage life, wild life, pro-life 등으로 사용될 때는 그 의미가 다르게 되므로 화자와 청자가 그 의도에 맞게 해석을 해야 한다. 또한 단어는 다른 단어와 함께 구문적 관계syntagmatic relation와 패러다임적 관계paradigmatic relation, 즉 동의어synonym, 반의어antonym, 하의어hyponym 등의 다변화된 관계를 형성하기 때문에 언어적, 담화적, 사회문화적 맥락을 충분히 고려하는 경우에 적절한 의미와 해석이 가능하게 된다.

③ 어휘 지도의 유형

1) 우연적–의도적 학습

기존의 어휘 학습에서 교수자가 특정 어휘를 직접적이며 의도적으로 가르치는 경우를 **명시적 지도**explicit instruction라고 한다. 이와는 달리 학습자들이 자신의 사회문화적 환경에서 흔히 접할 수 있는 영어 광고나 지명, 방송매체 등에서 자연스럽게 어휘를 습득하는 것을 **우연적 학습**incidental learning이라고 한다. 현재는 학습자가 목표 언어에 대한 빈번한 노출 및 다독extensive reading 등을 통해 어휘 및 목표 언어를 배울 수 있다는 관점이 수용되면서 우연적 학습의 필요성도 많이 강조되고 있는 바, 이에 대한 교수자의 관심이 필요하다. Hunt와 Beglar(2002)는 이상의 학습 유형과 관련하여 아래와 같은 제언을 하고 있다.

- 기본 어휘 등에 대해 반드시 명시적으로 가르쳐라

- 의도적 학습intentional learning이 일어나도록 기회를 제공하라
- 기존에 배운 어휘와 새로운 어휘를 연관지을 수 있는 기회를 제공하라
- 배운 어휘를 자유자재로 사용할 수 있도록 많은 기회를 제공하라
- 문맥에서 의미 파악을 하는 기회를 제공하라
- 다양한 사전을 사용할 수 있는 기회를 제공하라

2) 의미초점 입력 및 출력 기반 수업

Nation(1994, 2007, 2008, 2015)은 언어 학습에 있어 주요 방향으로 의미초점 입력meaning-focused input, 의미초점 출력meaning-focused output, 언어초점 학습language-focused learning, 유창성 개발fluency development을 제안하고 있다. 이 4개의 방향은 어휘 학습에서도 유용하게 적용할 수 있다. 의미초점 입력meaning-focused input은 주로 다양한 듣기와 읽기 자료를 제공하여 목표 어휘를 최대한 많이 접하면서 의미의 이해에 중점을 두는 우연적 학습incidental learning을 유도하는 것이다. 마찬가지로 의미초점 출력meaning-focused output은 말하기 및 쓰기 활동을 통해 구체적인 어휘나 표현의 사용을 자연스럽고 우연적으로 배우도록 하는 것이다. 이와는 달리 언어초점 학습language-focused learning은 의도적으로 철자, 발음, 어휘, 복합어, 문법, 그리고 담화표현 등을 가르치는 것이다. 예를 들어 어휘와 관련하여 Nation은 이미 언급한 문맥에서 모르는 단어 추측하기, 어려운 단어에 대한 명시적 지도, 어휘의 접두·접미어와 같은 형태소 학습 및 암기 전략 등을 다양하게 사용할 것을 권장하고 있다. 그는 또한 의미초점의 출력과 입력을 기반으로 하는 우연적 학습과 체계적인 어휘의 선정 및 학습 목적에 맞는 직접적이고 명시적인 어휘 지도를 균형있게 하여 학습자가 배우고 아는

단어를 자주 사용하게 하는 **어휘 활용에 대한 유창성**fluency with vocabulary을 길러 주어야 한다고 하였다. 구체적으로 수업에서 어렵거나 모르는 단어보다는 익숙한 단어를 자주 제시하고, 단어 또는 구의 의미를 담화의 맥락 속에서 이해하고 또한 의미있는 반복을 통해 시간적 압박이 있어도 잘 계획되고 준비를 하여 평소보다 좀 더 나은 출력을 수행할 수 있는 능력을 길러주는 것이 매우 중요하다.

3) 어휘와 기능 연계 교수

과거에는 문법 교수요목과 함께 어휘도 많이 강조는 되었지만 어휘만으로 교수요목을 구성하는 것은 매우 어렵고 어휘를 지도하는 경우에는 음성 및 읽기 자료 등이 반드시 있어야 하므로 다른 교수요목과 어휘를 접목하여 제시하는 경우가 많다. 특히 현재의 교육과정에서는 의사소통 및 과업 중심 활동의 중요성이 강조되고 있는 바, 과거처럼 비 맥락적인 상황에서 단어나 표현을 기계적으로 주입하며 암기를 요구하는 것은 적절하지 않다. 따라서 다음과 같이 어휘를 언어 요소 및 기능과 연계하여 지도하는 원리를 지키는 것이 바람직하다.

어휘와 언어요소 및 기능간 연계지도 원칙

- 어휘와 문법 및 번역 기술의 개발에 있어 그 불가분의 관계를 중시하여 반드시 연계하여 지도한다.
- 4기능 지도에 있어서 어휘 지도를 통해 묵시적, 명시적 학습을 항상 유도한다.
- 다독과 정독을 균형있게 수행하는 상황에서 어휘를 맥락에 맞게 이해하는 과정을 반드시 포함하여 지도한다.
- 개념-기능 교수요목(notional – functional syllabus)과 발화 행위(speech acts)의 측면에서 특정 구문 및 표현을 뭉치말(chunk)화 하여 지도한다.
- 코퍼스의 활용을 통한 실제 언어 담화 사례를 활용하여 지도한다.

---

4) 어휘 선정 기준과 방법

우리나라 교과서는 앞에 상술한 교육과정에서 제시한 어휘 목록에서 각 학년군별로 규정된 어휘 수에 부합하도록 4기능 활동 자료를 제시하고 있다. 또한 외래어나 신출 어휘에 대한 허용 기준 및 사용빈도 등에 관한 기준이 제시되어 있다. 하지만 보다 효과적으로 어휘 지도를 하기 위해 교수자는 일정한 어휘 선정에 대한 아래와 같은 원칙을 고려하는 것도 중요하다(Richards, 2001, Smith & Conti, 2016).

- **빈도 Frequency** 목표 단어가 해당 읽기 또는 듣기 자료 등에 나오는 횟수를 기준으로 그 빈도수가 많은 것부터 선정하여 가르치는 것을 원칙으로 하나 빈도수가 높은 것은 주로 기능어인 경우가 많고 반드시 중요한 의미를 포함하지 않는 경우도 있다.

- **범위 Range** 목표 단어가 어느 정도 폭넓게 다양한 화제나 해당 분야에 쓰이는가를 조사하여 이를 기반으로 어휘 목록을 제시하는 것으로 기본어휘 목록general service list이나 학술어휘 목록academic vocabulary list을 정할 때 반영하는 기준이 되기도 한다.

- **교수 용이성 Teachability** 학습 인지 발달 정도, 해당 주제나 화제에 대한 흥미 및 사전 학습 배경 정도를 고려한 어휘 학습의 가능성을 고려하는 것이다. 예를 들어, 어린 학습자의 경우 주변에서 듣고, 보고, 경험할 수 있는 친숙하고 구체적인 어휘, 즉 상관성relevance이 많은 어휘를 먼저 가르치는 등 학습의 용이성learnability을 고려하여 선정하는 것이다.

- **유사성 Similarity** 단어를 형태적으로 유사한 것끼리 묶어 선정·제시하는 방법으로 모국어가 동족어cognate인 경우는 해당될 수 있으나 우리말

처럼 영어와 전혀 다른 경우는 맞지 않을 수 있다. 또한 해당 단어의 동의어나 반의어 등과 같이 의미적 관계성sematic relatedness에 초점을 두는 경우도 있으나 이에 대한 학습의 효과에는 이견이 있으며 특히 이런 어휘를 비맥락적으로 제시 및 교수할 경우 그 효과를 기대하기 어렵다.

- **가용성** Availability 일부 단어의 경우 빈도수나 사용 범위가 폭넓지 않지만 특정 주제나 화제와 관련하여 쉽게 연상이 되어 학습자가 쉽게 사용할 수 있는 경우를 고려하여 선정하는 경우이다. 예를 들어 house와 관련하여 bedroom, bathroom, light, electricity, garbage 등은 항상 함께 써야 하는 가용성이 많은 어휘로 볼 수 있으며 이는 학습자의 연령 및 수준을 그다지 고려하지 않아도 가르칠 수 있는 경우가 많다.

- **포함성** Coverage 목표 어휘와 다른 어휘의 연관 정도를 말하는 것으로 그 의미 면에서 더 폭넓다면 이를 먼저 가르치는 것이 좋다는 가정 아래 단어를 선정하는 것이다. 예를 들어 plant는 flowers, cactus, ferns, seeds 등의 단어와 연관하여 그 포함성이 높은 것이므로 먼저 가르칠 수도 있는 것이다.

- **정의력** Defining power 어떤 어휘는 흔하게 사용되지는 않지만 다른 어휘를 설명하고 이해하는 데 도움이 되는 역할을 하므로 이를 먼저 가르치는 것이 타당하다고 보는 것이다. transportation은 bicycle, bus, car, train, subway 등과 같은 교통수단을 설명하는 용어로 그 정의력이 높다고 하겠다.

이상과 같은 선정 기준은 몇 개를 동시에 고려하여 활용할 수가 있으며 다음에서 상술하는 코퍼스를 활용한 일반 및 학술 어휘 그리고 특수 목적 영어(English as a specific purpose; ESP) 등에서 이와 같은 기준을 적용하고 있다. 하지만 이와 같은 전문적 어휘 선정 작업에는 상당한 훈련이나 경험이 필요하며 우리나라의 경우 교육과정에 어휘 목록이 제시되어 있기 때문에 이를 참고하는 것이 더 현실적일 수도 있다.

5) 코퍼스 자료의 활용과 구축

영어 교육 분야는 2000년대 이후로 기술 및 정보화의 영향을 가장 많이 받아온 바, 어휘 관련 분야에서도 '말뭉치'란 우리말로 표현되는 코퍼스corpus(복수형으로는 corpora) 자료의 수집 및 분야별로 필요한 어휘나 구phrase 목록을 새롭게 구축함으로써 어휘, 연어, 구의 빈도 및 응집성 등에 대한 연구를 기반으로 이를 현장에 접목하는 시도가 점점 더 많아지고 있다(Biber & Reppen, 2015; Crawford, 2015; Hong, 2010a, b). 현재 이미 구축된 코퍼스 자료 등을 쉽게 온라인상에서 활용하는 것이 가능하고 또 필요에 따라 분야별 교수 목적에 따라 개별적인 자료 구축이 가능해짐에 따라 어휘 교육에서도 이를 활용하는 것이 더욱 더 강조되고 있다. 따라서 아래와 같은 코퍼스 및 어휘 교수·학습 관련 용어를 숙지해 놓으면 좋을 것이다.

- **단어 기본형 lemma** 한 단어의 파생어 중 가장 흔히 쓰이는 기본형을 말하는 것으로, 예를 들어 analyze, analyzes, anlayzing, analyzed의 여러 변형은 의미가 같은 다른 형태의 어휘소lexeme라고 하는데 이 중에서 가장 기본형은 analyze라고 보며, 어휘소는 코퍼스 연구나 컴퓨터 언어에서 아주 중요한 기본 단위 또는 개념이다.
- **단어군 word family** 단어의 기본형lemma을 바탕으로 파생되는 모든 변형

을 일컫는 것으로 품사에 관계 없이 파생어 및 굴절어 등을 다 포함한다.

- **연어** collocation Firth(1968)가 특정 단어들이 관습적으로 함께 쓰이는 현상에 대해 설명하기 위해 처음 쓴 용어이며, 현재 어휘 교육에서 많이 강조되는 개념이다.

- **콘코던스** concordance 실제로 구축된 코퍼스 자료에서 해당 어휘를 사용하는 용례를 추출하여 그 단어가 화면 가운데 오도록 나열하여 텍스트의 좌우를 살펴보거나 해당 전체 문장이나 단락을 볼 수 있도록 하는 기능이다.

- **맥락화된 중심 어휘** key word in context(KWIC) 컴퓨터 공학자였던 Luhn이 사용한 용어로, 텍스트에서 각 단어를 검색해 정렬하는 콘코던스 또는 연속되는 단어의 어휘묶음에 대한 유형을 조사하는 엔그램n-gram 결과 등에 활용된다.

- **구절 및 엔그램** n-gram 연속되는 단어 간의 결속성에 대해 조사하는 것으로 어휘뭉치lexical bundle라는 용어와 관계가 있는 것으로 단어간 연어적 특성을 반영하여 분석하는 것이다.

이런 코퍼스 자료의 연구 및 개발과 관련하여 학습자에게 어떤 어휘를 기본적으로 가르쳐야 하는지 또 장르에 따라 어떤 필수 어휘가 있는지 어휘 목록 구축에 대한 관심 및 그 결과가 현재 많이 제시되고 있다. 그 예는 다음과 같다.

- **일반 어휘 목록** (General Service List; GSL) 1953년 인도에서 영어를 가르치던 Michael West가 처음으로 일상생활에서 기본적으로 사용되는 빈도

수가 많은 1,964개의 단어군을 제시함

- **신 일반 어휘 목록** (New General Service List; NGSL) 2013년에 Browne, Culligan, Phillips가 제시한 것으로 캠브리지 영어 코퍼스(Cambridge English Corpus)의 2억 7천 3백만 개 단어 중 가장 빈도가 높은 어휘를 추출한 것으로 기존의 일반 어휘 목록보다는 많은 2,368개의 단어군을 포함하고 있음(http://www.newgeneralservicelist.org/ 참고)

- **학문적 어휘 목록** (Academic Word List; AWL) 뉴질랜드의 석사과정생이었던 Coxhead(2000)가 3백 50만 개의 단어를 가진 코퍼스를 바탕으로 570개의 단어군으로 이루어진 **학문적 어휘 목록**(Academic Word List; AWL)을 해당 어휘의 단어군 중 가장 많이 쓰이는 단어를 중심으로 60개를 하위목록 1(sublist 1)부터 사용 빈도에 따라 제시하고 하위목록 10(sublist 10)은 코퍼스 분류 중 가장 적게 쓰이는 단어 30개를 분류하여 제시함(https://www.victoria.ac.nz/lals/resources/academicwordlist 참고)

- **신 학문적 어휘 목록** (New Academic Vocabulary List; NAVL) Gardner와 Davies(2013)가 Coxhead의 AWL에서 포함하지 않은 GSL에 포함된 단어 중 학문적으로 쓰이는 중요 어휘가 있다는 점을 반영하여 1억 2천만여 개로 이루어진 코퍼스를 이용하여 각 학문별 장르에 걸쳐 기본형lemma 어휘가 어느 정도 분포되었는지 분석하여 약 3,000개 가 조금 넘는 어휘 목록을 제시함(http//www.wordandphrase.info/academic 참고)

이런 어휘 목록과 달리 다양한 장르의 말과 글을 수집하고 구축해 놓은 코퍼스의 종류도 점점 더 많아지고 있는데, 흔히 온라인 상으로 쉽게 접할 수 있는 것들은 다음과 같다.

- Brown Corpus 1950년대부터 실제로 쓰여진 글을 바탕으로 언어의 사용 예를 구축한 자료

- British National Corpus(BNC; http://www.natcorp.ox.ac.uk/) 영국에서 구축한 20세기 영어 사용 예를 음성 및 쓰기 자료로 구축해 놓은 코퍼스

- Corpus of Contemporary American English(COCA; https://corpus.byu.edu/coca/) 미국의 한 대학에서 구축한 최대의 어휘 수를 탑재한 현존하는 가장 큰 코퍼스

- Michigan Corpus of Academic Spoken English(MICASE; https://quod.lib.umich.edu/cgi/c/corpus/corpus?c=micase;page=simple) 미국 대학에서 구축해 놓은 영어 학습자들의 구어 및 쓰기 자료 코퍼스

이상과 같은 이미 구축된 코퍼스 외에도 CQP WEB(https://cqpweb.lancs.ac.uk/), 영어 이외의 다양한 외국어 어휘 자료를 검색할 수 있는 Compleat Lexical Tutor (https://www.lextutor.ca/), 영국의 고전소설 및 표현의 맥락적 예시 등을 콘코던스로 검색이 가능하게 한 CLiC(Corpus Linguistics in Context; http://clic.bham.ac.uk) 등과 같이 각 지역이나 대학에서 다양한 코퍼스 구축이나 검색 도구를 웹에 탑재하고 있다. 이외에도 각 교수자나 학습자가 직접 학습 목적이나 분야에 따라 코퍼스를 개발할 수 있는 도구는 다음과 같다.

- AntConc & AntProfiler (http://www.laurenceanthony.net/software.html)
- Sketch Engine (https://www.sketchengine.eu/)

- WMATRIX (http://ucrel.lancs.ac.uk/wmatrix/)

- WordSmith Tools (http://www.lexically.net/wordsmith/)

6) 언어자료 기반 학습(Data-driven Learning; DDL)

코퍼스의 구축과 기존의 코퍼스 사용이 쉬워지면서 학습자에게 보다 체계화되고 필요한 어휘 교수를 위해 특정 수업이나 목적에 따라 언어자료를 만들어 교수를 하는 경향도 증가하고 있다. 특히 컴퓨터 및 인터넷 등 정보기술의 발달로 인해 데이터마이닝data-mining이나 **텍스트마이닝**text-mining 등 특정 언어 자체의 사용 예에 관한 방대한 자료의 확보가 가능하게 되었다. 현재 특정 장르별 음성 및 쓰기 자료를 활용한 어휘나 구절 등과 같은 사용 예를 다양한 코퍼스 구축 도구 및 통계적 분석을 통해 제시하고 이에 대한 교수적 활용에 대한 제언이 많이 이루어지고 있다. 예를 들어 이와 같은 언어자료 기반 학습 이론에 근거하여 중학교 교과서 코퍼스를 구축하고 WordSmith 6.0을 활용하여 **콘코던스**concordance를 이용한 단어 추출 및 5개 연어군을 선정하여 예문 자료, 빈칸 채우기 및 통제 작문 활동 등을 한 연구가 있다(Lee, 2008; 이동주, 김미숙, 정보람, 2017). 즉 이 연구에서는 콘코던스의 자료에 굵은 밑줄을 그어 해당 단어의 연어 유형을 강조하여 입력 강화를 통한 **주목하기**noticing와 **의식 고양**consciousness raising을 시도한 결과 사전·사후 시험에서 평가한 수용적·생산적 어휘 지식이 향상되었고 또한 이런 학습 방법에 학습자들은 많은 흥미와 관심을 보였다고 보고하고 있다. 그러나 **언어자료 기반 학습**Data-driven learning을 위해 교실에서 과도하게 컴퓨터나 인터넷을 사용하기보다는 특정 코퍼스 도구 자체를 활용하는 것이 어려울 경우에는 필요한 **콘코던스**concordance 또는 엔그램n-gram 자료 등을 미리 유인물로 준비하여 사용하는 것이 실제적이라는 교수적 제언도 참고할 필요가 있다(Cobb & Boulton, 2015; Boulton, 2010).

현재의 코퍼스 분야에 대한 연구와 활용에 대한 관심과 교수적 효과에 대한 기대가 지속되는 한 앞으로 영어교수자는 인터넷이나 웹 기반으로 된 코퍼스의 구조를 잘 파악하고 수업 내용과 관련된 어휘에 대한 적절한 자료 등을 미리 준비해야 한다. 그러나 현실적으로 얼마나 많은 교수자가 이런 과다한 부담을 감수할지 불분명하며 또한 학습자 측면에서도 많은 코퍼스 도구가 영어로 구성되어 있고 그 작동이나 검색 기능이 복잡하여 활용에 많은 제한점이 있다. 따라서 현재는 어휘 교수의 경우 특정 목록의 우수성이나 코퍼스 도구의 다양한 활용 기능이 목표 언어 습득을 위해 반드시 필요하다는 공감대가 형성이 되는 과정으로, 앞으로 이런 자료와 도구의 사용이 학습자를 위해 어휘에 대한 충분한 입력과 활용을 가능할 수 있도록 구체적인 학습 방안이 더 다양하고 구체적으로 제시되어야 할 필요가 있다.

2 ━━ 어휘 지도

① 어휘 지도의 방향

앞에서 언급한 바와 같이 어휘와 관련하여 교수요목이나 구체적인 연구나 교수 방안이 제안되기 시작한 것은 1990년대 이후이다. 우리나라에서도 이런 경향을 반영하여 2000년대 이후로 주요 연구가 이루어져 왔다. 구체적으로 어휘의 명시적·묵시적 교수 또는 절충적 방법에 대한 제안, 어휘 학습 전략의 사용과 효과, 과업의 활용, **연어**collocation 교수, 연령, 언어 수준, 학습 태도 등 학습자 변인을 고려한 활동 중심 수업의 필요성, 코퍼스, 연어, **뭉치말**chunk, **의미망**semantic map 등의 활용, 그리고 각 언어기능 특히 듣기와 읽기와 연계한 지도 등에 대한 교수 등이 이루어져 왔다(이정은과 김동규, 2014). 그러나 각 학년군 및 교과 내용과 기능별로 어휘의 반영 및 활용 그리고 교수·학습 방법 등에 대한 좀 더 실제적인 방안과 특히 교수자가 자신들의 경험을 통한 실제 적용 가능한 어휘 지도 방안에 대한 현장 연구 및 제언도 많이 이루어져야 한다. 특히 교사가 학습 현장에서 어휘, 구와 같은 정형화된 일상적 표현prefabricated routines, **연어**collocation

등을 가르칠 때 학습자가 이런 어휘 관련 지식을 의사소통 또는 과업에서 반드시 활용할 수 있도록 구성하는 것이 중요하다. 즉 교수자는 어휘 관련 언어 지식이 학습 내용과 목적에 부합하도록 교수요목 및 활동에 반영하고, 학습자의 수준을 고려하고 구체적인 상호작용에 필요한 어휘 및 표현 제시와 더불어 의미있는 반복과 강화 활동을 해야 한다.

② 어휘 지도의 단계

어휘 교수의 과정은 사전 단계, 수업 단계, 사후 단계로 나누어 볼 수 있다. 이 각 지도 단계에서 교사가 반드시 지켜야 하는 원칙은 다음과 같다.

① 사전 단계
- 주제에 대한 환기 및 이와 관련된 주요 어휘에 대한 사전지식 점검
- 수업 중에 반드시 필요한 어휘에 대한 사전 예습 실시
- 의미 중심 입력과 출력이 가능하도록 협동적 상호작용 중심 활동이나 과업 제시
- 과업 중심일 경우 신출 어휘를 최소화하고 수용적 어휘 지식의 사용 고려

② 수업 단계
- 수업의 흐름에 따라 짧고 간단한 어휘 활동을 실시
- 단순한 설명보다는 예시 그리고 학습자에게 질문을 하는 등 상호작용

극대화

- 학습자가 스스로 문맥에서 단어의 의미를 추측하거나 동료에게 묻기 또는 (전자)사전 활용하기 등 자기 주도적 학습 권장

③ 사후 단계

- 입력 강화나 홍수input enhancement/flooding를 통한 주요 어휘에 대한 의식 고양consciousness raising 제공
- 필요할 경우 간결하고 요점에 맞는 명시적explicit·직접적direct인 언어 초점language-focused 설명이나 활동 제공
- 주요 기출 또는 신출 어휘에 대한 간단하지만 맥락화된 평가 문항 제시를 통한 단기기억 강화
- 의미초점 출력meaning-focused output을 고려한 학습 연장 활동 제시 또는 권장을 통해 학습한 어휘에 대한 장기기억 강화

이상의 단계별 제언은 다른 단계에서도 필요하면 사용할 수 있는 것이며 교수자가 어휘 기반 교수의 필요성 및 적절성을 판단하여 학습 내용, 활동, 시간 등을 조정해야 한다. 특히 현재의 의사소통 및 학습자 중심 맥락에서 수업을 하는 경우 학습자의 어휘 및 활동 주제에 대한 배경지식background knowledge에 기반하여 '목표 언어 사용을 통한 상호작용'을 극대화하는 것에 초점을 두어야 한다(Ellis, 2003, 2009).

③ 어휘 지도의 실제 예시

1) 연어 구성력과 연어 학습

어휘 지도를 할 때 많이 언급하는 용어가 '연어'인데 이는 비슷한 담화적 환경에서 일어나는 어휘 간의 동시 발생적 연어 구성력collocability에 대한 현상을 설명하는 총체적인 경우를 지칭하는 용어이다(Halliday & Hasan, 1976). 예를 들어 hair라는 단어와 연관하여 항상 이웃하여 잘 쓰는 단어를 찾아보면 아래와 같다.

- hair: short, long, curly, perm, comb, dye, bleach 등

따라서 어휘는 임의적으로 쓰이는 것이 아니라 의미상, 구문상으로 서로 연관이 되어 있다. 예를 들어, 다음은 로봇이 앞으로 인간의 업무를 대신할 수 있다는 내용에 관한 글로 A.I.와 관련된 기술 관련 용어(굵은체 표시)와 health에 연관된 단어(밑줄 표시)가 함께 쓰여 텍스트의 응집력을 높이고 있음을 알 수 있다.

A.I. assisted health care technician

This one seems to be, essentially, nursing updated. You'll need the same health care skills but also the **tech savvy** to deliver them remotely, using **telemedicine tools** and in-home **testing equipment**. Thanks to an A.I. helping hand, nurses will also be able to diagnose and treat more ailments, leaving doctors to support these **technicians** and handle the trickier cases directly.

(출처 https://www.inc.com/jessica-stillman/21-future-jobs-robots-are-actually-creating.html)

연어는 그 위치 및 연어 구성력에 따라 두 가지로 구분된다. 첫째, 서로 이웃하여 함께 쓰이는 이웃 연어neighbourhood collocation는 my car, my sock과 같은 '기능어+내용어'의 형식이 많다. 둘째, 앞서 제시한 hair와 기술·건강 관련 단어처럼 인접한 위치에 쓰이지는 않지만 동일 문장이나 단락 안에서 함께 등장하는 빈도가 높은 어휘는 응집 연어coherence collocation라고 한다. 이외에도 다단어 표현multiword expressions, 어휘 뭉치말lexical chunks, 정형화된 표현formulaic expressions 등 연어 구성력에 따라 그 유형을 구분하기도 한다. 하지만 다양한 연어에 대한 활용은 앞에서 기술한 기존의 코퍼스 또는 새로운 코퍼스 구축 등의 방식으로 많이 연구되고 있으나 아직까지 이를 교수·학습 현장에서 구체적으로 어휘, 문법, 담화 등과 연계하여 가르치는 사례 등에 대한 자세한 과정이나 방법을 더 연구 및 제시하는 것이 필요하다.

2) 단어 및 의미망의 활용

교수하고자 하는 목표 단어와 연관이 되는 단어나 어구를 다양한 형태의 도형으로 그려보게 함으로써 단어 간의 관계를 연관word association 시켜

그림 1 단어와 의미망 예시

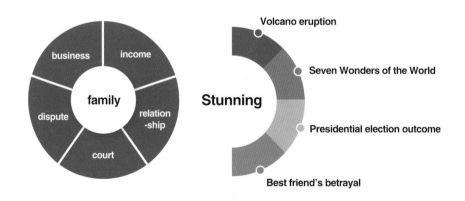

볼 수 있도록 하는 방법이다. 교수자는 아래와 같이 아주 간단한 유형부터 또 특정 단어에 아주 심도 깊고 폭넓은 의미망meaning/semantic map까지 창의적으로 만들어 보도록 학습자를 유도할 수 있다는 점에서 매우 장점이 있다. 하지만 이 활동을 너무 자주하거나 목표 언어에 대한 일정한 수준이 있는 학습자에게는 그다지 흥미롭지 못한 활동이 될 수도 있다.

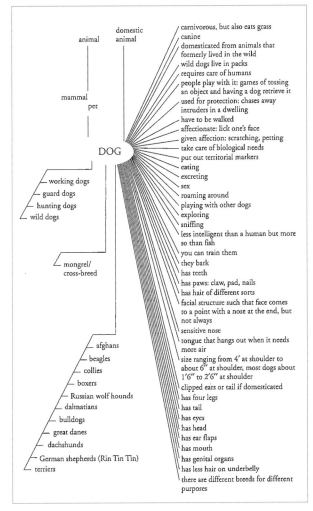

그림 2 Word Network: Dog (Anglin, 1985; Hedge, 2000, p.124 재인용)

3) 의미 추측하기

어휘 학습에 있어서 흔히 모든 어휘를 다 찾아보는 대신에 문맥 안에서 모르는 단어의 의미를 추측해볼 것을 권장한다. 이런 노력을 통해 배운 단어는 기억을 잘할 수 있고 또 그 단어에 대해 더 주목하기를 유도한다. 따라서 학습자가 피상적인 단어의 형태나 뜻보다는 문장이나 단락 안에서의 실제적인 의미를 파악할 수 있는 단서clues를 찾는 노력을 하고, 이 추측이 점점 더 잘 맞는 경우 어휘 및 텍스트의 이해에 대한 자신감을 갖게 된다. 예를 들어, 아래 문장 A의 굵은 체의 밑줄 친 단어 zenith는 뒤의 *going down*과는 반대의 의미임을 파악할 수 있으며, B의 경우는 mutations가 changes, alterations와 동의어임을 추론하여 그 의미를 쉽게 알 수 있다. 이런 단서를 활용할 수 있는 학습자는 물론 단어, 어구 등 빈칸 넣기 등의 문항에서도 쉽게 답을 하는 것은 물론 다양한 텍스트를 잘 이해하게 될 것이다.

A. Once you reach the __zenith__ of the mountain, you should be careful *going down* as you feel tired and become less careful. (zenith, top, peak)

B. Most disease-causing gene __mutations__ are uncommon in the general population. However, other genetic *changes* occur more frequently. Genetic *alterations* that occur in more than 1 percent of the population are called polymorphisms.

4) 코퍼스 활용 어휘 학습 지도

현재 방대한 구어와 문어 언어 자료를 모은 다양한 코퍼스를 무료로 이용할 수 있다. 또 필요에 따라 자기만의 코퍼스를 구축할 수 있는 도구가 많이 있는 바, 교수자나 학습자는 이를 개인적으로 교수·학습 현장에서 자유롭게 사용할 수 있다. 아래의 예시는 COCA 코퍼스에서 'present'와 'gift'의 사용 예를 맥락적 어휘(key word in context; KWIC)의 기능을 이용해 캡처한 것을 바탕으로 활동을 구성한 것이다.

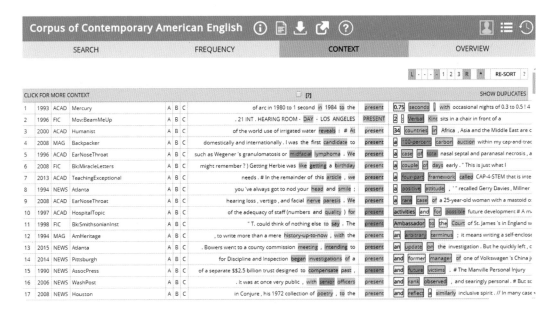

그림 3 단어 present의
KWIC 콘코던스 결과

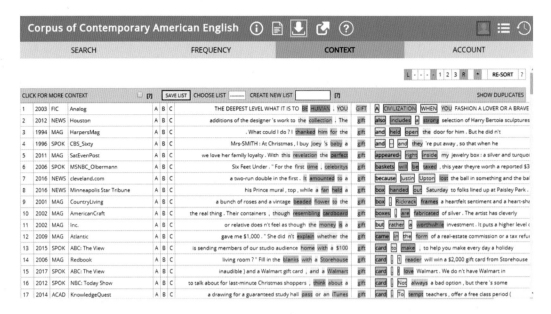

그림 4 단어 gift의 KWIC
콘코던스 결과

〈활동 예시〉

- 두 개의 어휘 present와 gift의 사용 예를 좌우 단어를 참고하여 자세히
  살펴보게 하고, 필요한 경우 왼쪽의 연도, 출처 등을 클릭하여 전체 글
  속에서 의미를 파악하도록 한다.

- present, gift의 예시문 중 '선물'이란 의미의 명사로만 쓰인 사례만 찾아
  보도록 한다.

- 선정한 두 단어의 명사 사용의 사례를 보면서 어떤 맥락에서 두 단어
  가 쓰이며 공통점과 차이점은 무엇인지 생각해 보도록 한다. 예를 들
  어 서로 구분 없이 또는 구분하여 써야 하는 경우는 언제인지 과업
  목표를 준다.

- 활동 결과를 발표하게 하고 교사는 필요한 경우 명시적인 설명을 제공

한다. 또한 필요한 경우 웹자료(예: http://www.quora.com) 등을 제시하고 두 어휘의 사용 예에 대한 영어권 국가 화자의 의견도 공유하도록 한다.

상기의 활동은 어휘 활동이지만 그 어휘가 실제로 쓰이는 사례를 살펴봐야 하기 때문에 어법과 연계된 실제적 담화에 기반한 학습이다. 이런 활동은 교실에서 컴퓨터의 활용이 가능한 경우는 바로 적용할 수도 있고, 수업 전에 일정 부분을 미리 학습해 오도록 지도할 수도 있다. 또한 교사가 미리 유인물을 만들어 제공하는 경우 이는 언어자료 기반 학습이 되어 입력 강화나 홍수의 환경을 제공한다는 장점이 있다. 하지만 본 활동을 하기 위해서는 교사의 준비가 많이 필요하며 또 제한된 학습 시간으로 인해 충분한 활동이 어려울 수도 있다. 특히 많은 코퍼스 프로그램이 영어로 되어 있고 그 세부적인 기능 등을 알아야 하고 사용해 본 경험이 필요하므로 교사가 코퍼스를 사용해 보지 않았거나나 수준이 높지 않은 학습자가 실제 활용에 있어 낯설어 하거나 번거롭게 느낄 수도 있다. 물론 이럴 경우에는 서책형 또는 온라인 사전의 활용 등 다른 전략을 사용할 수 있다.

3

토론 및 활동

1) 다음의 용어를 설명해 보시오.

  a. 생산적/수용적 어휘지식(productive/receptive vocabulary knowledge)

  b. 우연적/의도적 학습(incidental vs. intentional learning)

  c. 일반/학문적 어휘 목록(general and academic service list)

  d. 단어간 연관성 및 연어(word association vs. collocation)

  e. 언어자료 기반 학습(data-driven learning)과 데이터/텍스트 마이닝(data/text mining)

2) 2015 개정 영어과 교육과정에서 제시된 초·중등급별 권장 어휘 수에 대해 살펴보고 이 권장 어휘 수가 실제 의사소통 시에 필요한 어휘 크기vocabulary size에 부합되는지 각자의 의견을 교환해 보시오. 또한 이러한 권장 어휘가 교과서 개발, 현장에서의 어휘 학습, 그리고 각종 평가에 미치는 영향 등에 대해 모둠별로 의견을 나누어 보시오.

3) 흔히 단어나 어휘를 학습하는 데 비슷한 의미를 가진 동의어, 하나

의 단어군에 포함된 단어 모아 외우기, 주요 어휘를 정리한 단어장 활용, 요즘에는 뭉치말chunk 등의 복합단어 학습 등 다양한 학습 방법이 제시되어 왔다. 이외에도 자신이 알거나 경험한 효과적인 학습 방법에 대해 공유해보고 그런 방법의 장점과 단점에 대해서도 이야기해 보시오.

4) 다음은 중학교 1학년 교과서에 나온 활동의 예시이다.

(이재영 외, 2017, p.16)

앞에 제시된 단어 관련 활동과 관련하여 다음과 같은 점에 대해 생각해보고 토론해 보시오.

- Topic에서는 사전 활동의 일환으로 단어를 주고 학습자들에게 자신의 중학생이 된 느낌을 서로 말해보도록 하고 있다. 이런 단어와 접목된 말하기 활용에 대해 어떻게 생각하는지 서로의 의견을 교환해 보시오.
- Expression의 활동은 주요 어구를 학교의 건물과 연결해 보는 활동을 제시하고 있다. 이 자료를 바탕으로 보다 학습자가 의미있는 상호작용을 할 수 있도록 의미 중심 입력과 출력, 그리고 언어 중심 명시적 지도를 할 수 있는 과업 중심 활동으로 변형을 하려면 어떻게 해야 할 지 생각해 보고 모둠원과 의견을 교환해 보시오.

참고문헌

이동주, 김미숙, 정보람. (2017). 언어자료기반학습(Data-Driven Learning)을 적용한 중학생 어휘 학습 효과 연구. *학습자중심교과교육연구, 17*(18), 559-588.

이정은, 김동규. (2014). 영어 어휘 연구의 주제별 분석을 통한 영어 어휘 교육의 재조명. *국제언어문학, 30*, 31-63.

이재영, 안병규, 오준일, 배태일, 김순천, 박성근, 신수진. (2017). *Middle school English 1*. 서울: 천재교육.

Anglin, J. M. (1985). The child's expressible knowledge of word concepts. In K. E. Nelson (Ed.), *Children's language* (pp. 77-127). Hillsdale, N. J.: Lawrence Erlbaum.

Biber, D., & Reppen, R. (2015). *Cambridge handbook of corpus linguistics*. New York: Cambridge University Press.

Boulton, A. (2010). Data-driven learning: Taking the computer out of the equation. *Language Learning, 60*(3), 534-572.

Browne, C., Culligan, B. & Phillips, J. (2013). *The new general service list*. Retrieved from http://www.newgeneralservicelist.org.

Coxhead, A. (2000). A new academic word list. *TESOL Quarterly, 34*(2), 213-238.

Cobb, T., & Boulton, A. (2015). Classroom applications of corpus analysis. In D. Biber & R. Reppen (Eds.), *Cambridge handbook of corpus linguistics*(pp. 478-497). Cambridge: Cambridge University Press.

Crawford, W. (2015). *Doing corpus linguistics*. London: Routledge.

Ellis, R. (2003). *Task-based language learning and teaching*. Oxford: Oxford University Press.

Ellis, R. (2009). Task-based language teaching: sorting out the misunderstandings. *International Journal of Applied Linguistics, 19* (3), 221-246.

Gardner, D., & Davies, M. (2014). A new academic vocabulary list. *Applied Linguistics, 35*(1), 305-327.

Halliday, M. A. K., Hasan, R. (1976). *Cohesion in English*. London, Longman.

Hedge, T. (2006). *Teaching and learning in the language classroom*. Oxford: Oxford University Press.

Hong, S. C. (2010a). EFL learners' consciousness-raising through a corpus-based approach. *English Teaching, 65*, 57-86.

Hong, S. C. (2010b). How can corpus data be applied for EFL learners and teachers, *English Language Teaching, 22*, 55-78.

Hunt, A., & Beglar, D. (2002). Current research and practice in teaching vocabulary. In J. C. Richards & Renandya,

W. A. (Eds.), *Methodology in language teaching: An anthology of current practice* (pp. 258–266). Cambridge: Cambridge University Press.

Johns, T. (1990). From printout to handout: Grammar and vocabulary teaching in the context of data–driven learning. *CALL Austria, 10, 14-34.*

Lee, D. (2012). Current research and practice in implementing classroom concordancing and data–driven learning (DDL) approach. *Foreign Languages Education, 19*(1), 45–76.

Nation, P. (2015). Principles guiding vocabulary learning through extensive reading. *Reading in a Foreign Language, 27*(1), 136–145.

Nation, P. (2008). *Teaching vocabulary: Strategies and techniques.* Boston: Heinle Cengage Learning.

Nation, I. S. P. (2007). The four strands. *Innovation in Language Learning and Teaching, 1*(1), 1–12.

Nation, P. (1994). *New ways in teaching vocabulary.* Alexandria, Va: TESOL.

Richards, J. C. (2001). *Curriculum development in language teaching.* Cambridge: Cambridge University Press.

Smith, S., & Conti, G. (2016). *The language teacher toolkit.* Createspace Independent Publishing Platform

West, M. (1953). *A general service list of english words.* London: Longman, Green & Co.

어휘 관련 웹자료

Quizlet https://quizlet.com/en–gb

Hot Potatoes https://hotpot.uvic.ca/

Quora Q & A http://www.quora.com

Word Associations Network https://wordassociations.net/en/words–associated–with/Chair

Wordle http://www.wordle.com

Collocation 사이트

Free Collocation http://www.freecollocation.com/

Oxford Learner's Dictionaries https://www.oxfordlearnersdictionaries.com/definition/collocations

Fun ways to teach English collocations

https://www.britishcouncil.org/voices–magazine/fun–ways–teach–english–collocations

Free collocation worksheets: https://busyteacher.org/classroom_activities–vocabulary/collocations–worksheets/

찾아보기

영어교과 교재 연구와 지도법

초판 1쇄 인쇄 | 2019년 8월 20일
초판 1쇄 발행 | 2019년 8월 30일

지은이 | 성기완·김혜영·맹은경·안태연·이상민

발행인 | 한정희
발행처 | 종이와나무
출판신고 | 2015년 12월 21일 제406-2007-000158호
주소 | 경기도 파주시 회동길 445-1 경인빌딩 B동 4층
전화 | 031-955-9300   팩스 | 031-955-9310
홈페이지 | http://www.kyunginp.co.kr

ISBN | 979-11-88293-07-0 03740
값 | 22,000원

종이와나무는 경인문화사의 자매 브랜드입니다.